1871 최초의 동학혁명
영해 동학의거

1871 최초의 동학혁명 영해 동학의거

초판 1쇄 인쇄 2023년 3월 15일
초판 1쇄 발행 2023년 3월 30일

편   자 동학학회
저   자 최재목·채길순·박세준·한경희·김영진·성강현·성주현·조성운·임형진

발행인 윤관백
발행처 선인

디자인 박애리
편   집 이경남·박애리·임현지·김민정·염성운·장유진
영   업 김현주

등   록 제5-77호(1998. 11. 4)
주   소 서울시 양천구 남부순환로48길 1, 1층
전   화 02)718-6252/6257
팩   스 02)718-6253
E-mail sunin72@chol.com

정   가 20,000원
ISBN 979-11-6068-791-0 93910

1871 최초의 동학혁명
영해 동학의거

동학학회 편

선인

간행사

최초의 동학의거 1871년 영해동학혁명의 정명(正名)을 향하여

경상북도 영덕·영해 지역은 동학과는 떼려야 뗄 수 없는 지역입니다. 이웃인 경주에서 수운 최제우에 의하여 창도된 동학이 처음부터 포덕된 지역도 영덕지역이었습니다. 동학이 초기부터 이 지역에 확산된 이유는 예부터 영덕지역에는 자각된 지식인들이 많이 살았기 때문입니다. 동학은 신분의 차이나 남녀의 차이 그리고 어린이와 어른의 차이도 없는 모두가 하늘을 모신 위대한 인간이라는 깨우침을 통해서 평등한 인간들이 사는 세상을 목표했습니다. 당시 봉건적 잔재로 인하여 조선의 백성들이 희망을 잃고 살아갈 때 동학의 등장은 하나의 빛이자 탈출구였습니다. 그것이 가장 먼저 실현된 땅이 영덕이었습니다.

동학을 창도한 수운 최제우는 자신이 깨달은 무극대도를 채 펼쳐 보이기도 전인 1864년 3월에 대구에서 참수형으로 처형되고 측근 제자들은 체포령에 내려져 전국으로 뿔뿔이 흩어져야 했습니다. 동학의 지하화 시대였던 것입니다. 그러나 그런 암흑기에도 주로 경북지역에 있었던 초기 동학도들에게는 절실하게 원하는 바가 있었습니다.

그것은 억울하게 처형당하신 스승 최제우의 죄를 풀어달라는 교조신원운동이었으며, 그것은 동학이 비로소 하나의 학문이자 종교로 누구나 마음껏 외칠 수 있게 해달라는 간절한 염원이었습니다. 누구도 나서기 어려운 시기에 그것을 실천하기 위하여 이곳 영덕 분들은 일어나셨습니다. 1894년 동학혁명보다도 23년 전에 벌써 이곳 영덕에서는 교조신원운동이 일어났습니다. 동학도들이 조직적으로 거사한 최초의 동학혁명이라고 해도 무방할 사건이었던 것입니다. 조선 사회의 봉건적 모순을 극복하기 위해 혁명적 시도였습니다. 그러나 그 운동의 좌절로 인한 피해를 고스란히 받아야 했던 지역도 영덕이었습니다.

그러나 1871년 영해의 의로운 거사는 이후 우리의 근현대사 속에서 면면히 이어져 영덕 군민들의 가슴에 각인되어 있었습니다. 그래서 사람이 사람답게 대접받는 개벽된 세상을 만들고자 했던 영덕 동학도들의 의거는 전국으로 확산되었고 불의에 항거하고자 하는 민중들의 가슴 속에 불을 지폈습니다. 1894년의 동학혁명을 올바르게 이해하고자 한다면 1871년의 최초의 동학의거를 알아야 합니다. 그러나 안타깝게도 1971년 영덕의 의거는 아직도 풀어야 할 과제들이 산적합니다.

2022년에 "1871 영해동학혁명기념사업회"와 "동학학회"가 공동으로 진행한 학술대회는 그 해결의 실마리를 찾아보고자 하는 노력의 결과였습니다. 영덕지역은 지난 2014년 동학학회 주최로 학술대회가 열렸었고 8년 만인 2022년에 2번째 학술대회를 개최하게 된 것입니다. 원래는 2021년이 이필제 의거 150주년이었기에 준비되었지만, COVID-19의 영향으로 1년 미루어져서 이번에 진행된 것입니다.

처음 학술대회가 추진하면서 고민은 8년 전과의 차별성이었습니다. 영덕·영해 지방에서 1871년 일어났던 이 의거는 아직도 그 명칭마저도 정리되지 않았습니다. 이필제의 난에서부터 영해작변, 영해의거, 영해동학농민의 난, 교조신원운동 그리고 현지인들이 원하는 최초의 동학혁명까지 그 다양한 명칭은 이루 다 헤아릴 수 없을 정도입니다. 역시 그 교통정리는 학자들의 몫입니다.

주목한 점은 그동안의 연구가 이필제를 벗어나지 않았다는 점입니다. 그래서 학회의 연구 이사진들과 의논 끝에 이번의 학술대회는 이필제를 포함한 그 지역의 중심인물에 관한 연구로 영역을 확장시켜 봄으로써 1871년의 사건을 재조명해보고자 하였습니다. 이 지역 포덕의 중심인물인 해월 최시형, 이필제, 강수와 박하선·박사헌 부자 등이 그들입니다. 그리고 그동안의 연구 성과물에 대한 분석을 최종적으로 설정했습니다.

특히 고무적인 것은 2022년 영덕의 학술대회도 지역의 1871 영해동학혁명기념사업회와 공동주최로 진행되었다는 점입니다. 이러한 체계는 앞으로도 지역에서 학술대회가 유지되는 한 지속되어야 한다고 봅니다. 학술대회가 끝나면 동학학회는 떠나지만, 지역의 기념사업회 분들은 남습니다. 이분들의 활동이 활성화가 동학학회와의 관계성도 계속된다는 점을 인식한다면 공동주최로 하는 것이 당연하다고 생각합니다.

기조 강연은 영남대의 최재목 교수님이 맡아주셨습니다. 학회의 부회장님이신데도 그동안 모실 기회가 없었는데 마침 지역에서 하므로 최 교수님께서 기꺼이 맡아주셨고 역시나 영해지역의 기록, 기억, 상상을 이필제의 의거는 영덕·영해 지방에서 어떻게 기록되고 또 기억되고 상상되는지를 풀어 주셨습니다. 영덕지역에 과제를 한 보따리 풀어놓으신 셈입니다.

한경희(안동대) 교수의 "해월 최시형의 입장에서 본 1871년 영해"는 해월 최시형의 포덕과정을 기대했는데 그의 인품과 생각 등을 그가 남긴 문헌 자료를 통해서 분석해 주셨습니다. 한 교수를 통해서 그동안 기존 연구자들의 굳어진 사고를 깨우치는 계기가 되기에 충분한 연구 발표였습니다.

김영진(경희대) 교수의 "이필제의 입장에서 본 1871년의 영해" 역시 의표를 찌른 발표였습니다. 천편일률적인 이필제의 연구가 아닌 영해 거사의 진실을 찾아서라는 부제에서 볼 수 있듯이 해월을 5번 찾아간 것을 오고초려라고 표현하는 등 매우 신선한 발표였습니다. 결론에 김 교수는 영해 거사의 진실을 찾는 것이 명칭 정리보다 우선이라는 지적 역시 겸허히 받아들여야 할 과제입니다.

성강현(동의대) 교수의 "강수의 입장에서 본 1871년의 영해"는 어쩌면 강수에 관한 최초의 연구로 제한된 자료를 최대한 수집해 강수의 흔적을 추적한 성 교수의 노력이 돋보인 성과물입니다. 특히 영덕 출신으로 수운 최제우의 수제자에서 해월 최시형을 끝까지 모신 선비로서의 강수의 모습을 그려보기에, 충분한 연구였습니다. 그가 없었다면 우리는 초기 동학사를 알기가 더욱 어려웠을 것입니다.

성주현(청암대) 교수님의 "박하선·박사헌의 입장에서 본 1871년 영해와 동학"은 어쩌면 가장 불리한 연구였습니다. 자료가 거의 없는 두 부자의 흔적을 찾는 것은 거의 불가능에 가까웠지만, 연구자의 노력으로 훌륭하게 메꾸어졌습니다. 영덕 접주 박하선을 빼놓고는 영덕과 영해 지방의 동학을 설명할 수 없습니다. 또 그의 아들인 박사헌은 1871년의 중심인물이었다는 주장에는 공감하지 않을 수 없었습니다.

조성운(역사아카이브연구소) 소장의 "1871년 영해사건 연구동향과 과제"는 그동안 영해 사건을 다룬 연구서 총 27편의 저작을 꼼꼼히 읽고 분석한 연구입니다. 난이냐, 의거냐 아니면 혁명이냐를 그 성격 규정을 중심으로 연구한 논문은 아직도 남은 문헌 자료들의 번역과 증언 녹취 등을 통해 향후 영해지역에서의 정체성을 밝히는 중요한 주제로 삼아야 한다고 주장했습니다.

학술대회의 성과물을 중심으로 엮은 본 책자는 1871년 영해에서 발생한 최초의 동학정신을 구현하고자 일으킨 의거이므로 충분히 동학혁명이라는 명칭을 사용할 수 있습니다. 그러나 아직도 넘어야 할 산들이 너무 많이 있습니다. 본 책자가 그러한 문제의식을 확산시키는 데 역할을 할 수 있다면 동학학회의 학문적 책무에 게을리하지 않았다는 증거가 될 것입니다.

본 책자가 나오기까지 많은 분의 지원과 협조가 없었다면 불가능했습니다. 우선 지면으로나마 감사의 인사를 대신하고자 합니다. 고향 영덕군의 발전을 위해 전력을 다하고 계시는 김광열 군수님의 지원으로 학술대회는 물론 단행본까지 출간할 수 있게 되었습니다. 군수님의 노력으로 더욱 발전하는 영덕군이 되기를 기원하며 아울러 손덕수 군의회 의장님과 관련 공직자 여러분들에게도 감사 말씀 올립니다. 그리고 영덕·영해 지방의 동학정신을 계승하고 특히 1871년의 영해의거를 선양하는 데 앞장서고 계시는 "1871 영해동학혁명 기념사업회"의 권대천 공동위원장님과 임원 여러분 그리고 권태용 사무총장님에게도 존경의 마음을 담아 감사 인사드립니다. 아무도 관심 두지 않았던 1871년의 혁명적 의거가 여기까지 올 수 있었던 것은 전적으로 사업회 분들의 노고 덕분이었습니다. 님들의 노력은 영원히 기록될 것입니다.

　그리고 동학을 계승한 천도교단에도 감사드립니다. 특히 박상중 교령님 이하 교단의 종무원 임직원분들의 지원과 관심에 머리 숙입니다. 끝으로 동학학회의 임원진 여러분의 덕에 이번에도 학술대회를 마무리하는 단행본이 출간될 수 있었습니다. 특히 여러 번의 수정을 요구하는 계획서, 보고서 등 어려운 일을 전적으로 도맡아 하면서도 싫은 내색 한번 없이 따라와 준 총무 이사진에게 특별히 감사의 말씀을 드립니다. 고맙습니다.

2023년 2월 28일
동학학회 회장 임형진

차례

이필제와 동학에 대한 영해 지역의 '기록, 기억, 상상'

최재목(영남대학교 철학과 교수)

이필제와 동학에 대한 영해 지역의 '기록, 기억, 상상'*

1. 머리말

이 논문은 〈영해 지역의 '기록, 기억 상상'〉을 '이필제와 동학'을 중심으로 재검토하는 데 그 목적이 있다. 특히 영덕군이 만든 『영덕군지(盈德郡誌)』(2002)·『영덕읍지(盈德邑誌)』(2018)·『영덕면지(寧海面誌)』(2014)·『영덕군향토사(盈德郡鄉土史)』(1992) 같은 지역의 사료, 영덕의 「군청·교육지원청·영덕교육발전위원회」를 비롯하여 「영덕문화재단·영덕관광포털」의 홈페이지, 향토의 '학교와 신문과 사학자' 등 지역공동체가 기술(記述)·공유한 자료·정보를 중심으로 '이필제와 동학'에 대한 지역적 '기록, 기억, 상상'을 살펴보고자 한다. 가능한 한 해당 지역의 '기록과 기억' 그리고 '상상'에 주목하고자 하는 것은 외부에서 주입된 역사가 아니라 '지역(향토) 내부에 자생하는 목소리와 생각'을 살리면서 논의에 접근해보려는 의도에서이다.

영해에서의 '기록과 기억'은 그 '과거 성찰'에, '상상'은 그 '미래 기획'에 관련된 것으로, 말하자면 영해—영덕(아래 지도 참조)의 '현재'에서 과거를 기억하고 미래를 상상하는 지역민들의 에토스와 마인드를 잘 짚어준다고 본다. 결론부터 미리 말해둔다면, 영덕군의 기록과 기억과 상상 속에서 '어떤 이유'에서인지 '이필제와 동학'은 대부분 제한되거나 삭제되어 있다.

여기서 말하는 '어떤 이유'란 이필제나 동학을 '민란'의 범주에서 이해해 온 점이 아닐까 한다.

대동여지도 영해부 위치(현 영해면사무소)[1]

결론부터 미리 말해둔다면, 영덕군의 기록과 기억과 상상 속에서 '어떤 이유'에서인지 '이필제와 동학'은 대부분 제한되거나 삭제되어 있다.

여기서 말하는 '어떤 이유'란 이필제나 동학을 '민란'의 범주에서 이해해 온 점이 아닐까 한다. '민란(民亂)'이란, 한국민족문화대백과사전[2]에는 "조선시대 경제적인 이유로 봉기하여 지역의 폐단을 바로잡기 위하여 벌이는 민중운동"으로 정의한다. '경제적인 이유'란 조세제도(=三政[3])의 문란이며, 그에 대한 저항[4]으로서 일어난 '민란'이라는 규정 속에서 '이필제의 난'를 이해

---

* 이 논문은 영남대학교 2022학년도 교비공모연구과제(2022000151) 지원에 의함.

1 사진: 매일신문사 제공/영덕 김대호 기자.(1871년 해월 최시형 선생과 동학교도 등 수백 명이 영해부를 습격하고 탐관오리 영해부사를 단죄했던 영해동학혁명의 현장. 지금은 영해면사무소가 그 자리에 있다.), https://news.imaeil.com/page/view/2014120408101290507. (2014. 12. 4)(검색일자: 2022. 11. 11)

2 〈민란(民亂)〉 항목(2015, 김우철 집필), http://encykorea.aks.ac.kr/Contents/Item/E0076289(검색일자: 2022. 11. 10)

3 18-19세기 조선에서 재정의 주종을 이루던 전정(田政)·군정(軍政)·환정(還政)의 경영이 파탄한 양상을 보통 '삼정의 문란'이라 한다.

4 '1862년 농민항쟁' 이후 '1894년 농민전쟁'에 이르기까지 저항운동에 대한 연구는 이미 많이 진행이 되어 왔다. 특히 1862년(철종 13년, 임술년)은 조선의 농민항쟁사에서 보면 특기할만한 해이다. 한 해 동안 "100개에 이르는 군현에서 집중적으로 농민항쟁이 발생하여 조세제도의 모순을 제기하였는데, 집중적인 농민항쟁이 발생하여 조세제도의 모순을 제기하였는데, 집중적인 발생빈도에 비하여 군현간의 연계성이 형성되거나 군현을 초월하는 단계로 진전되지는 못했다."(이영호,『동학과 농민전쟁』, 서울: 혜안, 2004, 18쪽.)

한다면, 영덕군 지자체로서는 일종에 공공성에 대한 저항 운동을 공개적으로 홍보하는 모양새라 표면적으로는 불온, 위험하다고 규정하지는 않겠으나 적극적으로 공식적 차원의 홍보는 꺼릴 것으로 추정된다. '자, 그럼 어떻게 할 것인가?'의 문제는 일단 그만두더라도 학계의 연구를 통한 진실 규명과 지자체의 정책적 인식 사이에는 괴리가 생겨날 수 있음을, 이 글의 첫머리에서 표명해두고자 한다.

1871년 음력 3월 10일, 경북 영해에서 일어난 이른바 '이필제의 난'은, 이필제의 개명만큼이나 다양한 호칭(민란, 변란, 병란, 사변, 작변, 혁명 등)으로 불려지고 있고, 이필제와 최시형-동학의 연관성 또한 의견이 갈리고 있다는 지적[5]도 있다. 하지만 그간의 연구를 살펴보면, '이필제와 동학을 어떻게 볼 것인가?' 아울러 '이필제가 누구이며 무엇을 했는지?', 그리고 '그가 동학과 어떤 관계인지?', 나아가 '그의 행적이 역사 속에서 어떤 의미를 갖는지?' 등등 구체적인 자료에 근거하여 연구가 상당히 진행되고 많은 내용들이 충분히 규명되어왔다고 본다. 이에 대해서는 이이화 외 편, 『1871년 경상도 영해 동학혁명』[6]에 수록되어 있어, 이를 통해 그간의 연구 진행 상황 내용을 가늠해볼 수 있다. 이 책은, "2014년 3월 27일 동학농민혁명 제 120주년

---

5 임상욱, 「이필제와 최시형: 영해 동학 '혁명'의 선도적 근대성」에서 이렇게 말한다: "1871년 음력 3월 10일, 경북 영해에서 일어난 민중 봉기는 이필제라는 한 개인이 일으킨 난이라는 평가로부터 민란, 변란, 병란, 사변, 작변, 그리고 혁명에 이르기까지 매우 넓은 해석의 스펙트럼을 가진 사건이다. 더구나 이 봉기는 그 주된 동기, 진행 과정, 그리고 결과에 관련한 거의 모든 세부사항에 대해서도 엇갈린 평가가 상존하는 사뭇 베일에 가린 역사적 사건이기도 하다. 특히, 이 봉기를 주도한 두 명의 주요 인물인 이필제의 동학 관련 정체성과 최시형의 참여 의지에 대해서는 더욱 상반된 주장들이 양립하고 있다."(임상욱, 「이필제와 최시형: 영해 동학 '혁명'의 선도적 근대성」, 『동학학보』 제30호, 동학학회, 2014. 4, 212쪽.) 아울러 임상욱은 각주(1)에서 이렇게 말한다. "현재까지의 논의로만 보면 대체적으로 이필제라는 인물에 대한 동학 관련성은 크게 부각되어 있지 않을뿐더러, 최시형의 영해 봉기 가담 정도 역시 그리 크지 않은 것으로 정리되어 있는 추세이다. 비록 소수이기는 하지만 이 중 특히 후자의 입장 정리에 적극적으로 반대하는 연구자들은 영해 봉기의 동학 관련성을 보여주는 관변 측 한문 자료인 교남공적을 근거로 삼고 있다."

6 이이화 외 편, 『1871년 경상도 영해 동학혁명』, 서울: 도서출판 모시는 사람들, 2014.

을 맞이하여 '영해동학혁명'의 현장인 영덕에서 〈동학혁명의 시발점, 1871년 3월 '영해동학혁명'〉을 대주제로 개최한 춘계학술대회에서 발표한 7편의 논문과 기조강연, 그리고 관련 자료들을 정리하여-(동학학회에서 간행하는 『동학학보』 30호(2014.4)에 실린 다음, 인용자 주)-단행본으로 발간[7]한 것이다.

어쨌든 향후 영해-영덕이 로컬리티의 아카이브화, 나아가 국제화를 염두에 둔다면, 당연히 〈영해 지역의 '기억, 기록, 상상'〉에 '이필제와 동학'을 안목에 두고 정리하지 않을 수 없다고 본다.

기존의 연구에서 이미 논의된 것을 재론 삼론하지 않을 의도에서 필자는 가능한 한 영해-영덕 지역의 '기억, 기록, 상상'에 주목하여, 이 지역의 이 필제와 동학 관련 '공동의 기억' 그 현재성'을 짚어보고자 한다. 이를 통해서 영해-역덕의 '이필제와 동학'에 대한 인식, 그리고 향후 동학학계가 학술적으로 지자체와 협의해야 할 점 등을 간접적으로 도출할 수도 있다.

2. 영해-영덕의 '이필제와 동학' 인식 '기록-기억-상상'에 대한 기초적 검토 -

1) 기록

영해-영덕의 기록 속에서 '이필제와 동학'은 어떻게 인식되고 있는 것일까? 영덕문화원에 탑재된 '영덕향토사자료'(http://www.ydculture.or.kr/) 즉 『영덕군지(盈德郡誌)』(2002)·『영덕읍지(盈德邑誌)』(2018)·『영덕면지(寧海面誌)』(2014)·『영덕군향토사(盈德郡鄕土史)』(1992) 같은 지역 사료를 중심으로 검토해보고자 한다.[8]

---

7 이이화 외 편, 『1871년 경상도 영해 동학혁명』 서울: 도서출판 모시는 사람들, 2014의 '머리말', 5쪽.
8 간행된 책자는 다음과 같다:

(1) 『영덕읍지』(2018)

영덕문화원에서 발간한 『영덕읍지』에 '이필제와 동학'에 대해 언급되어 있지 않다. 단적으로 제11편 「영덕읍 연표」에 보면 아래처럼 1862년의 기록에서 바로 1892년으로 건너뛰어 '1871년 이필제의 난'에 대한 건은 생략되어 있다.

제11편 영덕읍(盈德邑) 연표年表

1423년(세종 5)
영덕지군사(盈德知郡事) 최우(崔宇)가
청심루(淸心樓, 읍성 서문)를 창건

1427년(세종 9)
석성(石城) 931척(높이 15척)을 쌓음

1434년(세종 16)
정자영(鄭自英 야성정씨) 알성시 을과에 급제

1452년(문종 2)
이승길(李承吉, 永川人) 승지(承旨)가 되다.

1457년(세조 2)
지군사(知郡事) 염상항(廉尙恒)
청심루(淸心樓, 읍성 서문) 중수하다.

1466년(세조 12년)
영덕지군사를 고쳐 현령으로 환원하고
영해부의 영현이됨. 곽계생이 지군사로 부임
후 현령을 억임하였다.

1472년(성종 3)
김수문(金守文, 야성김씨) 문과 급제

1568년(명종 23)
헌령 정자(鄭자) 남강서원(南江書院) 창건
(1871년 고종 8년 철폐)

1570년(선조 3)
화개리에 신종부(申從婦)의 공북정供北亭) 건립

1592년(선조 25)
김제군수 정담장군(鄭湛將軍) 임진왜란
웅치전(熊峙戰)에 전사하다.

1626년(인조 6)
영덕현 관문 밖에 신안서원(新安書院)을
창건하다.

1638년(인조 16)
고산 윤선도(尹善道) 우곡리에 유배되다.

1705년(숙종 28)
수정서사(水晶書社, 구미리) 창건

1744년(영조 20)
영덕 신안서원을 둘러싼 향변이 발생.
어사 한광조가 해결하다.

1862년(철종 13)
덕곡서당(鄭準堂)을 정세덕(鄭世德) 창설

1892년(고종 29)
남산보방축 수훈불망비 제막

1895년(고종 32)
지방관제 개정으로 영덕현은 영덕군이 되다.
1895년 9월 조현식(趙賢植) 현령이 초대 영덕
군수가 되다.

1896년(건양 원년)
김건(金建)이 영덕 창의대장이 되다. 4.25 신운
석이 김건 후임으로 의병대장이 되어 영덕 호위
내 앞 남천수에서 일본군과 전투 이천 의병장
김하락 (金河洛)이 영덕호호대 전투에서 절명

- 835 -

『영덕읍지』 연표 속 '1862년-1892년' 기록 부분

영덕군지편찬위원회, 『盈德郡誌』(상·하), 영덕: 영덕군, 2002
류기도, 『盈德邑誌』, 영덕: 영덕문화원, 2018
류기도, 『盈德面誌』, 영덕: 영덕문화원, 2014
영덕군, 『盈德郡鄕土史』, 영덕: 영덕문화원, 1992
권대용, 『盈德의 獨立運動史』(증보판), 영덕: 영덕군·영덕문화원, 2019
박인환, 『盈德의 地名由來』, 영덕: 영덕문화원, 2004

(2)『영해면지』(2014)

영덕문화원에서 발간한『영해면지』에는 '이필제와 동학'에 대해 언급이 없다.

(3)『영덕군향토사』(1992)

영덕군 발간한『영해군향토사』에는 '이필제와 동학'에 대해 언급이 없다. '우리고장의 자랑 화보'에도 일체 관련 건이 생략되어 있다.

(4)『영덕군지』상·하(2002)

영덕군 발간한『영덕군지』에는 '이필제와 동학'에 대해 언급이 조선후기 편에 「신미아변(辛未衙變)」(188쪽-193쪽)으로 기술되어 있다. 해당 항목의 내용을 전부 인용하면 다음과 같다.(밑줄 강조: 인용자) 참고로 '아변'이란『아변시일기(衙變時日記)』[9]에 근거한 표현으로, 벼슬아치들이 나랏일을 처리하던 관공서인 '관아(官衙)'에서 일어난 소란스런 사건인 '변란(變亂)'을 말한다. 폭정에 반대하여 백성들이 일으킨 소요 사태인 신미년(고종 8년, 1871년)의 '이필제의 난' 즉 '민란'을 말한다.

〈신미아변(辛未衙變)〉

신미아변은 고종 8년인 1871년 3월 11일에 영해에서 이필제(李弼濟, 일명 이제발)·최시형(일명 최경오)·강수(姜洙, 일명 강사원)·박영관(朴永琯)·김진균(金震均)·전인철(全仁哲) 등이 주도가 되어 500여명의 동학교도 및 향인들이 작당(作黨)하여 당시의 영해부를 습격하여 부사 이정을 살해하고 영해부를 점령한 대사건이다.

신미아변이 발생한 1800년대 후반기는 밖으로는 제국주의가 팽배하여 서구 열강들

9 　1책 25쪽. 필사본. 경상도 영해에 거주하던 의령남씨의 한 사람이 저자인 듯하다. 1871년(고종 8) 3월 10일 이필제(李弼濟)가 일으킨 영해동학란(寧海東學亂)에 관한 기록이다. 보수적인 향촌 양반의 시각에서 병란의 경과와 수습 과정을 중점적으로 기술하였다.[한국민족문화대백과사전 참조]

이 영토확장을 위하여 동양을 넘보고 있었고, 안으로는 관료들의 부패와 무능, 그리고 삼정의 문란 등으로 야기된 사회경제적 기반의 붕괴와 사회기강의 급격한 파탄 등에 의한 기존 사회조직이 무너져 각처에서 민란의 발생이 빈번하였다.

이로 인하여 인심이 흉흉해지고, 백성들은 지향없이 떠도는 등 대내외적으로 변혁과 변화가 소용돌이 친 격동의 시기였다.

이와 같은 현실에서 백성들 내부에서도 새로운 자각이 태동하여 변혁과 변동의 흐름에 능동적으로 참여하고자 하였으니, 이것이 경주 사람 최제우가 창교(創敎)한 동학이다.

동학은 창교 되자마자 백성들의 성원에 힘입어 그 교세를 급격히 펼쳤으니, 이 지역에서도 1863년 7월에 동학의 접소와 접주가 정해질 정도로 그 교세를 크게 떨쳤다. 이 당시 영덕의 접주는 오명철(吳明哲), 영해의 접주는 박하선(朴夏善)이었다. 우리 지역의 동학의 전파는 이보다 앞선 것으로 보이는데, 이는 우리 지역에 접주가 임명되는 시점보다 3개월이나 앞선 4월에 위의 강수가 최제우에게 도를 물으니, 최교주는 좌잠(座箴)이라는 잠명(箴銘)을 주며 깊이 수양을 하라고 하는 것으로 보아 이 지역은 동학이 포덕(布德)되기 시작한 1860년과 동시에 이 지역에도 벌써 동학이 전도된 것으로 보인다.

당시의 시대 상황에 인내천(人乃天)이 종지(宗旨)인 동학사상이 전파되자 지역민들에게 광범위한 호응을 받기 시작하였으며, 이 때 진주농민란에 연루된 이필제 등이 영양 일월산으로 피신하여 와서 이 지역에서 다시 민란을 일으킬 목적으로 은밀히 활동하고 있어 민란의 맹아가 싹트고 있었다.

<u>이필제 등은 동학을 표면에 내세우면서 사회 불만세력을 규합해 나가는 한편, 영해 향변 등으로 향촌사회에 깊은 적의(敵意)를 가진 지식인, 불평인들을 비밀리에 포섭하여 세력을 키워나갔다.</u> (밑줄은 인용자. 이하 같음)

이들 외에 해월 최시형도 1865년경에 영양의 용화동(龍化洞)에 은거하면서 영덕의 강수(姜洙), 전성문(全聖文), 박춘서(朴春瑞) 등과 접촉하고 있었으며, 1867년경에는 유성원(劉聖元), 김용녀(金用汝), 임만조(林蔓祚), 구일선(具日善), 신성우(申聖祐), 정창국(鄭昌國) 등과 1870년에는 영해의 이인언(李仁彦), 박군서(朴君瑞), 1871년에는 영해의 박사헌(朴士憲), 권일원(權一元) 등과 교류하면서 포교활동을 하며, 은근히 기회를 보고 있었다.

1871년 들어와서는 최시형 및 이필제는 창수면 위정리의 주막에 머물면서 무기와 식량을 모으는 한편, 당시 영해부사인 이정의 부정부패를 교묘히 이용하여 민심을 선동하면서 이인(理人)의 설을 퍼뜨려 동조자를 널리 규합하면서 때를 기다렸다. 마침 1871년은 초대 교주 최제우 선생이 순교한 지 7주년으로 이필제·강수·전인철·박영관 등은 교조신원운동이란 명분을 내세우며, 마침내 이해 3월11일 야밤에 동학교도 및 초군(草軍, 초동), 그리고 지역의 유생 등 500여명의 군중을 이끌고 영해부의 관아를 습격하기 시작하면서 신미아변은 시작되었다.

이들은 관아를 습격하면서 수교(首校) 윤석중(尹錫中)을 살해하고 동학교도 김낙균(金洛均, 일명 金震均)은 부사인 이정을 칼로 쳐 살해하였으며, 병자각(丙子閣) 등 관아를 불지르고, 부중(府中)을 휩쓸고 다니면서 부민(府民)들의 동조를 유도하는 등 영해부를 점령하여 그 기세를 올렸으며, 이어 영덕현도 습격할 계획이었다.

그러나 이 사건을 접한 영덕현의 정중우(鄭仲愚) 현령 및 안동과 경주진의 군사들과 지역의 유생들이 진압에 나서면서 난은 발생한지 10여일 만에 종언을 고하게 되었으며, 동학란에 가담한 일부 동학교도 및 이필제 등의 인사들은 창수면 가산을 통하여 영양의 상죽현(上竹峴, 웃대치)에 모인 후, 다시 봉화 등의 각지로 흩어지면서 후일을 기약하였다. 이 때 최시형, 이필제, 강수, 전성문 등은 충청북도 단양에까지 피신하게 되었다. 특히 동학의 2대 교주가 된 최시형은 이 사건으로 인하여 끝없는 도피생활을 하게 되었으며, 이로써 동학은 이 지역에서 그 세력을 잃기 시작하였다.

이 사건의 여파로 관군 측에서는 부사 이정을 비롯하여 30여명이 살해, 혹은 부상당하였으며, 작변(作變) 측에서는 안동대호부에서 조사한 후, 32명이 효수(梟首)되었으며, 12명이 조사 도중에 고문으로 죽고, 50여 명이나 되는 사람들이 원근 각처에 유배되는 등 많은 인적·물적 피해가 일어났다.

그러나 이렇게 발발하여 지역에 막대한 피해를 끼치고 진압된 신미아변은 영해부에 국한된 지역적인 민란이 아니라 지역의 한계를 벗어난 광범위한 지역의 민중이 조직적으로 참여한 변란(變亂)으로 뒷날의 갑오동학혁명 등의 많은 민란에 심대한 영향을 미쳤다.

이는 종래의 민란이 고립적이고 폐쇄적이며, 비신념적(非信念的)이고, 자기 이해관계 중심으로 발생한데 반하여 신미아변은 민중들 사이에 동학이란 종교를 통한 사상적 연대의식과 광범위 지역의 인사들이 참여한 것으로 이들도 뭉치면 이길 수 있다는 자신감을 불어넣어 준 최초의 조직적인 민란으로 이후 각처에서 일어난 크고 작은 난에 많은 영향을 미쳤으며, 특히 1894년에 일어난 전국적인 동학혁명에도 다대한 영향을 미쳤다.

다음의 〈표 1〉은 위의 신미아변의 결과에 따른 동학교도들의 피해자 명단이다.

〈표 1〉 『영덕군지』의 영해신미작변 가담자 처벌 명단

1. 효수(梟首)

번호	성명	신분	출신지 및 거주지	비고
1	권두석權斗石	양인	영해	
2	권석중權錫重	유학	영해	
3	권영화權永和	양인	영해	
4	김덕창金德昌	양인	경주	
5	김일언金一彦	양인	밀양	
6	김창복金昌福	양인	경주	
7	김천석金千石	양인	안동	
8	남기환南基煥	유학	울진	
9	박기준朴箕俊	유학	영해	
10	박명관朴命觀	양인	경주	
11	박영각朴永珏	유학	영해	
12	박영수朴永壽	유학	영해	
13	박춘집朴春執	한량	충청호성	
14	박한룡朴漢龍	유학	영해	
15	박한태朴漢太	유학	영해	
16	손경석孫敬錫	양인	평해	
17	신화범申和範	양인	영해	
18	이군협李郡協	유학	영양	
19	이기수李基秀	양인	경주	
20	이병권李秉權	유학	경주	
21	이재관李在寬	양인	영양	
22	임영조林永祚	양인	영덕	일명 환조(煥祚), 본관 울진
23	임욱이林郁伊	총각	경주	
24	장성진張成眞	양인	안동	
25	전인철全仁哲	장교	평해	
26	전정환全正煥	양인	평양	
27	정창학鄭昌鶴	유학	진보	
28	최기호崔基浩	총각	영양	
29	최준이崔俊伊	양인	영양	
30	한상엽韓相燁	유학	영해	
31	허성언許性彦	양인	경주	
32	황억대黃億大	양인	평해	

〈표 2〉『영덕군지』의 영해신미작변 가담자 명단

2. 물고(物故)

번호	성명	신분	출신지 및 거주지	비고
1	권재일權在一	유학	영해	
2	박종대朴宗大	유학	영해	
3	송 지宋 志	유학	영산	
4	신성득申性得	양인	영양	
5	신택순申宅淳	이방	영해	
6	우대교禹大敎	유학	영양	
7	장선이張先伊	양인	영해	
8	하만석河萬石	보부상	남원	
9	김귀철金貴哲	역인	울진(?) 장진	
10	남두병南斗炳	유학	울진	
11	박영관朴永琯	유학	영해	
12	이정학李正學	?	?	

3. 기타

번호	성명	신분	출신지 및 거주지	비고
1	곽진봉郭進鳳	양인	영양	유배
2	권기상權基尙	총각	영해	유배
3	권만전權萬銓	유학	영해	관찰사경중처리
4	권석두權錫斗	유학	영해	관찰사경중처리
5	권양일權養一	유학	영해	유배
6	권재현權在鉉	유학	영해	관찰사경중처리
7	김만근金萬根	양인	영해	유배
8	김명북金命北	양인	영양	유배
9	김성근金成根	동몽	영양	관찰사경중처리
10	김성집金成集	유학	영양	관찰사경중처리
11	김수임金守任	유학	영양	관찰사경중처리
12	김순록金順祿	양인	영양	관찰사경중처리
13	김영근金永根	유학	영양	관찰사경중처리
14	김월손金月孫	양인	영양	관찰사경중처리
15	김응식金膺植	유학	영양	관찰사경중처리
16	김천일金千日	양인	상주	유배

번호	성명	신분	출신지 및 거주지	비고
17	남교엄南教儼	유학	영해	관찰사경중처리
18	남시병南時炳	유학	평해	관찰사경중처리
19	남유약南有若	유학	영양	관찰사경중처리
20	박계춘朴季春	유학	영해	관찰사경중처리
21	박대일朴大一	어영군	영해	관찰사경중처리
22	박래우朴來佑	유학	영해	관찰사경중처리
23	박순종朴順宗	양인	영해	유배
24	박유태朴維太	유학	영해	유배
25	박응춘朴應春	유학	영해	절도(絶島) 유배
26	박재현朴載賢	유학	평해	관찰사경중처리
27	박종수朴宗秀	유학	영해	관찰사경중처리
28	박주한朴周翰	유학	영해	관찰사경중처리
29	박흥갑朴興甲	양인	영해	관찰사경중처리
30	백중목白重穆	유학	영해	관찰사경중처리
31	서군직徐郡稙	양인	울산	절도(絶島) 유배
32	설영구薛英九	양인	철원	유배
33	안대제安大霽	양인	영양	유배
34	안소득安小得	총각	영양	유배
35	안평해安平海	양인	영양	유배
36	윤준식尹俊植	총각	철원	유배
37	이도천李道千	양인	영양	유배
38	이성중李成仲	양인	영양	절도(絶島) 정배
39	장정록張正祿	양인	영덕	관찰사경중처리
40	전문원田文元	유학	영해	관찰사경중처리
41	전세규全世奎	역인	평해	절도정배
42	전제옥全題玉	역인	평해	원악도(遠惡島) 정배
43	전종이全宗伊	동몽	평해	원악도 정배
44	정계문鄭啓文	양인	안동	절도정배
45	정백원鄭伯元	총각	안동	관찰사경중처리
46	정용서鄭龍瑞	양인	청하	관찰사경중처리
47	정의호鄭義浩	유학	영양	관찰사경중처리
48	최문대崔文大	유학	영양	관찰사경중처리
49	최운이崔雲伊	양인	영해	관찰사경중처리
50	황치작黃致綽	유학	평해	관찰사경중처리

앞의 기술 끝부분에서 신미아변은 ①"민중들 사이에 동학이란 종교를 통한 사상적 연대의식과 광범위 지역의 인사들이 참여한 최초의 조직적인 민란"으로, ② "이후 각처에서 일어난 크고 작은 난에 많은 영향을 미쳤으며", ③ "특히 1894년에 일어난 전국적인 동학혁명에도 다대한 영향을 미쳤다."고 평가한다.

그러나 평가의 귀결은 '민란'으로 되어 있으며, '동학이란 종교를 통한 사상적 연대의식'을 인정한다.

2) 기억과 상상

이어서 영해-영덕에서는 '이필제와 동학'을 어떻게 기억하고 있는지를 살펴보기로 한다.

(1) 영덕군청 홈페이지

'영덕군청'의 홈페이지[10]에 들어가 보면, 〈일반현황〉 가운데 '인문, 자연환경'을 이렇게 설명하고 있다.

> "면내에는 영해시장, 예주문화예술회관, 목은이색기념관, 3.1의거탑이 있으며, 이를 중심으로 괴시리의 전통마을, 그리고 축산면 도곡리의 신돌석 의병장 출신지를 한데 묶는 유교문화권 성역화 지역의 개발로 영해면은 전통문화와 충절을 배우는 산교육의 장(場)으로, 현대문화와 전통문화의 진수를 맛볼 수 있는 문화의 고장으로 새롭게 자리잡고 있다."

위의 기술 내용에서 '목은이색기념관', '3.1의거탑', '축산면 도곡리의 신돌석 의병장 출신지'는 언급되어 있으나 '이필제와 동학'은 언급되어 있지 다. "영해면은 전통문화와 충절을 배우는 산교육의 장으로, 현대문화와 전

---

10 https://www.yd.go.kr/?p=2655(검색일자: 2022. 11. 10)

통문화의 진수를 맛볼 수 있는 문화의 고장으로 새롭게 자리잡고 있다"는 기술에서 살필 수 있듯이, '전통문화와 충절'에 방점이 찍혀있다.

그럼, 이필제와 동학 관련 기념물이 지정되어 있을까? 같은 홈페이지 내에 공개된 〈영덕군 지정문화재 현황〉(2016.4.1)을 살펴보면 아래와 같다.

〈표 3〉 영덕군청 홈페이지의 〈영덕군 지정문화재 현황〉(2016.4.1)]

종별	지정번호	문화재명	수량	소유자(관리자)	소재지	지정일
기념물	37	영덕 대소산 봉수대	2,826㎡	국유	축산면 도곡리 산20외 3필	1982.08.04
	45	침수정 계곡일원	1,743,219㎡	국유 및 사유	달산면 팔각산로 813외	1983.09.29
	84	갈암종택	1棟	이원홍	창수면 인량6길 12−23	1991.05.14
	87	신돌석장군 생가지	245㎡	영덕군	축산면 신돌석장군 1길 31	1993.02.25
	124	영해 경수당 향나무	1,861㎡	박응대	영해면 원구길 28−13	1997.12.01

위 '기념물' 항목 속에도 '이필제와 동학' 관련 건은 없다.

조극훈은 「동학 문화콘텐츠 개발을 위한 인문학적 기반 연구 − 해월 최시형과 '영해 동학혁명'의 발자취를 중심으로−」에서 '병풍바위와 영해 동학혁명의 유적지'에 관해 이렇게 기술한 바 있다.

영해 지역 동학유적지는 다른 지역에 비해 제대로 된 표지석 하나 없을 정도로 홀대를 받고 있는 실정이다. 그 자리가 혁명의 자리이고 그 흔적이 있다는 것을 구전으로만 알 수 있어 빠른 시일 내에 유적지의 파악과 정비를 비롯 문화유산으로서의 위상을 정립할 필요가 있다. 영해 동학혁명 관련 유적지로 는 대표적으로 다음과 같다.

○ 형제봉 천제단과 병풍바위(창수면 신기2리): 이곳은 영해 동학혁명의 발원지로서 가장 중요한 유적지이다. 박사헌의 집이 있었고 이필제와 최시형 및 동학교도들이 모여 하늘에 제를 지내고 출정식을 가졌던 곳이다.
○ 강구의 하저리와 직천(상직리와 원직리): 동학의 차도주 강사원의 거주지이다.

ㅇ 영해부성(현재 영해면사무소 일대): 영해 동학혁명 격전지의 격전지로 영해부 관아 터와 영해읍성이 있던 자리이다.

ㅇ 영해면 괴시리의 한옥마을: 도유사 남유진 선생의 물소와 고택이 있는 곳이다.

ㅇ 영양군 일원면 용화리(옷재와 허리재): 혁명의 성공을 기념하는 천제를 지내던 곳 이며, 퇴각로이다.[11]

그러나 위의 자세한 '이필제와 동학' 관련 내용은 전혀 언급, 반영되고 있지 않다.

(2) 영덕교육지원청 홈페이지

II. 『행복 영덕 교육』 실행 계획

정책 방향	정책 과제	세부 추진 과제
1. 행복한 배움을 주는 학교	1-1 미래 지향적 교육과정	1-1-1 학교급 간 연계 교육과정 1-1-2 영덕 특화 교육과정 1-1-3 교육과정 운영 지원
	1-2 미래 역량을 키우는 수업	1-2-1 창의융합 역량을 키우는 학생 주도형 수업 확산 1-2-2 학생의 성장을 돕는 과정 중심 평가 확대 1-2-3 성찰 중심의 수업 나눔 활성화
	1-3 삶을 풍요롭게 하는 교육활동	1-3-1 바른 성품을 기르는 인성교육 1-3-2 감성을 키우는 학교예술교육 1-3-3 심신이 조화로운 체육교육 1-3-4 새로운 시대의 평화·통일교육 1-3-5 대한민국 영토, 독도교육
	1-4 연구하고 실천하는 교원	1-4-1 교원학습공동체 활성화 1-4-2 수요자 중심 교원 연수 운영
	1-5 자율과 소통의 학교 문화	1-5-1 학교 자율 경영 체제 지원 1-5-2 교직원이 만족하는 학교업무정상화 1-5-3 자율과 참여 중심 민주시민교육
	1-6 변화를 선도하는 경북미래학교	1-6-1 경북미래학교 지원체제 구축 1-6-2 경북미래학교 운영

『행복 영덕 교육』 실행 계획(출처: 영덕교육지원청 홈페이지)

---

11 조극훈, 「동학 문화콘텐츠 개발을 위한 인문학적 기반 연구-해월 최시형과 '영해 동학혁명'의 발자취를 중심으로-」, 『동학학보』 제30, 동학학회, 2014. 10, 299~300쪽.

다음으로 영덕교육진원청 홈페이지[12]에 들어가보면 『2022 영덕교육계획』 〈II 『행복 영덕 교육』 실행 계획〉에 '1-1: 미래 지향적 교육과정'의 세 항목 가운데 '영덕 특화 교육과정'이 들어 있다. 그리고 '1-3: 삶을 풍요롭게 하는 교육활동'에는 5항목이 있는데 그 가운데 '새로운 시대의 평화·통일교육'과 '대한민국 영토, 독도교육'이 들어 있다.

아울러 『2022 영덕교육계획』(15쪽)의 〈교육공동체가 함께하는 인성교육 전개〉 가운데 '영덕 전통문화 활용 인성교육'이 있다. 그리고 〈특색있는 영덕형 체험프로그램 운영〉 가운데 다음의 6항목이 있다.

- 학교별 실정에 맞는 실천·체험중심 인성교육 프로그램 운영
- 영덕 정신문화 활용 나라사랑 탐방 프로그램 운영
- 교육공동체와 함께하는 인성 교육 실천: 1교 1봉사 동아리 운영
- 충·효·예 교실 운영
- 「발끝 영덕, 맘끝 독도」 바르게 걷기 운영
- 3.18만세운동 챌린지 운영

이 가운데, '영덕 정신문화 활용 나라사랑 탐방 프로그램 운영'과 '3.18만세운동 챌린지 운영'이 들어 있지만, 위의 내용만으로는 '전통문화활용'이 구체적으로 무엇인지는 알 수 없다. 더욱이 '이필제와 동학'과의 연관성은 불분명하다.

---

12 http://www.gbe.kr/yd(검색일자: 2022. 11. 10)

1-3 삶을 풍요롭게 하는 교육활동

1-3-1 바른 성품을 기르는 인성교육

○ 교육과정 기반 인성교육

학교 교육과정 연계 인성교육 활성화	맞춤형 인성교육 프로그램
- 모든 학교 교육활동 및 교과·창체 연계 인성교육 - 놀이중심 교육과정 및 놀이수업 학기제 운영 - 주제별 인성교육 활성화 - 어르신과 함께하는 예절학당	- 심리·정서, 사회성 회복 프로그램 - 희망 학급 또는 동아리 단위 운영 - 정규 교육과정 및 방과후 시간 활용
도전! 성취프로그램	감성을 키우는 시울림 학교

- 도전 의식 함양을 통한 '참다운 나' 발견 및 성장
- 활동영역: 인문, 예술, 체육, 봉사
- 스스로 정한 도전 목표 성취 및 인증
- 교육장 인증제 시행
	- 교육과정과 연계한 시울림 학교운영
	- 시울림 환경 조성지원
	  ·행복한 꿈을 꾸는 시 정원 만들기 참여
	  ·시낭송 콘서트 및 UCC공모전 개최(학교별)
	- 교원 역량 강화 연수

교육공동체가 함께하는 인성교육 전개	특색있는 영덕형 체험프로그램 운영

- 가정과 함께하는 인성교육
  ·학부모의 자녀 인성교육 역량 강화
- 가정에서의 인성교육 지원
  ·세대공감 편지쓰기
- 영덕 전통문화 활용 인성교육
- 난치병 학생 돕기(5월 성금 모금)
- 행복한 아침을 여는 바르게 걷기
- 무궁화 동산 가꾸기
	- 학교별 실정에 맞는 실천·체험중심
	  인성교육 프로그램 운영
	- 영덕 정신문화 활용 나라사랑 탐방
	  프로그램 운영
	- 교육공동체와 함께하는 인성
	  교육 실천: 1교 1봉사 동아리 운영
	- 충·효·예 교실 운영
	- '발끝 영덕, 람끝 독도, 바르게 걷기' 운영
	- 3.18만세운동 챌린지 운영

1-3-4 새로운 시대의 평화·통일교육

○ 평화·통일 교육의 이해
  · 평화·통일 실현 의지 함양
  · 균형 있는 북한관 확립을 위한 현장 맞춤형 교원 연수 강화
○ 학생 참여형 평화·통일 교육
  · 학생 참여형 수업을 적용한 평화·통일 교육
○ 교원 평화·통일 교육 역량 강화: 교원 연수 기회 확대
○ 나라사랑 의식 제고를 위한 지역 문화 유적 탐방 확대
  · 학교별 나라사랑 동아리 운영 및 현장체험학습 전개

특색있는 영덕형 체험프로그램 운영(출처: 영덕교육진원청 홈페이지)

　『2022 영덕교육계획』(16쪽)의 〈II.『행복 영덕 교육』실행 계획〉속 〈1-3-2: 감성을 키우는 학교예술교육〉은 다음과 같이 '영덕문화관광재단 연계 연극·공연' 같은 '지역 연계 학교예술교육'이 들어있다.

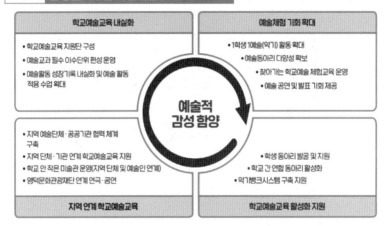

감성을 키우는 학교예술교육(출처: 영덕교육진원청 홈페이지)

그러나 '이필제와 동학'이 이 가운데 어디에 속하는지 알 수가 없다.

아울러 『2022 영덕교육계획』(17쪽) 〈1-3-4: 새로운 시대의 평화·통일교육〉은 다음과 같다.

○ 평화·통일 교육의 이해
  • 평화·통일 실현 의지 함양
  • 균형 있는 북한관 확립을 위한 현장 맞춤형 교원 연수 강화
○ 학생 참여형 평화·통일 교육
  • 학생 참여형 수업을 적용한 평화·통일 교육
○ 교원 평화·통일 교육 역량 강화: 교원 연수 기회 확대
○ 나라사랑 의식 제고를 위한 지역 문화 유적 탐방 확대
  • 학교별 나라사랑 동아리 운영 및 현장체험학습 전

위에서 '나라사랑 의식 제고를 위한 지역 문화 유적 탐방 확대'가 있으나 아마도 앞서 언급하였듯이 '전통문화와 충절'에 방점이 찍혀있고 '이필제와

동학'에는 연관되어 있지 않은 듯하다.

(3) '영덕문화제 야행' 축제

'영덕문화제 야행' 축제 포스터

최근 열린 '영덕문화제 야행' 축제(2022년 10.8-10.9)에서도 '이필제 및 동학' 관련 기념은 아예 빠져 있다.

다만 축제를 홍보하는 신문기사[13]에서는 "이필제 영해동학혁명운동"이 기술되어 있다.

---

13 파이낸셜뉴스(https://www.fnnews.com/news/202209291519351848)(2022. 9. 29)(검색 일자: 2022. 11. 11)

"영해장터거리 근대역사문화공간은 2019년 국가등록문화재로 지정됐고 이필제 영
해동학혁명운동, 평민 의병장 신돌석 장군 항일투쟁, 1919년 3·18 만세운동 등이
일어난 역사적 장소다. 이곳에는 조선시대 읍성 흔적이나 구 영해금융조합, 영해양
조장 등 근대 건물이 남아 있다."

"이필제 영해동학혁명운동"이 기술된 기사는 최근에 자주 보인다. 아마도
이것은 학계나 외부의 연구추세로부터 자극, 혹은 자문을 통한 것이라 짐작
된다.

(4) 지역의 신문과 재야연구가

대구 경북 지역을 대변하는 《매일신문》에서는 영덕군의 '김진균 후손 김낙
동 씨'와 '향토사학자 이완섭 씨'의 협조를 얻어 〈[동해안 항일운동의 중심
영덕] 〈상〉 영해동학혁명〉[14]과 〈영해동학혁명을 아십니까〉[15]를 통해서 '이필
제의 난'이 '민란'이 아니고 '영해동학혁명'으로 표현하고 있다. 기사 가운데
관련 내용를 발췌하면 다음과 같다.

"향토 사학자 이완섭(53'전 영덕군 의원) 씨는 당시 영해·영덕 지역 동학교도 수가 2
천여 명이 넘었다고 밝히고 있다. "해월 선생은 현재 포항의 청하면 마북리 쪽에서
한지 기술자로 일했던 것으로 알고 있다. 당시 한지산업은 경주가 최고로 번성했고
동해안 일대에서는 영덕'영해가 그 뒤를 이을 정도로 번성했다. 이것이 이 지역 동학
교도들이 많은 주요한 요인이 될 수도 있다."
"향토 사학자 이완섭(53'전 영덕군 의원) 씨는 당시 영해'영덕 지역 동학교도 수가 2천
여 명이 넘었다고 밝히고 있다. "해월 선생은 현재 포항의 청하면 마북리 쪽에서 한
지 기술자로 일했던 것으로 알고 있다. 당시 한지산업은 경주가 최고로 번성했고 동
해안 일대에서는 영덕·영해가 그 뒤를 이을 정도로 번성했다. 이것이 이 지역 동학

---

14 영덕 김대호 기자. https://mnews.imaeil.com/page/view/2014120408101290507)(2014.
12. 4)(검색일자: 2022. 11. 11)
15 영덕 김대호 기자. https://news.imaeil.com/page/view/2019050913290009774(2019. 5.
10)(검색일자: 2022. 11. 11)

교도들이 많은 주요한 요인이 될 수도 있다.”

“대부분의 기록에서 아직까지 영해동학혁명은 동학혁명의 시발점이 아닌 '이필제의 난'으로 머물고 있다. 당시 관의 기록은 거사 참가자들을 도적으로 왜곡하고 있다. 또한 현재까지 교조 신원이나 폐정 개혁 등에 대한 어떠한 문서도 전해지는 것이 없다는 이유 때문이다.

하지만 거사에 참가했다 잡혀 효수형에 처해진 영해 사람 박한룡은 관군의 심문에서 동학인으로서의 당당함을 끝까지 유지했다. 그는 분명 영해동학혁명군이었다.

“병풍바위 축문에도 나와 있지만 누구나 하늘상제님을 모시고 섬기는 21자 주문과 같이 인간이 존귀한 가치는 누구나 차별 없이 행복하게 살아가는 자존의 무극대도 (無極大道)가 우리가 바라는 세상이다. 천지신명께서도 하늘에 고한 축문을 들어주신다면 백년 안에 후천개벽의 시대는 활짝 열릴 것이다.”

“향토 사학자 이완섭(58·전 영덕군 의원) 씨는 “당시 2대 교주 해월 최시형 선생은 현재 포항의 청하면 마북리 쪽에서 한지 기술자로 일했던 것으로 알고 있다. 한지산업은 경주가 최고로 번성했고 동해안 일대에서는 영해가 뒤를 이을 정도로 번성했다”며 “이는 영해부에 동학교도들이 많았고 거사의 장소가 된 것과도 연관이 있을 것으로 파악된다”고 했다.

그러나 영해동학혁명은 최근까지도 민란 정도로 평가절하됐다. 이와 관련, 당시 참가자들을 문초한 기록들이 이들을 도적으로 몰았고 동학의 기록들도 후일 교단에 미칠 화를 우려해 군사적 행동을 주도했던 이필제와 해월의 관계를 부정적으로 기술했기 때문이라는 해석도 있다.”

“영덕참여시민연대 관계자는 “영해동학혁명에 참가한 사람들의 저항정신은 훗날 신돌석 장군 항일의병투쟁, 갑오동학혁명, 영해만세운동에까지 영향을 미친 중대한 역사적 사건이기 때문에 이번에 그들을 추모하고 재조명하는 자리를 마련했다”고 말했다.”

“동학 2대 교주 해월 선생에게 수운 최제우 선생의 신원을 이유로 거사를 제안했던 이필제 장군은 여러 연구에서 볼때 다소 모험주의적인 인물로 볼 수 있다. 당시로는 그만큼 동학의 역량이 무르익지 않았음에도 거사를 단행해 결과적으로 영해'영덕 지역의 동학에 대한 탄압을 가속화시켰다.”

하지만 이 전 국장은 영해동학혁명이 단순한 민란으로 폄훼하는 것에 대해서는 분명하게 선을 그었다. “20여년 뒤 갑오농민혁명과 같은 형태는 아니지만 영해동학봉기는 적절한 평가를 받지 못하고 있다. 왕조시대에 '인간의 자존'을 외치며 그많은 사람들이 떨쳐 나섰다는 점에 주목해야 한다. 그러한 시도들과 교훈이 있었기에 동학이 더 성장할 수 있었다."

그는 또 영해동학혁명의 주축이 된 세력들에 대한 분석도 내놨다. "1840년대 영해 향교의 자리를 놓고 서얼과 적자들이 심각하게 대립했다. 당시 부사가 처음에는 서얼의 손을 들어줬다가 다시 적자들의 편을 들었다. 이후 두 세력 간의 반목이 심해졌으며 서얼과 함께 몰락한 지식인들은 기존 질서에 반감을 가지고 동학에 흡수됐을 것으로 보인다."

(5) 영덕문화재단 홈페이지

「영덕문화재단」홈페이지[16]에도 '이필제와 동학' 관련은 보이지 않는다.

(6) 영덕교육발전위원회 홈페이지

「영덕교육발전위원회」홈페이지[17]에도 '이필제와 동학' 관련은 보이지 않는다.

(7) 영덕관광포털 홈페이지

「영덕관광포털」홈페이지[18]에도 '이필제와 동학' 관련은 보이지 않는다.

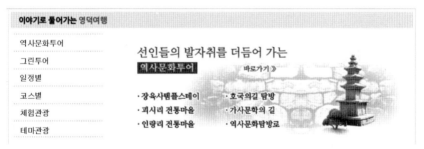

이야기로 풀어보는 영덕여행(출처: 영덕관광포털 홈페이지)

일반인들이 영덕 관광을 하고자 할 경우 검색해보기 쉬운 「영덕관광포털」

---

16 https://ydct.org/(검색일자: 2022. 11. 10)
17 http://www.ydedu.or.kr/(검색일자: 2022. 11. 10)
18 https://tour.yd.go.kr/(검색일자: 2022. 11. 10)

홈페이지에 나오는 〈역사문화투어〉의 '추천테마여행' 27개 항목을 보자.

1. 장육사템플스테이
2. 나옹왕사반송유적지
3. 괴시리전통마을&목은이색기념관
4. 영양남씨 괴시파종택
5. 물소와고택&서당&해촌고택
6. 대남댁&괴정
7. 주곡댁
8. 경주댁
9. 영은고택
10. 영감댁&입천정
11. 인량리전통마을
12. 인량리전통테마마을
13. 화수루와 까치구멍집
14. 용암종택
15. 삼벽당
16. 갈암종택
17. 충효당
18. 만괴헌
19. 우계종택
20. 강파헌정침
21. 오봉종택
22. 호국의길탐방
23. 신돌석장군유적지&생가
24. 가사문학의길
25. 역사문화탐방로
26. 유금사
27. 유교불교문화탐방로

역시 '이필제와 동학' 관련은 보이지 않는다. 그리고 '20선 설화애니메이

션'에도 마찬가지이다.

  1. 역동과 8요괴 대격전
  2. 마귀할멈바위 면경대
  3. 금많은유금사에 지네이야기
  4. 보물산칠보산
  5. 영덕의신사임당
  6. 태백산 호랑이 신돌석장군
  7. 울고 넘는 울티재
  8. 고산윤선도의고불봉
  9. 새목산 호랑이의 기개
  10. 관어대눈먼할머니
  11. 태조왕건이 반한 천년의 맛
  12. 되돌릴 수 없는 둔갑술
  13. 망일봉과 주세붕 선생
  14. 이천냥에 변소를 빌린 방학중
  15. 은혜 갚은 거북
  16. 목은 이색의 댓구
  17. 고래들이 노니는 불
  18. 마의태자를 향한 장화부인
  19. 까치 날개 속에 살아난 나옹왕사
  20. 나옹왕사와 반송

  영덕 영해장터거리 근대역사문화공간[19]에서도 '이필제와 동학' 언급은 보
이지 않는다.

━━━━━━━━

19 종별: 국가지정 등록문화재
   지정번호: 762
   지정일시: 2019. 11. 4.
   소재지: 경북 영덕군 영해면 예주2길 10 외 80필지
   시대: 근대

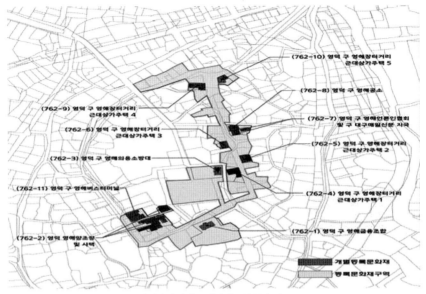

영해장터거리 근대역사문화공간 지도

'역사적 인물'에서는 다른 인물은 없고 단지 다음의 세 사람만 들고 있다.

1. 신돌석장군
2. 목은 이색
3. 나옹 왕사

이렇게 현재 영덕군 지자체의 교육 및 문화 관련 주요 공공 홈페이지에서 '이필제와 동학'은 명확하게 기억되고 미래를 위한 '상상' 속에서 호출되지도 않고 있음을 알 수 있다.

3. 맺음말- 공권력에 대한 폭력 정당화의 성찰과 과제 -

이상에서 살펴본 '이필제와 동학'이 영해-영덕의 '기록, 기억, 상상' 속에서 어떻게 부각 되고 평가되는 지를 다음과 같이 정리할 수 있다.

첫째, 영해-영덕의 기록 속에서 이필제는 신미아변(辛未衙變) 즉 '민란'의 주동자라는 정도로 낮게 평가되고 있고, 중심인물로는 부각되어 있지 않다. 아울러 '이필제의 난'은 '민란' 정도로 저평가되고 있음을 알 수 있다.

둘째, 영해-영덕의 기억-상상 속에서 '이필제와 동학'은 밀려나 있다. 현재의 관광문화적 지역 자원의 주요 행적으로서도, 지역적 주요 역사 인물로서도 부각되거나 주목받지 못하고 있다.

셋째, 이렇게 영해-영덕의 기록-기억-상상 속에서 삭제되어 버린 점에서, 지자체의 정책적 인식과 연구자들의 순수한 연구 사이의 괴리가 느껴진다. 이미 서론부에서 언급하였듯이, '민란'이라는 차원에서 '이필제의 난' 그리고 '동학'을 이해하고 그것을 '폭력을 동반한 반란'으로서 불온시해온 탓일지도 모른다. 이 점은 영덕군이 지역문화 홍보의 방향을 '전통문화와 충절'에 방점을 찍고 있다는 데서 추론할 수 있다. '이필제와 동학'은 '충절'의 범위에는 들지 않고 오히려 '공공성'에 '저항'하는 운동으로 규정되기에 지자체의 정책적 인식과 연구자들의 순수한 연구 사이에는 어쩔 수 없이 평가의 괴리가 생겨날 수밖에 없음을 자인하게 된다.

넷째, 영해의 '이필제의 난'에 대해, '제3의 메타적 시선'에서 과연 '폭력, 살인'을 정당화해낼 어떤 객관적 논의가 있을까의 문제이다. 영덕군 지자체가 나아갈 방향에서 이필제와 동학은 과연 어떤 의미일까? 적극적 평가에 대해 회의적일까 긍정적일까? 이 대목에서 우선 인용하고 싶은 것은 임상욱이 「이필제와 최시형 : 영해 동학 '혁명'의 선도적 근대성」에서 말한, 다음과 같은 '폭력, 살인'의 정당화 가능성에 대한 솔직한 물음과 지적이다.

> 영해 봉기는 혁명의 전단계로서의 역할은 충실히 했으나, 그 자체를 혁명으로 받아
> 들이기에는 무리가 따르는 것으로 보인다. 설령 이를 동학 최초의 혁명으로 바라보
> 는 시각이 가능하다 할지라도, 종류를 막론하고 대개의 첫 경험들이 흔히 그렇듯,
> 이는 크게 어설프고 잘못 설정된 방향의 혁명이다. 여기엔 동학의 가치, 즉 인간의
> 최대 보편 가치인 생명이 너무 가볍게 다 루어졌기 때문이다. 동학의 첫 '혁명가'들
> 은 손에 무기를 들고 야밤에 선제 기습공격을 했고, 사람을 죽이고, 성공을 자축했
> 다.
> 영해의 민중 봉기는 우리로 하여금 단순한 동학혁명이 아닌, 그야말로 동학다운 혁
> 명이 무엇인지에 대한 깊은 성찰을 요구하고 있는 듯하다. 과연 살인이나 폭력은 그
> 목적이 정당하다는 이유로 허용되거나, 나아가 미화되어도 괜찮은 것일까? 물물천
> 사사천, 사인여천의 동학정신에 비추어 볼 때, 살인, 그것도 선제적인 살인을, 당연
> 하다거나, 피할 수 없다거나, 불가결하다거나, 정당하다는 이유를 들어 묵인하고,
> 방조하고, 독려해도 괜찮은 것일까?[20]

만일 어떤 명분으로도 '폭력, 살인'을 정당화할 수 없다면 '이필제의 난'을 우리가 어떻게 기억하고 상상해야 할 것인가? 이 대목에서 '메타적 시야'를 확보하고 합당한 교육과 홍보의 방법이 필요하다고 본다.

일찍이 평론가 김현은 「폭력과 왜곡 - 미륵하생 신앙과 관련하여 - 」에서, '미래의 극락 세계라는 이른바 초월 세계를 마음속에다 상정하게 하고, 현재의 원한 어린-천한-비극락 세계를 부각시키면서, 투쟁을 강조하여 나쁜 폭력을 종교로 은폐하고, 파괴 충동을 부추기는' 근저에 "남의 것을 빼앗아 자기 것으로 만들고 싶다는 욕망"이 있음을 밝히고 있다. 그 욕망이 바로 무서운 "초월 세계를 낳는 욕망"이라는 것이다.[21]

---

20 임상욱, 「이필제와 최시형: 영해 동학 '혁명'의 선도적 근대성」, 『동학학보』 제30호, 동학학회,
  2014. 10. 235쪽.
21 "극락을 바라다보는 것은, 황홀한 일이지만, 극락을 위해 싸우는 것은, 자기가 극락 안에 있지

적대시한 공권력과 공무원에 대한 '폭력, 살인'을 어떻게 정당화할 것인가? 바로 이 점이 아마도 영덕군 지지체의 '이필제와 동학' 교육과 홍보의 난제가 아닐까. 본문에서는 언급하지 않았지만 실제 영덕군의 중고등학교의 홈페이지에서는 '이필제와 동학'은 언급되고 있지 않다. 한 마디로 장려와 홍보, 교육의 대상이 아닌 것이다.

영덕군 지자체나 지역사회가 보수화 될 경우, 과거 이필제의 기억이 민란의 '트라우마'로서 혹은 혁명의 '불온성'으로서[22]으로서 인식되어 계륵이 될 가능성도 배제하기 어렵다고 본다. 따라서 영해의 '이필제와 동학' 연구는 이 시점에서 학계는 물론 지자체에서 새로운 방향 제시를 위해 제3의 메타적 시선 확보에 숙고해보아야 마땅하다.

않다는 것을 자각시키기 때문에 비애롭다. (중략) 이 세계는 극락이 아니다라는 것을 분명하게 깨닫고, 그것을 깨달은 그만큼 초월 세계의 도래를 앞당기기 위해 열심히 싸운다. 그들이 보기에, 이 세상은 괴로운 세상이라는 것을 전신 감각적으로 체득하고, 극락 세계를 누구보다도 실현시키고 싶어하는 것은 "가장 천한 것들"이다. (중략) 나쁜 폭력의 승리는 점점 은폐되고, 대립과 갈등이 없는 대동 세계의 가능성을 강하게 보여주는 종교적 왜곡은 갈수록 강해진다. (중략) 나쁜 폭력은 니체적 의미에서의 원한을 낳고, 그 원한은 내재화되어 공격성으로 전환된다. 그것이 전면화될 때, 파괴 자체를 즐기려는 이상 심리, 아니 정상 심리가 나타난다. 파괴 충동을 제어하기 위해, 그것의 위험성을 제일 민감하게 느끼는 자들은 제의−종교−문화에 도피한다. 아니 그것으로 그 충동을 감싼다. 나쁜 폭력은 전면적이지 않고 부분적이며, 항구적이 아니라 일시적이다. 그것에서 벗어나려면 나쁜 폭력이 없는 초월 세계에 들어가면 된다. 그 초월 세계는 어디 있는가? 이 지상에서 그런 초월 세계를 만들려고 하는 네 마음 속에 있다. …그렇다면 나쁜 폭력을 낳는 욕망이 바로 초월 세계를 낳는 욕망이 아닌가. 나는 그렇다고 대답하고 싶다. 남의 것을 빼앗아 자기 것으로 만들고 싶다는 욕망이, 무서워라. 그 욕망이 바로 초월 세계를 낳는 욕망이다. 황석영 식으로 말하자면, 가장 천한 것들이 가장 강하게 욕망한다." (김현, 『분석과 해석 − 주와 비의 세계에서: 김현문학평론집』, 서울: 문학과지성사, 1988, 219~221쪽)

22 이 대목은 허수, 「근대전환기 동학·천도교의 개벽론: 불온성과 개념화의 긴장」, 『개벽의 사상사』, 서울: 창비, 2022에 나오는 〈'다시 개벽'의 불온성과 트라우마〉(94쪽)과 연관된 점도 있다.

참고문헌

영덕군지편찬위원회, 『盈德郡誌』(상 · 하), 영덕: 영덕군, 2002.
류기도, 『盈德邑誌』, 영덕: 영덕문화원, 2018.
_____, 『盈德面誌』, 영덕: 영덕문화원, 2014.
영덕군, 『盈德郡鄕土史』, 영덕: 영덕문화원, 1992.
권대용, 『盈德德의 獨立運動史』(증보판), 영덕: 영덕군 · 영덕문화원, 2019.
박인환, 『盈德의 地名由來』, 영덕: 영덕문화원, 2004.

김 현, 『분석과 해석 – 주와 비의 세계에서: 김현문학평론집』, 서울: 문학과지성사, 1988.
강경석 외, 『개벽의 사상사』, 서울: 창비, 2022.
이영호, 『동학과 농민전쟁』, 서울: 혜안, 2004.
이이화 외 편, 『1871년 경상도 영해 동학혁명』, 서울: 도서출판 모시는 사람들, 2014.
조성환, 『키워드로 읽는 한국철학』, 서울: 모시는사람들, 2022.

임상욱, 「이필제와 최시형 : 영해 동학 '혁명'의 선도적 근대성」, 『동학학보』 제30호, 동
　　학학회, 2014. 10.
조극훈, 「동학 문화콘텐츠 개발을 위한 인문학적 기반 연구 – 해월 최시형과 '영해 동
　　학혁명'의 발자취를 중심으로–」, 『동학학보』 제30, 동학학회, 2014. 10.
허 수, 「근대전환기 동학 · 천도교의 개벽론: 불온성과 개념화의 긴장」, 『개벽의 사상사』,
　　서울: 창비, 2022.

영덕교육진원청 홈페이지.
영덕문화재단 홈페이지.
영덕교육발전위원회 홈페이지.
영덕관광포털 홈페이지.

이필제의 생애와 소설화 과정에 나타난 영해사건의 의미

채길순(명지전문대 명예교수)

이필제의 생애와 소설화 과정에 나타난 영해사건의 의미

1. 머리말

이 글의 목적은 이필제의 생애를 고찰하여 소설화 과정에 나타난 영해봉기 사건의 의미를 규명하 고, 이필제의 인물을 탐구하는 데 있다. 이를 위해서는 현재까지 기록에 나타난 이필제의 생애를 정리하고, 소설화 과정에 나타난 영해봉기의 사건적인 의미를 도출하고자 한다. 여기서 소설로 국한한 이유는 그간 이필제를 소재로 콘텐츠 화 된 작품이 그리 많지 않기 때문이다.

연구의 중심은 인물 이필제와 관련된 사건을 다룬 관변기록들을 상고하고, 뒷날 진행된 연구를 종합하여 고찰하고자 한다.

이 연구의 주 내용인 소설화 과정을 고찰하기 위해 최초의 현대소설이라 할 『동학당』[1]으로부터 최학[2]의 장편역사소설 『이필제』①②, 졸저 단편소설 「이필제, 신미년 동짓달에 서소문 밖에서 꿈을 접다」 등 세 편의 소설을 중심으로 고구하고자 한다.

연구방법은 이필제 관련 관측 기록을 더 정밀하게 들여다보고, 『이필제』

---

1 이돈화, 채길순 해제, 소설 『동학당』, 도서출판 모시는사람들, 2014.
2 최학(1950-, 소설가) 1973년 경산 코발트 탄광을 소설의 무대로 한 단편 '폐광'으로 경향신문 신춘문예 당선에 이어 1979년에 한국일보가 주최한 장편소설 공모전에 '서북풍'이 당선됐다. '잠시 머무는 땅', '그물의 문', '식구들의 세월' 등 지속적인 창작활동을 했으며, 우송대학교 교수를 역임했다.

①②, 졸저 단편소설 「이필제, 신미년 동짓달에 서소문 밖에서 꿈을 접다」 등 세 소설을 비교 분석하는 방법을 통해 이필제가 주도한 영해사건의 역사적 의미를 도출하고자 한다.

2. 이필제의 전기적 생애

1) 영해봉기 이전까지의 행적

이필제(李弼濟, 1825-1871)는 동학에 입교한 뒤 9년간에 걸쳐 진천 홍주 남해 진주 영해 문경 등 6차례나 농민 봉기를 위해 조직하고 계획을 주도한 '운동가'였다.

이필제는 초기에 고향 주변에서 거침없이 활약했다. 공주·해미·태안 등지를 다니며 불만 세력을 모으거나, 그들의 의식에 변혁의 불길을 당겼다. 그러던 중에 그는 뚜렷한 죄목도 없이 35세 되던 해인 1859년(철종 10) 영천 땅으로 유배되었다가 다음 해 1월에 귀양살이에서 풀려났다. 이때 평생의 동지가 된 김낙균(金洛均)이 천안에서 보은으로 이사 와 살다가 천안 언저리인 목천으로 가서 살고 있었다. 그는 김낙균과 함께 목천 등지에서 동지들을 모으느라 한동안 분주했다. 그리고 1861년에는 가족과 함께 진천 외면 석현으로 옮겨가 살았다. 그러던 어느 날 이웃 마을 논실의 신서방(申書房, 이름은 알려지지 않음)과 다투게 되었는데, 신서방의 친척이 충청감사여서 신서방의 밀고로 감영에서 이필제에 대한 체포령이 내려졌다. 이때부터 그는 본격적으로 숨어 사는 처지가 되었다.

1862년 2월에 진주에서 일어난 민란을 시작으로 해 삼남지방을 중심으로 봉기가 곳곳에서 일어났다. 이때 그가 어디서 무슨 일을 했는지에 대한 자세한 행방은 알 수 없다. 다만 이 해 여기저기서 일어났던 농민봉기가 어느 정도 수그러들 무렵에, 그가 풍기에 사는 허간의 집을 찾아왔다. 그리고 그는 그곳에서 집 몇 칸을 짓고 살았다. 이때 그는 과부로 10년 동안 수절을 하고 있던 허간의 누이를 범했다. 이 과부가 아이를 잉태하자 어쩔 수 없이 후실로 맞아 살게 되었지만, 이곳을 떠나 강원도나 문경의 조령으로 간 것으로 보인다.

1863년 10월 동학의 제1대 교주 최제우가 나졸들에게 체포되어 서울로 압송되고 있었다. 서울로 가는 길은 추풍령을 거쳐야 했기에 교인들 수천 명이 창도주를 전송하기 위해 추풍령으로 모여들었다. 이 소식을 먼저 들은 최제우를 압송하는 행렬은 애초에 계획을 바꿔 보은으로 길을 돌아 과천까지 갔다가 철종이 세상을 떠나자 다시 대구 감영으로 이송되었다. 최제우 압송행렬이 문경 조령 초곡에 이르자, 교도 수백 명이 길가에서 횃불을 들고 눈물을 흘리며 맞이했다. 이해에 이필제가 조령에서 동학에 입도(入道)했다고 하지만, 전하는 말로는 오래 전에 최제우가 조령에서 도둑떼를 만나 교화를 폈는데, 그 도둑떼의 두목이 이필제였다고도 한다. 이 부분은 이돈화의 소설 동학당에서도 이렇게 썼다.

이 무렵 이필제에게 든든한 후원자가 생겼다. 공주의 부호 심홍택(沈弘澤)이 그에게 자금을 보내며 후원을 아끼지 않았다. 심홍택은 이필제를 돕게 된 동기는 포도청의 심문 과정에서 이렇게 밝혔다. 우연히 '출신' 신분의 이홍과 친하게 되었는데, 이홍의 언어와 거동과 풍채가 과연 훌륭하여 평생 처음 보는 뛰어난 남자였다. 이런 인품과 기질로도 '출신'의 이름을 면치 못하고 이리저리 떠돌이 생활을 하는 것이 실로 가긍하여 천금을 아끼지 않고 도와준 것은 다른 뜻이 있어서가 아니요, 그 사람을 깊이 아꼈기 때문이다.

그는 이 자금으로 동지를 모아서 동지들의 생활비와 활동자금을 대 주었다. 이때 그는 김낙균·심홍택 외에 양주동(梁柱東)·박회진(朴會震) 같은 인물들을 포섭하려고 했다. 이 무렵 심홍택 등을 진천의 승지로 옮겨 와 살도록 주선하기도 했다.

모사 양주동은 형리를 지낸 보은의 아전 출신으로 스스로 천자(天子, 천하를 다스리는 사람)가 된다고 의기양양하게 말하고 다니던 사람이었다. 이필제는 사람을 시켜 양주동에게 신뢰의 표시로 안경을 주고, 자기가 어떤 사람인지를 소개했다.

양주동이 공주에 옮겨 와서 살 때인 1866년 봄에 남종삼과 프랑스 신부 등 9명의 천주교도들이 처형되었다.

이어 독일인 오페르트가 영국 상선을 타고 와서 강압적으로 통상을 요구했다. 그러자 나라의 인심이 뒤숭숭해졌고, 세상으로 곧 난리가 난다는 소문이 쫙 퍼졌다.

이 해(1866년) 4, 5월 경 깊은 밤을 타 이필제는 양주동의 집을 찾아가서 거사를 꾀하자고 제안했다. "근래 떠도는 소문이 매우 시끄럽다. 대국(大國)의 흑귀자(黑鬼子)들이 들어온다는 말이 있다. 또 서양 사람들이 다른 나라 사람들과 연합하여 우리 영토를 노략질한다고도 한다. 이렇게 되면 부득불 좋은 곳을 가려 살아야 할 것이다. 그대는 여기에서 오래 살 것인가, 다른 곳으로 갈 것인가?"《우포도청등록》24책

이들 대화 안에는 청나라를 정벌한다는 뜻도 들어 있었다. 이렇게 곳곳을 누비고 다니며 일을 꾸몄기에 관청에서도 그들에 대한 정보를 못 들었을 리가 없다. 이 시기에 충청병영에서 또다시 그의 체포령이 내려져 들이닥쳤다. 그는 다시 몸을 날려 도망쳤지만, 그의 어린 아들과 심부름하는 여종이 잡혀갔다. 몇 달이 지나 그의 가족은 풀려났지만 그에 대한 체포령은 풀리지 않았고, 포교들이 늘 그의 집을 감시해 집에 들어가서 가족을 만날 수 없었다. 그는 도망을 다니면서도 끊임없이 동지들과 연락을 취했다. 그의 활

동무대는 충청도에서 전라도까지 뻗어 있었다.

그가 이후 4년 동안 벌인 중요한 일은 두 가지로 요약할 수 있다. 첫째는 전라도 유생들과 연결해 변란을 일으키려 한 것이다. 1868년 그는 여산의 이성겸(李聖鎌)을 만나 뜻을 통했다. 당시 이성겸은 많은 동조자를 거느리고 있었는데, 그의 곁에는 검술에 뛰어난 자와 힘이 센 자들이 있다고 했다. 이성겸은 이필제에게 곧 과거가 있으니 함께 상경해 일을 꾀하자고 했다. 이필제는 다음과 같은 시를 써서 자기의 뜻을 나타내려고 했다. "역사는 외로운 신하의 의리를 저버리지 않는도다. 해와 달이 함께 장사들의 마음을 밝히리"

이해 5월에 전라도 유생 수백 명이 과거를 본 뒤 내려가지 않고 한 달 동안 서울 근방에 머물러 있었다. 유생들의 이 같은 단체 행동은 이성겸이 사주한 것이 틀림없었는데, 이필제는 "만약 변란이 있으면 창의하는 것이 어떻겠느냐"고 양주동에게 말했다고 한다.(심상학 공초).

1869년에 들어 민심이 크게 흔들리고 있으니, 이때를 틈타 봉기해야 한다고 충동했다. 이필제는 이렇게 말했다고 한다. 명나라 태조도 처음에는 거지 아이 300명으로 일을 일으켰으니 사람의 일을 어찌 다 알 수 있겠는가?… 1000명의 군사로 동쪽으로는 일본 대마도를 치고, 서쪽으로는 중국을 쳐서 한 달 안에 천하를 평정할 수 있다. 《추안급국안》 이필제 공초

하지만 이런 일들은 어이없게 탄로 나고 말았다. 이필제의 처조카인 판교의 김병립과 공주에 사는 현경서는 내외종(內外從) 사이인데, 김병립이 이사 갈 집을 사 달라고 현경서에게 돈을 주었다고 한다. 그런데 현경서는 집도 사 주지 않고 돈도 돌려주지 않아 둘이 싸움이 붙었다. 그러자 현경서가 "너희들 형제가 이필제와 모의를 꾸미는 것을 내가 안다. 네가 만약 돈을 독촉하면 내가 고발할 것"이라고 말했다. 이에 겁을 먹은 김병립이 먼저 상경

해 이필제 일당을 고발하면서 "나의 형은 그 사실을 대략 알지만 실로 깊이 관여한 바가 없으니 잘 살펴 달라"는 단서를 붙였다. 이렇게 연고자 12명이 포도청에 잡혔고, 이필제·김낙균 등 주모자들은 또다시 도망했다. 이 옥사건으로 심홍택 양주동은 매를 맞아 죽음을 당했지만, 나머지는 발뺌을 한데다 확실한 증거도 없어서 모두 풀려났다.

하지만 이필제의 아내는 청주 감옥에 갇혔고, 아들과 첩은 공주 감옥에 갇혔다. 이필제는 혼자 몸을 날려 이번에는 경상도 쪽으로 방향을 잡았다. 그는 김낙균의 행방도 모르는 채 지례 쪽으로 내달았다.

자금 확보책 가짜어사 사건으로 10년 공사가 하루아침에 어긋나자, 그는 생판 낯모르는 곳으로 발길을 잡은 것이다. 그가 몇 달 동안 이 일대를 몰래 숨어 다니다가 이해 8월에는 선산을 거쳐 거창 일대를 거점으로 활약했다. 이필제는 거창 땅에 들어서서 길을 걷다가 가겟집에서 이덕경이라는 같은 또래의 선비를 만나 비기·방술의 지식을 동원해 이덕경의 마음을 사로잡았다. 거창 웅양면에 사는 이덕경은 마침 같은 고을 무등곡에 사는 김영구를 찾아가던 길이었다. 이필제는 그에게 성은 주(朱)요, 자는 경조(景祚)라는 바뀐 이름을 댔다. 둘이 김영구 집에 이르렀을 때, 그는 또 자신을 안동에 사는 주성조(朱性祚)라고 소개했다. 이덕경이 떠나가자 이제 주성조로 바뀐 이필제는 병을 핑계로 김영구의 사랑채에 며칠 동안 묵었다. 그가 4일을 묵은 뒤에 떠나면서 "머지않아 난리가 날 터이니 나를 따라 섬으로 들어가 피란하면 좋을 것"(《경상감영계록》 경오년 조)이라고 말했다. 그가 이 동네에 와서 묵은 것은 큰 의미를 지니고 있었다. 그와 뜻을 같이해 장차 모든 일을 주도하게 될 양영렬의 집이 이 마을에 있었던 것이다. 양영렬은 평양 출신으로 10여 년 전 이곳으로 이사 와 살았는데, 상당한 재산가이자 학식과 명망이 높은 사람이었다. 하지만 양영렬은 이때 합천에 가서 훈장 노릇을 하

고 있었던 탓에 두 사람은 서로 만나지 못했다. 그러나 이해 8월 김영구 집
에서 양영렬은 주성칠(朱成七, 이때부터 이 이름을 한동안 썼음)로 이름을 바꾼 이
필제를 만나 많은 이야기를 나누었다고 했다. 양영렬은 이필제의 첫 인상
을 "작년 가을(1867년) 주성칠이라는 사람이 우연히 찾아왔는데 그의 문사와
언어를 보니 반고나 사마천, 소진이나 장의와 다를 바가 없었다. 내가 깊이
사귀기를 원해 서로 못할 말이 없었는데, 성칠이 비분강개의 담화를 하면서
눈물을 흘리며 말하기를, "지금 민생이 도탄에 빠지고 시대의 걱정이 보통
일이 아니다. 만약 영웅이 있다면 민생을 구할 수 있을 것인데, 그대는 흔
쾌히 따르지 않겠는가?"라고 말했다."《추안급국안》〈진주죄인등국안〉) 그리고
그는 지금의 시대에 영웅될 만한 사람을 소개해 달라고 했다.

　이런 인연으로 해서 양영렬은 그의 서당이 있는 합천으로 이필제를 데려
와 초계에 사는 성하첨(成夏瞻)과 정만식(鄭晩植)을 소개했다. 성하첨은 정만
식의 손금에 王자가 있고, 그가 지금 시대의 '참된 도를 체득한 진인'이라고
말했다. 이필제는 이 말에 적극 동의하면서 정만식을 부추겼다. 이렇게 양
영렬의 집과 서당에서 일을 벌이고자 마음먹었던 세 사람은 이제 이필제를
맞아 새로운 마음으로 계획을 세워 나갔다. 그들은 약장수 양성중, 장사꾼
정재영 같은 청년들을 포섭하기도 했다. 자금은 주로 양영렬이 맡았고, 정
만식을《정감록》의 정씨로 부각시켜 인심을 충동했다. 어느 정도 동조 세력
을 얻게 되자 이들은 지리산 밑 덕산으로 진출을 꾀했다. 이들은 덕산을 중
심으로 본격적인 거사를 추진하기에 앞서 자금을 걷는 방법을 짜냈다. 그
들은 한때 마산포에 어장을 경영하거나 논을 사서 농사를 지어 자금을 만들
궁리도 했지만 이 방법은 시일이 너무 오래 걸리기 때문에 가짜어사를 출두
시킨다는 묘안을 짜냈다. 이 일은 군인을 모아야 가능했기에 성하첨이 논
두 마지기를 팔아 경비를 댔다. 논을 팔아 마련한 돈 170냥은 양영렬의 손

에 들어갔는데, 양영렬은 정재영을 시켜 "짐꾼을 모집하는데, 짐꾼의 능력에 따라 돈 10냥 내지 30냥씩 준다"고 하면서 머슴이나 일꾼, 가난한 사람들을 모았다. 그렇게 이필제와 양영렬이 이끈 일행 19명은 이해 12월 초에 양영렬의 집과 그 주변에 모여들었다. 일꾼들에게는 바닷가 섬에 어장을 사들인다고 속였다. 그리고 이필제와 양영렬은 수건을 만들어 돌리고, 각기 지닐 칼을 마련하고, 일본 비단을 사들여 수의(繡衣, 암행어사가 입는 옷)를 만들 준비를 갖추었다. 이어 이필제가 여러 마을에 돌릴 격문을 짓고, 양영렬이 바르게 베껴 썼다. 이들은 일단 흩어졌다가 11일에 율원촌(栗院村)에 모이기로 했다. 정재영 등 예정된 인원이 모이자, 이들은 산청 생림점(生林店)에 가서 하룻밤을 묵으며 장터에서 필요한 물건을 사들였다. 16일에는 하동을 30리 남겨 두고 주점에서 잤고, 17일에는 하동 섬진강 가에서 잤다. 다음날이 섬진 장날(화개장터로 보임)이어서 양영렬이 일꾼 어치원에게 돈 8냥을 주어 송아지 한 마리를 사 오라고 했다.

양영렬은 그에게 어장을 열 때에 소를 잡아 고사 지내는 데 쓴다고 했다. 자금이 모자랐던 이필제·양영렬은 화적떼로 변장해 주변에 있는 김부호의 집을 털려고 했는데, 일꾼들이 반대하는 바람에 뜻을 이루지 못했다. 19일에 일행이 곤양점(昆陽店)에 도착하자, 이필제는 이름을 주성칠에서 서성필(徐聖必)로 이름을 바꾸고 가짜어사가 되어 남해현에 출두해 관의 재물을 빼앗는다는 계획을 일행에게 털어놓았다. 이에 놀란 일꾼들이 돌아가는 바람에 남은 인원은 8명이 되었다. 이들은 하동 두치나루에서 배를 타고 남해 죽도로 건너가려고 했지만, 배에 탔던 군교가 그들을 수상하게 대하자 다시 배에서 내렸다. 이때 이필제는 이 계획을 중단시켰다. 그리고 일행은 소 한 마리를 이끌고 진주로 돌아와 소를 팔아 여비에 썼다. 이렇게 남해 가짜어사 출두 계획은 실패로 돌아가고 말았다. 이 거사 계획 때문에 이필제에게는 뒷날 '하동의 불한당', '남해의 가짜어사 출두'라는 죄목이 붙게 된 것이다.

2) 영해봉기와 이필제의 처형 과정[3]

영해 교조신원운동[4] 1871년 3월 10일에 영해에서 동학 최초의 교조신원운동이다. 16개 지역에서 동학도 약 500명이 동원되어 밤중에 영해 읍성을 점령하는 변란과 같은 교조신원운동이 벌어졌다. 주도 인물은 이필제이고 그 뒤에는 해월신사와 동학 지도부가 있었다. 해월신사는 처음에는 거사를 거부하였다. 즉 1870년 10월 경에 이필제가 사람을 보내 면담을 요청하였으나 응하지 않았다. 그러나 5개월 간에 걸쳐 영해 동학 지도자들이 다섯 차례나 찾아와 간청하므로 부득이 움직이게 되었다. 1871년 2월에 해월신사는 직접 영해로 넘어가 여러 도인들을 만나보고 그들의 생각을 확인하였다. 영해 및 주변 동학도인들은 스승님(최제우)의 신원을 해야 한다는 의견이었다. 해월신사도 끝까지 거절할 수 없어 각지 동학 지도자들에게 동원령을 내렸다. 그리하여 교조신원운동은 결행하기에 이르렀다.[5]

3월 6일부터 3월 10일까지 모인 인원은 약 5백 명이었다. 유생 남유진(南有鎭)이 기록한 『신미아변시일기(辛未衙變時日記)』에 5~6백 명이라 하였고 『최선생문집도원기서』에는 5백 명이라 하였다. 참가 지역은 영해, 평해, 울진, 진보, 영양, 안동, 영덕, 청하, 흥해, 연일, 경주 북산중(경주 북쪽 산중), 울산, 장기, 상주, 대구 등지였다. 『교남공적』에는 경남의 영산과 칠원

---

3 채길순, 조선 후기 서소문 지역 역사적 의미 재검토.
4 1871년 이필제에 의해 주도된 이 사건에 대한 명칭은 신미사변(辛未事變), 이필제 난, 영해병란, 영해혁명 등 다양한 명칭으로 불리고 있다. 여기서는 표영삼의 "해월 최시형의 동원령에 의해 16개 지역의 점조직에서 동학교도 5백여 명을 동원하여 이루어낸 운동으로, 비록 이필제의 선동에 의해 시작되었으나 동학조직이 이루어낸 변혁운동에 의미를 두어 '영해교조신원운동'이라는 명칭에 따랐다.
5 표영삼, 영해 교조신원운동 이야기(상)(하), 〈신인간〉(2004. 5~6).

(柒原, 固城接 산하) 등지에서도 온 것으로 되어 있다. 당시 동학 조직이 있는 곳이면 거의 참여하였다.[6]

별무사(소대장)들은 푸른색 반소매 덧저고리에 허리띠를 둘렀고 일반 도인들은 각각 유건을 썼다. 평풍(병풍)바위에 모였던 이들 동학도 5백 명은 저녁 7시 반경에 출동하였다. 우정골로 내려가는 골짜기는 비좁고 험하였다. 우정골 신주막에 도착하자 준비해 둔 죽창을 하나씩 거머쥐었다. 조총과 환도로 무장한 이도 각각 3명씩이나 있었다. 여기서 20리를 달려간 동학도는 영해부성에 이르자 서문과 남문 앞으로 나누어 포진했다. 저녁 9시 반경이었다. 이윽고 성문이 열렸고 두 사람이 나타났다. "모두 잠들었으니 마음 놓고 들어오라" 하였다. 공격 명령이 떨어지자 횃불을 켜들고 함성을 지르며 밀고 들어갔다. 성중을 지키는 포수는 수교(首校) 윤석중(尹錫中)과 한 명의 포수뿐이었다. 왜적들의 출몰을 막기 위해 정부는 지난해에 20명의 포교를 특선하여 급료를 주어 관아를 지키게 하였다.

그런데 포수들은 이날 모두 집으로 돌아갔다. 몇 명을 불러다 당번을 세웠다. 그 중 3명은 서쪽 지역에 수상한 사람들이 나타났다는 보고를 받고 탐색에 나갔고 결국 2명만이 성을 지키게 되었다. 교졸은 얼떨결에 발포하였다. 앞장섰던 이필제는 뜻밖에 포성에 놀라 성 밖으로 물러났다. 정신을 차린 교졸은 그 사이에 작청(作廳) 아래에 엎드려 사격할 준비를 갖추었다. 곧 다시 쳐들어오자 3차례 발포하였다. 앞장섰던 선봉장인 박동혁이 즉사했고 뒤따르던 강사원도 옆구리에 총을 맞았다. 강사원은 즉각 "여기 포수가 있다. 저놈을 잡으라."고 소리쳤다. 2명의 교졸은 놀라 담장을 타고 넘어 달아났다.

---

6 표영삼, 영해 교조신원운동 이야기(상)(하), 〈신인간〉(2004. 5~6).

『신미영해부적변문축(辛未寧海府賊變文軸)』에는 "선봉장은 경주 북면에 사는 박동혁
(朴東赫)이었으나 총에 맞아 죽게 되자 영덕에 사는 강수(姜洙)가 중군(中軍)을
맡아 선봉에 나섰다."고 했다. 별무사인 "김창덕(金昌德), 정창학(鄭昌鶴), 한
상엽(韓相燁) 등은 분대를 거느리고 따랐으며 김천석(金千石), 이기수(李基秀),
남기진(南基鎭) 등은 서로 다투어 군기를 탈취하였다. 그리고 신화범(申和範)
은 동헌으로 들어가 문을 부수었고 권석두(權石斗)는 포청으로 달려가 동정
을 살폈다."고 했다. 반시간도 못되어 영해관아는 동학도에 의해 완전히 장
악되고 말았다.[7]

동학도는 동헌에 이르러 사면에 둘려 있는 담장 이엉에 불을 질렀다. 삽
시간에 동헌은 불길에 휩싸였고 성 밖 주민들은 화광이 치솟고 포성이 울리
자 겁에 질려 버렸다. 『나암수록』에는 "부성으로 쳐들어오자 부사는 당황하
여 뙤창문 구멍으로 도망치려다 잡혀서 해를 입었다."고 하였다. 동헌으로
들어간 동학도는 부사 이정을 잡아 앞뜰에 꿇어앉혔다. 부사의 자제들도 결
박해 유치(留置)하였다. 이필제는 김낙균, 강사원과 같이 대청에 올랐다. 그
리고 인부(印符)를 빼앗아 강사원에게 넘겨주고 꿇어앉힌 이정 부사를 치죄
하였다. "너는 나라의 녹을 먹는 신하로서 정사를 잘못하여 세상을 어지럽
혔다. 백성을 학대하고 재물을 탐하기가 저와 같았으니 네거리에 방이 나붙
게 되었고 시중에는 원성이 높아지게 되었다. 이것이 읍내의 실정이니 네
죄가 어디 가겠는가. 용서하려 하지만 탐관오리인 부사는 의살(義殺)해 마땅
하다."고 꾸짖었다. 『나암수록』에는 "이정이 영해읍을 다스릴 때 비할 데 없
이 부정하게 재물을 탐했다. 생일에 경내(境內)의 대소민들을 모두 불러다가
잔치를 베풀며 떡국 한 그릇에 30금씩 거두어 들였다."고 하였다. 이정 부

---

7 표영삼, 영해 교조신원운동 이야기(상)(하), 〈신인간〉(2004. 5~6).

사는 삼척부사로 재임할 때에도 탐관오리의 악정을 폈다 하며 1870년 봄에 영해부사로 부임하자 전형적인 탐관오리의 행패를 부렸다고 한다.

권영화는 "이제발이 강사원을 시켜 관가를 잡아다 항서를 받으려하였다." 고 했다. 이정 부사는 죽기로 굴하지 않고 오히려 꾸짖어댔다. 이제발(이필제)은 서울에 사는 김진균(김낙균)에게 명하여 칼로 찔러 죽였다. 『고종실록』에 보면 "인부(印符)를 굳게 지키며 의로 항거하다 변을 당한 것"을 높이 사서 그에게 이조판서 벼슬을 추서했다고 하였다.

이필제는 날이 밝자 읍민을 달래기 위해 관아에 있던 공전 150냥을 털어 5개 동민에게 나누어주었다. 길 아래 유위택(柳渭澤), 허문(墟門)의 신석훈(申石勳), 길 동쪽 원기주(元基周), 길 위의 임개이(林介伊), 성안의 김성근(金性根) 등 주민대표들을 불러다 20냥씩 나눠주었다. 『나암수록』에는 "술 3동이를 사다가 군사를 먹이고 훈유했다."고 하였다. 이필제는 동민에게 "이번 거사는 탐학무비한 부사의 죄를 성토하자는 데 있으며 백성들을 상하게 하지 않을 것이니 너희들은 걱정 말라."고 하였다. 11일 아침이 밝아오자 이필제는 돌연 영덕군 관아를 공격하자고 제안하였다. 그러나 많은 사람들이 날이 이미 밝았으며 50 리나 떨어져 있어 상당한 시간이 걸리며 이곳 소식을 듣고 대비하고 있을 것이라고 하였다. 동학도들은 당초부터 다른 군·현을 공격할 계획이 없었다. 『교남공적』 박영수 문초에 "형님(박영관)이 무리들을 이끌고 우리 집을 지나갈 때 나에게 말하기를 내일 영해읍을 떠나 태백산 황지(潢池)로 가려 하니 너는 식구를 거느리고 따라오라."고 하였다. 거사 전에 이미 영해읍성만 점령한 다음 철수하기로 약속되어 있었다.[8]

1871년 3월 10일 영해부로 쳐들어가 부사를 처단하고 관아를 점령하는

---

8 표영삼, 영해 교조신원운동 이야기(상)(하), 〈신인간〉(2004. 5~6).

데 성공했으나 일월산으로 자진 철수했다. 일월산에서 관군의 공격을 받아 잡히거나 사살되었다. 그 후 몸을 피한 이필제와 김낙균은 조령관(鳥嶺關) 내 초곡에서 전부터 단양을 중심으로 난을 준비하던 정기현과 합세하여 다시 거사 계획을 세웠다. 그러나 8월 2일, 거사를 미리 눈치를 챈 문경 조령별 장의 수색으로 이필제 정기현 정옥현이 체포되면서 막을 내렸다.

1871년 12월, 조정에서는 이필제를 문초하기 위한 추국청(推鞫廳, 조사기 관)이 설치되었다.[9]이필제는 1871년 12월 24일 군기시(軍器寺) 앞길(현재 태 평로 1가 일대인 서울시청과 서울신문사 자리)에서 모반대역부도죄(謀反大逆不道罪) 로 능지처사(陵遲處死) 됨으로써 생을 마쳤다. 함께 잡힌 정기현은 모반대역 죄로, 정옥현을 사실을 알고서 고발하지 않았다 하여 서소문 밖 형장에서 참형에 처해지고 가산이 적몰되었다. 다음은 그의 죽음에 대한 〈일성록(日省 錄)〉 기록이다.

1871년 12월 24일
禁府以謀反大逆不道罪人弼濟當日武橋前路不待時凌遲處死謀反大逆罪人岐鉉當日 西小門外不待時凌遲處死知情不告罪人玉鉉當日西小門外不待時斬啓[10]
(의금부가, 모반대역부도한 죄인 이필제는 당일에 무교 앞길에서 부대시[11]로 능지처사하고, 모반대역 죄인 정기현은 당일에 서소문 밖에서 부대시로 능지처사하며, 지정부고 죄인[12] 정 옥현은 당일에 서소문 밖에서 부대시로 참하겠다고 아뢰었다)

---

9 이필제를 심문한 이는 뒷날 친일파가 된 박정양과 김규식이었고, 기록을 담당한 이는 뒷날 동 학농민혁명의 불씨를 제공한 고부 군수 조병갑이었다.
10 『일성록(日省錄)』 1871년 12월 24일 조
11 부대시(不待時)란 시기를 가리지 않고 즉시 사형을 집행하던 일로, 중죄인을 뜻한다. 봄과 여 름철에는 사형을 집행하지 않고 가을철 추분까지 기다리는 것이 원칙이나 십악대죄와 같은 중 죄를 범한 죄인은 이에 구애받지 않고 사형을 집행했다.
12 지정불고죄인(知情不告罪人)이란 남의 범죄 사실을 알면서도 고발하지 아니한 죄인을 말한다.

3. 소설에 나타난 이필제와 영해혁명

1) 이돈화의 『소설 동학당』에 나타난 이필제의 행적

동학소설의 소설화 과정에서 보듯이, 일제 강점기인 1910·20·30년대
에는 동학혁명의 역사를 소재로 다룬 동학소설이 활발하였다. 조상들의 반
봉건 반외세에의 투쟁을 통하여 일제 강점기의 현실적 삶을 일깨우려 했기
때문이었다. 이 시기에 동학혁명을 소재로 한 역사소설로는 이돈화의 『동학
당』과 오지영의 「동학사(東學史)」[13]두 편이 있다고 알려져 있으나 이 중 「동학
사(東學史)」는 그 실재(實在)를 확인할 길 없고, 다만 "실록소설(實錄小說)"로 밝
힌 점으로 미루어 당시 일제의 검열을 통과하기 위한 수단으로 자신의 역사
서 「동학사」에 표지만 바꾼 것이 아닐까 추측된다. 실제로 역사서 「동학사」
의 경우 서술 방식이 "당시 떠도는 이야기를 기록했다"고 밝힘으로써 야사
의 기록이라는 형식을 취하기 때문이다. 말하자면 역사서 「동학사」 자체가
소설적인 요소가 많다는 뜻이다.

『동학당』이 집필된 시기는 원고가 탈고되어 출판을 하려던 1935년으로
보아야할 것 같다.[14] 이 작품이 그 동안 일반 국문학계에 잘 알려지지 않은
것은 당시 단행본 출판이 일제의 검열에 걸려 몇 차례 수정을 거듭하다가 끝
내 출판되지 못했다.

이 원고가 해방 후 한국전쟁을 거치면서 소실된 줄로만 알고 있었는데,

---

13 오지영은 동학혁명 당시 전투에 참가한 경험이 있는 이로, 나중에 천도교 교단의 인물이 되어
   동학의 역사서 『동학사』를 저술했다. 1940년에 영창서관에서 "(역사소설) 『동학사』"로 출판이
   되었으나, 같은 내용을 일제 당시 출판 검열에 걸려서 표지를 바꾼 것으로 보인다. 이밖에 박
   영사와 민학사에서 각각 재 출판되었다.
14 해방 후 작자 이돈화의 행적을 잘 아는 표염삼(천도교 상주선도사)씨의 말을 빌면 "해방 전
   까지 천도교 교단의 연사로 연일 바쁜 일정을 보냈으며, 특히 해방 후에는 교단의 간부로써
   1946년 1월부터 3월까지 교인들을 상대로 교육을 했고, 1947년 봄 월북할 때까지 강연을 다니
   느라 바쁜 일정을 보냈다"는 것이다. 따라서 원고가 탈고된 1935년에 검열 과정에서 얼마동안
   원고를 수정하다가 출판을 포기했던 것으로 보인다.

홍정식(洪晶植, 당시 교단 관계자) 씨가 보관해오다 1965년도에 공개했다. 당시 이 소설은 "260자 원고지를 기준으로 其一 377매, 其二 310매, 其三 272매 총 959매(200자 원고지로는 약 1,246매) 원고로, 장편소설 한 권 정도의 분량이다. 그러나 일부가 유실(其一 377매 중 230매는 아직 발견되지 않았다"고 밝힌 상태였다. 발굴된 『동학당』은 천도교 기관지 <신인간>에 1965년에 2회 실렸다가 무슨 사정에서인지 게재가 중단되었다가 10년 뒤인 1975년도에 15회에 걸쳐 분재(分載) 되었다. 원고가 분실되었다고 밝히는 其一의 부분을 감안 하더라도 매 회의 내용이 매끄럽지 못한 것으로 미루어 당시 검열 과정이 얼마나 혹독했는지 저간의 사정을 짐작케 한다.

『동학당』의 구조는 전반과 후반으로 나뉜다. 전반은 역사적인 인물인 이필제를 통하여 창도주 최제우와 2대 교주 최시형의 삶을 동시에 조명하고 있으며, 후반은 김석연이라는 허구적 인물을 통하여 최시형의 포교 과정과 3대 교주 손병희를 중심으로 다루고 있다. 이 같은 소설 구조는 이필제와 김석연이라는 두 인물을 통하여 동학혁명의 역사는 물론 교단의 중추적인 인물 최제우 최시형 손병희의 영웅적인 행적을 드러내 보이려는 작가의 의도를 읽을 수 있다. 일테면 교단 인물인 작가가 최제우 최시형 손병희 3대의 영웅적인 삶을, 이필제와 김석연 두 인물의 혁명적인 삶을 드러내려는 작가의 의도를 읽을 수 있다.

『동학당』이 집필된 1935년의 문학 환경은 만주사변으로 온 나라가 병참기지가 된 암흑기였다는 점도 유의할 필요가 있겠다. 이 소설의 문학적 가치는 동학혁명을 소재로 한 최초의 역사소설이라는 점에서도 찾을 수 있다. 작가 이돈화는 교리(敎理)나 교사(敎史)에 밝은 사람으로 『천도교창건사』(1933)의 저자이며 많은 문필 활동과 교구를 다니며 초청강연을 다닌 교단 인사로 알려져 있다. 이렇게 비전문인이 쓴 소설이면서 기왕의 동학소설은 물론 당시 역사소설의 관념적인 틀을 뛰어넘은 문학적 가치가 높은 소설이라는 점에서 의의가 있다.

먼저, 이 소설의 이야기 구조를 살펴볼 필요가 있겠다.

① 상주 높은 터에 사는 이문(뒤에 이필=이필제 —필자)은 아버지가 상주고을 원 김상현에게 억울한 죽음을 당하고 어머니마저 죽게 되자 원수를 갚기 위해 안동 이포수를 찾아 나선다. 이 포수로부터 총쏘기와 활쏘기 재주를 익힌 이필은 마침내 아버지 원수인 상주 원 김상현이 나주 목사로 부임 받아 간다는 말을 듣고 문경 새재에서 원수 갚음을 한다. 이필은 산 속으로 들어가 활빈당 당수가 된다.(유실 부분인데, 뒷내용으로 미루어 이필이 산적이 되어 있을 때 천하주유 중인 최제우를 만나 감복을 받아 새로운 삶을 산다는 구조임—필자)

② 동학의 창도주 최제우는 자신에게 닥칠 화(天命:천명)를 예견하고 제자들에게 장차 해월(최시형)을 중심으로 수도에 전념할 것을 부탁한다. 이 때 충청도 장천달이 이필의 편지를 최제우에게 가지고 왔는데, "조정에서 선생님(최제우)을 지목하여 잡아 올리라는 칙령을 내렸다"는 것이다. 그러나 최제우는 "장차 다가올 무극대도의 새 운수에는 반드시 세 가지 큰 악운이 닥치게 되는데, 바로 자신의 죽음이 첫 악운"이기 때문에 피하지 않는다. 최제우는 조정에서 파견된 정구용에게 잡혀 서울로 향하지만 마침 철종의 국상으로 대구로 되 내려 보내 심문하라는 칙령에 따라 내려오게 된다. 문경새재에서 이필이 거느린 동학군과 맞닥뜨리지만 최제우는 자신이 당하는 화가 천명이라며 동학군을 흩어 보낸다. 경상감사 서헌순은 최제우에게 "잘못을 참회하고 무리를 흩으면 살 수 있다"고 달래지만 최제우는 끝내 순도(殉道)의 길을 택한다. 이 때 도통을 이어받은 최시형은 "멀리 달아나 도를 보전하라"는 최제우의 유지에 따라 잠행 길에 나선다.

③ 이필제는 오로지 포덕에 힘써서 그 아래에는 대접주만 해도 십여 명이나 될 만큼 엄청난 교세로 확장되었다. 마침내 이필제는 스승의 원수 갚을 것을 결심하고 최시형을 만나지만 "아직 때가 아니라"며 반대한다. 일월산으로 돌아온 이필제는 각 고을에 통문을 내어 먼저 영해를 치기로 한다. 영해 관아를 점령하고 구원을 나오는 군사들을 길목에서 기다리다 물리친다. 그러나 동학군을 토벌하기 위해 관군이 동원되자 동학군은 흩어진다. 뒤에 이필제는 추풍령 화적 두목 작박뿔이를 데리고 문경읍을 치지만 이필제는 총탄을 맞고 쓰러지며 "나는 이것으로 선생의 원수를 갚는

다"는 말을 남기면서 숨을 거둔다. 최시형은 이 사건으로 인해 더욱 심각한 관의 지목을 받아 잠행 포덕에 나서게 된다.

전반부(①—③)는 이필제의 활약을 중심으로 최제우의 조난(遭難) 과정이 극적으로 연결되었고, 후반부(=이 글에서는 생략)는 김석연이란 허구적 인물을 축으로 임오군란의 이야기와 함께, 최시형과 손병희의 행적을 연쇄적으로 조명하고 있다.

이필제의 주도로 이루어진 신미사변에 대해서 교단에서는 교조신원운동의 한 사건으로 보면서 이필제를 '무모한 주모자'로 보려는 경향이 지배적인데, 이를 주인공으로 내세움으로써 작가의 인식을 엿볼 수 있다. 이돈화의 역사인식은 "새 것은 새 것 만으로 커지는 법이 없고 반드시 낡은 것과 투쟁을 하게 되는 법이다. 말하자면 낡은 것은 새 것에 대해서 수화상극이 된다"[15]라고 함으로써 역사적인 진보를 '투쟁'과 '상극'으로 인식하고 있다. 『천도교창건사』를 저술했을 만큼 '동학의 역사'에 해박한 작가가 교단에서 '무모한 주모자'로 취급한 이필제를 주요 인물로 선택한 것은 작가의 역사인식을 엿볼 수 있는 부분이다. 말하자면 『천도교창건사』에서는 '이필제' 부분에 대해 큰 비중을 두지 않으면서 역사소설 『동학당』에서 중심인물로 내세운 것은 작가의 '역사의 진전을 위한 투쟁'을 드러내려는 작가의 인식을 단적으로 드러낸 것이다. 그렇다면 『천도교백년약사〈상권〉』에 나타난 이필제는 어떤 인물인가.

④ 이필제는 본래 충청도 목천 사람으로 세사에 불평을 품어왔다. 그의 아버지가 천주학 신봉자 혐의로 상주에서 체포되어 옥사한 이후에 그 원수를 갚기 위해 안동 이 포수에게 포술을 배워 문경 화적굴에 투신한 바 있고, 권모 주모로 수시 변성

---

15 〈신인간〉 258호, 1968. 11월, 144쪽.

명하면서 각지에 출몰하여 탐관오리를 상대로 분풀이를 하던 사람이었다. 대신사(최제우)께서는 득도 이전 주유천하하던 당시에 문경 새재에서 이필제를 만나게 되었는데, 이때 그는 대신사의 말씀과 인격에 감복하여 대신사를 따르기로 맹세하였던 것이다.

그 후 이필제는 용담 최 선생이 동학을 창명하였다는 소문을 듣고 비밀히 용담에 나아가 입도하고 문경, 상주, 영해, 울진 등지에서 수백호의 포덕을 하였는데 지목이 심하여 이리저리 유랑하다가 신사(최시형)께서 영동에 은거하신다는 소문을 듣고 뜻(=최제우의 신원)을 펴기 위하여 이인언을 보냈던 것이다.

11월에 이인언이 다시 신사를 찾아뵙고 이필제의 말이라 하여 대신사의 신원운동의 필요성을 역설하므로 신사께서 아직 시기가 아니다 하고 이를 거절하였다.(천도교사 편찬위원회 편,『천도교백년약사〈상권〉』,124쪽)

교단 기록에는 이필제가 결코 긍정적인 인물이 아니다. 일테면 최시형이 "아직 때가 아니다"라며 만류를 했는데 신원운동을 일으켜 수많은 교도의 목숨을 앗아간 사건을 저질렀다는 식이다. 그러나 교단의 주요 간부인 작가가 군이 이런 부정적인 이필제를, 그나마 일반에게는 부정적인 화적 두목을 혁명적 인물로 허구화시킨 것은 뚜렷한 작가의 역사인식의 한 단면이다. 그리고 후반부에서는 김석연이라는 허구적 인물을 통해 대원군과 연관된 임오군란을, 뒷날 3세 교주 손병희의 활약상을 보여주려는 소설적인 구조도 앞의 인식과 맥을 같이 한다고 볼 수 있다. 따라서 이 소설은 이필제와 김석연 두 혁명적 인물을 통해 동학 창도주와 2·3세 교주의 삶을 조명하고 있다. 특히 두 인물이 관념적 영웅이 아닌 민중적 영웅이라는 점에서, 또 이 두 인물은 동학의 창도주와 2·3세 교주의 삶과 동일 시 하려는 작가의 의도가 뚜렷이 드러나 있다.

『동학당』은 원수를 갚는 활극을 통해 침체되어 있던 당시 아무것도 할 기력이 없는 민중들에게 주위를 환기하려는 울분으로 보인다. 이필제나 김석연은 어떤 의미로는 '아버지의 원수'가 엄존하는 현실을 살고 있으며, 두 인물은 통쾌한 원수 갚음을 한다. 특히 마지막에는 복선들이 깔린 채 해결되지 않은 것으로 미루어 긴 구조로 계획되어 있다가 집필 과정에서 좌절된 것으로 보인다.

이 소설의 또 다른 특징은 교단 중심인물인 최제우 최시형이 도덕적 관념적으로 표현되던 동학소설과는 달리 이필제와 김석연이라는 허구적인 인물을 통해 객관적 관점에서 형상화되고 있다는 점이다. 이필제나 김석연은 동학교조 3대 인물에 비해 개성이 잘 드러나고 있다. 특히 전반부의 주인공 이필제나 그를 둘러싼 이 포수, 박달심, 김상근, 작박뿔이(뒤에서 텁석뿔이로 나오는 인물은 동일인이나 착각한 듯) 등은 모두 작가의 의도에 의해 허구화된 인물인데, 개성이 뚜렷이 드러나고 있다. 상주 원이나 경상감사 서헌순은 핍박을 가하는 계층의 인물인데, 작가는 인물의 인상을 탁월하게 그려내고 있다. 그리고 산적 작빡뿔이, 이필제의 스승 격인 이 포수 등은 당 시대의 생활 풍습과 같은 현실을 충실히 드러냄으로써 당시 민중의 삶을 풍부하게 드러내고 있다.

그리고 당시 세상에 떠돌던 "복술이란 최제우의 아명에서 나왔는지 모르나, 몸에 도가 차서 북수리(독수리)가 되어 하늘을 떠다니는 이야기" "말꼬리에 여종의 머리를 묶어 회술레를 놓자 손병희가 말꼬리를 자른 일" 등 당시의 야담을 총체적으로 수용함으로써 당시 민중들의 삶을 역동적으로 구체화시킴으로써 리얼리즘 소설에서 흔히 소홀하기 쉬운 미학적 성과를 거두고 있다. 결국 이 시기의 동학소설이 한 선각자가 일방적으로 전달하던 교술적 방법을 뛰어넘는 소설이라는 점에서, 또 다른 문학적 성과다.

이 소설은 동학혁명의 역사적 전개 과정 중에서 배경의 역사에 지나지 않는, 미완의 아쉬움이 남지만 어떤 면에서 보면 동학혁명을 소재로 한 역사소설에 대한 방향을 제시해준 셈이다. 요컨대『동학당』의 문학적 성과는 무엇보다 동학소설의 종교적 관념적인 문을 열고 일반문학으로 나아갔다는 점이다. 즉, 동학소설의 단계를 단숨에 뛰어넘은, 최초의 동학혁명 소재의 역사소설이다.

특히『동학당』이 발표되던 시기인 30년대 중반은 소설의 한 중심을 이루고 있던 사회주의 계열의 이념 소설이 퇴보하고, 청춘물이나 농촌계몽 소설의 흐름으로 반역사적 가치로 위축되어가는 시기에 씌어졌다는 사실도『동학당』이 지닌 문학적 가치가 될 것이다.

2) 최학의 장편소설『이필제』에 나타난 이필제와 동학

(1) 동학과 영해사변이 중심 사건

『이필제』는 장편역사소설이라는 전제가 붙은 2권의 장편소설이다. 작가는 이필제의 생애 전반을 다루고자 시도했다.『이필제』①은 진천을 중심으로 목천 천안 홍주 부근에서 세력을 규합하여 사건을 도모했으나 여의치 않아서 진주로 들어가 새로이 동지를 끌어 모으지만 남해의 가짜어사 사건으로 실패하게 된다.

『이필제』②는 長劍의 勢, 東學, 夜襲, 鳥嶺 높은 재 등 4개의 소제목으로 구성되었는데, 대부분 영해봉기 사건을 중심에 두고 있다. 이는 '지은이의 말'에서 "작품 구성상 이필제의 조령거사며 그 후일담 등이 그 앞부분에 비해 간소하게 처리된 것"이라고 한 사실에서도 확인된다. 이는 이필제와 동학, 영해봉기가 이필제 생애의 중심 사건이라는 작가의 인식과 무관하지 않을 것이다.

(2) 민란 시대에 떠돌던 정도령 참서

『이필제』①은 조선 후기 민란시대에 떠돌던 참서에 기반에 둔 민란의 성격이 짙다. 아는 것처럼 철종시기에 전국에서 민란이 끊임없이 일어났고, 지역 단위로 전개되고 주동자의 처형으로 마무리 되었다. 그러나 영해봉기에 이르면 참여자들이 여러 지역으로 확장되고, 동학이라는 사상을 기반에 두는 변화를 맞게 된다.

「정씨의 참서(讖書)에도 말한 바가 있습니다. 진인(眞人)은 흙 묻은 옥(玉)과 같아서 겉보기로 드러나는 것이 아니라구요. 묻힌 구슬을 찾아내고 그에 묻은 흙을 털어내는 일은 구슬이 할 일이 아니고 딴사람이 해야 될 일이지요, 여립(鄭汝立)은 스스로 옥이다고 나섰다가 죽임을 당했습니다.」
「두 분 깊은 속을 이 우둔한 이가 어찌 헤아릴 수 있겠습니까.」
영열은 필제의 말을 곧이 들을 수가 없었다. 만식을 비결(비결)에 나오는 진인으로 삼자는 의논이 하첨과 필제 사이에 있었음은 분명한데 하필이면 이 정만식을 택했는가는 요량되질 않았다. - 『이필제』① 224쪽

조선 후기에 떠도는 참서를 이용하고 있으며, 이필제는 "박문강기(博聞强記)한, 고문(古文)과 진서(眞書)에 능통한가 하면 시부(詩賦)에 활달하고 천문지리의 잡술에도 막힘이 없는 인물로 묘사되고 있다. 그래서 이필제의 말을 듣노라면 "삼라만상의 운행이 저절로 눈에 보이고 뿌옇던 세간이치가 한순간에 확연해진다."고 했다. 이런 재주로 사람을 끌어들이고, 제 뜻을 대신 수행하게 한다. - 『이필제』① 225쪽

"비기(祕記)에 적혀 있듯이 불원간 이 전주이씨(全州李氏)의 세간이 끝장난다는 것, 지금의 무법무도(無法無道)가 그 징후라는 것, 이씨 다음 세간은 마땅히 정씨의 것이 된다는 것, 그 세로운 세간을 열 진인 정씨는 물 아래 엎드린 잠룡(潛龍) 같이 아직 세상에 그 머리를 내놓지 않았지만 미구에 그 위용을 드러내 천하를 평정하게 되리라는 것……"
- 『이필제』① 226쪽

이 이야기는 진주성을 치기 위해 가짜어사 사건을 수행하는 과정에서 나온 이야기이다. 이는 이필제 자신이 직접 나서는 것이 아니라 정만식이라는 사람을 대신 내세워 뜻을 이루고자 한다. 이들은 소설에서 허구적 인물로 보이지만 전기적 생애 고찰에 나오는 실존인물들이다.

그리고, 이필제가 진주작변 실패 후 쫓겨 영해로 스며들 때 동학교단을 이용한 것으로 알려졌지만 진주작변 전에 이미 이필제는 동학을 가까이 두고 있었다.

> 두 사람은 정중히 인사를 나누고 가벼운 시세 얘기를 주고받았다. 상업에 매달린 이답지 않은 그의 침중함을 엿보며 필제가 동학 얘길 끄집어냈다.
> 동학과 결부된 그의 신상을 제대로 알기 위해서였다.
> 「교문(敎門)에 든 지 사년 째 됩니다. 포덕(布德) 팔년 되던 정묘년(丁卯年)이었지요.」
> 성중이 스스럼없이 제가 교도임을 밝혔다. 경계의 빛이 전혀 없었다. 갑자년(甲子年)에 동학 교조(敎祖) 최제우(崔濟愚)가 대구(大邱) 장대(將臺)에서 참형당한 후 동학교도들은 거의 지하로 스며들었다.
> 나라에서는 水雲으로부터 道統을 이어받았다는 이대교주(二代敎主) 해월(海月) 최경상(崔慶翔:崔時亨의 初名)을 잡기위해 혈안이 돼 있는 때이므로 교도들은 어느 누구도 선뜻 제가 동학 무리임을 말하지 못하는 처지였다. 그런데도 양성중은 아예 그런 주저의 빛조차 보이질 않았다. 당당하다고나 할까. – 『이필제』① 301쪽

따라서 영해봉기는 교조신원운동은 민란의 범위를 확실하게 벗어나는 사상에 기반에 둔 사건으로 발전하게 된 사실을 보여준다.

(3) 영해봉기의 사상적 기반과 실패의 원인

앞에서 고찰한 대로 『이필제』②는 대부분 영해봉기 사건을 중심에 두고 있다.

이필제가 주도한 진주작변은 가짜어사 사건을 계기로 실패로 돌아가고 다

시 쫓겨 영해로 들어가 영해봉기를 수행한다.

　이필제는 전기적 생애에서 기술한 대로 이미 동학에 입도한 것으로 되어 있고, 이미 동학교도와 교유하고 있었다. 이필제의 동학입도는 이돈화의 『동학당』과 같은 맥락이다. 이는 한 때 2세 교주 최시형의 반대에도 불구하고 이필제 단독으로 동학교도를 동원했다거나, 최시형의 소극적인지지의 문제는 이제 별 의미가 없을 듯하다.

　다만, 이필제를 비롯한 주변 인물들이 소외 잔반(殘班)이라는 신분적인 특성, 그 신분에 따르는 이념적 한계를 지녔다는 점을 들 수 있을 것이다. 다시 말하면 봉건 왕조 자체를 부정한다거나 계급적 모순을 타파하겠다는 식의 총체적인 안목과 인식이 결여로 인해 민심의 향방을 알고 있었지만 힘의 결집에 한계를 드러낼 수밖에 없었다. 이필제가 뛰어난 지략을 지니고 있음에도 불구하고 비참하게 몰락할 수밖에 없었다.

　그렇지만 그의 끊임없는 저항적인 의지는 뒷날 전개된 동학 창도주에 대한 교조신원 운동과 동학농민혁명과 무관하지 않을 것이다. 이 같은 맥락에서 영해봉기는 영해교조신원운동의 초석이자 동학농민혁명의 전사(前史)로 가치를 지닌다고 볼 수 있을 것이다.

3) 채길순의 단편소설 「이필제, 신미년 동짓달에 서소문 밖에서 꿈을 접다」에 나타난 이필제

　이 소설은 1871년 12월 24일 서소문 밖에서 능지처참으로 생을 마친 이필제의 영해봉기의 행적을 중심으로 쓴 단편소설이다

　소설의 중심 내용은 이필제가 군기시 앞에서 능지처참형으로 생을 마치고 서소문밖에 효시되는 과정을 그리고 있다. 1871년 11월 23일과 24일 이틀간의 이야기를 이필제의 처첩 허 소저의 시각으로 이야기를 이끌어간다.

이필제의 영해봉기와 문경작변 행적은 회상을 통해 제시된다.

(1) 이필제의 사상적 배경

중국 대륙 진출이라는 거대한 이상이 제시된다.

이필제가 25세 무렵에 경상도 풍기에 있는 외가로 나들이를 갔다. 외삼촌 안재백이 학식이 뛰어나고 인물이 훤칠한 이필제를 귀하게 여겨서 풍기 서부면 교촌에 사는 명망이 높은 선비 허선(許瑄)에게 소개했다. 허선은 이필제의 시 「남정록(南征錄)」을 보더니 감탄하여 말했다.

"대장부의 나라를 위한 기개가 하늘을 찌르고도 남음이 있다. 장차 대양국(大洋國, 서양의 나라)은 오래지 않아 천하를 소동시켜 우리에게 심한 독을 끼칠 것이다. 대양국을 누르고 북쪽으로는 흉노를 정벌하는 일이 그대에게는 어렵지 않을 것이다. 원컨대 그대는 자애하여 진충보국하여 큰 공훈을 세우라."

(…)이필제의 시 「남정록(南征錄)」이 《우포도청등록》 25책에 소개 되었지만 구체적인 내용이 알려지진 않았다. 다만 이필제는 허선을 만나고 나서부터 나라를 바로잡고 북으로 중국까지 정벌한다는 큰 꿈을 키워 갔다.

이필제는 거대한 이상을 실천하기 위해 공주 해미 태안 등지를 다니며 동조 세력을 모으거나, 그들의 의식에 변혁의 불길을 당겨가기 시작했다. 그러나 이를 실패하고, 진주로 내려가 동조세력을 규합하지만 실패 끝에 영해로 들어온다.

(2) 동학세력과 규합하여 사상 체제 갖춰

당시 최시형은 최제우의 순도 이후 동학교단을 정비하고 포덕에 나서 영해 영덕 경주 상주 등지에 많은 동학교도를 거느리고 있었다. 최시형은 이필제의 교조신원운동 제안이 들어왔을 때 처음에는 섣부른 교조신원운동은 동학교단이 뿌리째 흔들릴 위험에 처할 것을 염려하여 극구 반대했다. 그러나 최시형도 결국 이필제의 계획을 수락하고 말았다.

1871년 3월 10일, 창도주 최제우의 순도 일을 맞이하여 전국의 동학교도 500여 명이 영해부 서면 우정동 병풍바위에 집결했다. 동학교도들은 형제봉에 올라 소를 잡아 하늘에 제를 올리고 황혼 무렵에 영해부 공격에 나섰다. 영해부로 쳐들어가 부사 이정을 처단하고 관아를 점령하는 데 성공했다. 보국안민의 방문을 써 붙이고 이정의 목을 문루에 매달았다. 그러나 결국 관군의 공격에 대비하여 점령했던 관아를 내놓고 일월산으로 피할 수밖에 없었다. 일월산 싸움에서 관군의 포위 공격을 받아 수많은 동학교도가 사살 되거나 잡히거나 흩어졌다. 이필제는 눈물을 삼키며 피 흘리며 죽어가는 부하들을 지켜보았다.

"나는 이미 동지들과 같이 죽은 몸이다. 잠시 명을 이어 우리의 뜻을 천하에 알리려는 것이니 이야말로 천재일우가 아닌가?"

이필제에게 영해봉기는 비록 무위로 돌아갔지만 그의 꿈이 가장 빛나는 사건이었다. 영해봉기 뒤에 일월산에서 패한 뒤에도 명을 보존한 이필제와 김낙균은 조령관 내 초곡으로 도피했다. 이곳에서 전부터 단양을 중심으로 난을 준비해오던 정기현과 합세하여 새로운 거사 계획을 세웠다. 세력을 모아 지방 관아를 차례로 석권하여 서울로 쳐들어가고, 내처 국경을 넘어 중국 서원까지 점령하는 계획이었다. 1871년 8월 2일, 이번에도 거사 직전에 미리 눈치를 챈 조령별장의 수색으로 이필제 정기현 등이 전격 체포되었다. 이로써 이필제의 야망은 마침내 막을 내리게 되었다.

그렇지만 영해봉기가 실패로 돌아가고, 문경작변이 계획 단계에서 들통나는 바람에 붙잡히고 말았지만 영해봉기는 동학세력과 규합하여 원민이 아닌 동학이라는 사상 체제를 갖춰 수행한 사건이라는 점이 다르다.

(3) 이필제의 비참한 최후가 남긴 불굴의 의지

서울에서 동학포교를 하던 신정엽이 최시형의 지시에 따라 이필제의 옥바라지를 맡게 된다. 이필제 등 죄수를 문초하기 위한 추국청(推鞫廳)이 설치되고 심문이 시작되었다. 신정엽이 석 달 동안 뒷바라지를 하면서 몇 차례 면회를 하는 동안 이필제로부터 거사의 의지를 듣는다.

1871년 12월 23일, 모든 심문이 끝나고 오늘 판결이 내려지고 내일 형 집행을 앞두게 된 것이다.

"오늘 판결이 내려졌소. 이 처사에게는 모반대역부도죄로 능지처사형, 정 기현 정옥현은 모반대역죄로 참형 판결이 각각 내려졌답니다. 행여 유배형 이 내려지면 유배길 길목에서 구출하려던 우리의 계획은 이제 허망하게 되 었소."

「일성록(日省錄)」에는 "이필제는 모반대역부도죄로 능지처사, 정기현 정옥 현은 모반대역죄로 군기시 앞과 서소문 밖 형장에서 참형에 처해지고, 가족 도 연좌하여 참형하는 동시에 가산이 적몰되었다."고 적혔다.

이필제의 참혹한 희생을 기점으로 조선왕조는 빠른 몰락의 길을 들어서게 된다. 그 후로 1894년 10월[16]과 12월[17] 두 차례 동학지도자가 서소문밖에 효시된다.

---

16 최초로 서울로 압송되어 처형된 동학지도자는 경기도 수원 동학지도자 안승관(安承寬) 김내현 (金鼐鉉)이었다. 1894년 10월 1일 남벌원에서 당일 처형되어 "梟首警衆(=군중에게 효시 경계 했다)"는 기록으로 보아 서소문 밖에 효시되었다.(〈일성록〉 고종 31년 10월 4일 조, "巡撫營以 匪魁金鼐鉉等梟首警衆啓"-該營啓言水原匪魁金鼐鉉安承寬嘯聚徒黨騷亂梗化故自臣營捉上當 日使中軍許進出往南筏院幷梟首警衆.(해당 영(순무영)이 아뢰기를, "수원 비적의 괴수 김내현 과 안승관이 도당들을 불러 모아 소란을 피우고 전혀 교화가 되지 않으므로, 신의 영(순무영) 에서 붙잡아 올려 당일에 중군으로 하여금 남벌원에 나아가 모두 효수하여 사람들을 경계하도 록 하였습니다."라 하였다.)

17 〈일성록(日省錄)〉 1894년 12월 23일자에 "비적(匪賊)의 두목인 안교선(安敎善) 성재식(成在 植) 최재호(崔在浩)가 모두 이미 자복하였으니 응당 사형에 처하여야 할 것입니다. 순무영(巡 撫營)에 내주어 즉시 효수(梟首)하여 많은 사람들을 경계하게 하고, 김개남(金介男)의 벤 머리 를 조사하는 일도 같은 날에 거행하는 것이 어떻겠습니까?"라 보고 했고, 윤허했다.

4. 맺음말

이필제는 1871년 영해봉기 이전부터 진천 해남 진주 등지에서 이미 난을 일으켰다. 그가 난을 일으킨 이유는 몰락한 양반으로써 불평등한 사회구조에 대한 현실적인 불만이 강했다고 볼 수 있다. 그러나 1863년 창도주 최제우 재세시기에 동학에 입도하여 동학을 접했고, 결국 1870년에 들어서서는 본격적인 동학교도와 연계하여 동학활동에 나서게 된다. 이필제라는 인물을 파악하기 위해서는 특히 진주작변을 주목할 필요가 있다. 이필제가 진주작변의 목적으로 북벌(北伐)과 직입중원을 주장하고 있다. 그의 북벌은 백성을 구제하려는 자신의 의지를 드러내고 있으며, 직입중원은 당시의 중화사상을 뛰어넘어 민족의 자주적인 의식이 있었다는 사실을 알 수 있다. 이는 이필제가 동학 창도주 최제우의 반제국주의 사상을 중국정벌로 발전시킨 것이라고 할 수 있다. 이는 이필제가 수 차례 걸친 난을 일으켜 가는 과정에서 자신의 사상과 의식을 향상 발전시켜나갔음을 알 수 있는 부분이다.

1871년 영해봉기에 이르러서는 동학교도로 교조신원운동을 전면에 내세워 난을 수행하게 되는 것이다. 그의 활동은 동학의 상층부와의 연계보다는 하층부와의 관계에 집중하면서 교도들의 마음을 흡수해 나간 것으로 보인다. 이필제의 영해교조신원운동의 조직은 동학 교문 내부의 정치적 혁명을 지향하는 동학의 하층 농민세력이 교조신원운동의 이름으로 동학교단의 상층부를 설득하여 동학교문의 조직을 이용하는데 성공했던 것이다. 여기에 큰 의미를 찾을 수 있다. 그리고 교조신원운동을 통하여 정치운동으로 발전시켜나간 것이다.

특히 1871년 3월 10일 동학 창도주 최제우가 처형된 날을 기하여 영해에서 이필제가 중심이 되어 일으킨 영해교조신원운동은 성격이 더 뚜렷해졌다고 불 수 있다. 공초를 통해 밝혀진 영해봉기의 주모자인 이필제 강사원 김진균 남두병 박영관 등이 모두 동학교도였기 때문이다. 이는 1860년대에 일어났던 대부분의 민란이 주동인물과 배경 세력이 지역적이었던 데 비해 일반 농민과 동학교인 그리고 몰락양반층이 합세함으로써 규모가 확장된 난이었다.

이 같은 문제는 『동학당』(이돈화), 『이필제』(최학), 「이필제, 신미년 동짓달에 서소문 밖에서 꿈을 접다」(채길순) 세 소설에 소설화 과정에 고스란히 반영되고 있다. 특히 이필제와 그 주변 인물의 혁명성을 부각시키고 있다. 결국 이필제를 '비운의 혁명가'로 형상화시킴으로써 영해봉기의 '비운의 혁명성'을 드러낸다는 점이 특징이다.

사회변동으로 바라본 1871년 영해사건

박세준(덕성여자대학교 지식문화연구소 교수)

사회변동으로 바라본 1871년 영해사건

1. 머리말

2021년은 영해사건 150주년이었다. 영해사건은 보는 시각에 따라 "영해혁명", "영해동학혁명", "영해교조신원운동", "이필제의 난"과 같이 표현하기도 한다. 아마 일반인들에게 유명한 것은 "이필제의 난"일 것이다. 이처럼 하나의 사건을 두고 여러 명칭으로 부르는 것은 그 사건의 성격을 보는 관점이 여럿이기 때문이다. "영해혁명"으로 보는 이들은 이 사건이 갖는 변혁성과 영향력의 보편성을 강조한다. 여기에 더해 동학의 주체성을 더 강조할 경우 "영해동학혁명"으로 표현하기도 한다. 반면 "영해교조신원운동"은 이 사건을 동학이라는 종교의 문제로만 다뤄서 종교운동으로 제한하는 경향이 있다. "이필제의 난"은 이 사건의 성격을 변혁운동도 종교운동도 아닌 그저 국가에 대한 반란으로만 한정할 경우 사용한다.

영해사건에 대한 다양한 관점에 비해 이 사건에 대한 연구는 사실 많지는 않다.[1] 연구가 많지 않음은 그만큼 해석의 여지가 많음을 의미하기도 한다. 영해사건을 봉기한 민중이 영해 관아를 점령하는 성과를 낸 후 자진 해산한

---

[1] 이필제에 대한 초기 연구는 김의환, 「신미년(1871) 이필제난」, 『전통시대의 민중운동 하』, 풀빛, 1981; 박맹수, 「해월 최시형의 초기행적과 사상」, 『청계사학』, 제3권, 한국정신문화연구원, 1986; 윤대원, 「이필제난의 연구」, 『한국사론』 제16권, 서울대국사학과, 1987; 장영민, 「1871년 영해 동학난 연구」, 『한국학보』 제47권, 일지사, 1987; 이이화, 「이필제 홍경래와 전봉준을 잇는 탁월한 혁명가」, 『이야기인물한국사 4』, 한길사, 1993이 있다.

"한반도에서 처음으로 성공한 시민혁명"[2]으로 평가한 연구는 "영해혁명"에 가깝다. 삶의 궤가 다른 이필제와 최시형이 서로가 서로의 필요한 곳을 채워주는 관계 속에서 영해사건을 해석해 "선도적 근대성"으로 평가한 연구[3]는 "영해동학혁명"의 입장을 대변한다. 영해사건이 아니라 이필제 개인으로 접근한 연구도 있다. 영해사건을 이필제가 주도했던 다른 진천작변(1869), 진주작변(1870), 문경작변(1871)과 연결해 봤을 때, "직업 봉기꾼이 아닌 혁명가"로 평가한 연구[4]가 있는가 하면 한 번도 성공하지 못하고 실패한 "때이른 민중지도자"로 평가한 연구[5]도 있다. 또한 이필제의 영해사건을 통해 동학이 "진인을 기다리는 종교에서 직접 수행을 하는 종교"로 갈 수 있는 발판이었다는 연구[6]도 존재한다.

이처럼 하나의 사건을 두고 다양한 해석이 존재하는 영해사건에 대해 종교사회학 관점에서 성격을 규정하는 것이 이 연구의 목적이다. 영해사건을 종교사회학 관점에서 바라보고자 하는 까닭은 다음과 같다.

첫째, 종교사회학은 종교와 사회의 관계를 연구하기 때문이다. 영해사건이 변혁운동이든 종교운동이든 종교인 동학이 관련을 맺은 것은 부정할 수 없다. 사회와 관계를 맺은 종교에 대한 연구 또는 종교와 관계를 맺은 사회에 대한 연구는 종교사회학이 가장 적합하다.

둘째, 종교사회학은 종교의 사회운동에 대한 연구를 하기 때문이다. 종교와 사회운동은 유사하다. 종교 조직이 나타나서 자란 다음 제도화하는 과정은 사회운동 조직과 매우 비슷하다. 어떤 종교운동은 사회운동에서 발전

---

2 김기현(편저), 『최초의 동학혁명 – 병풍바위의 영웅들』, 황금알, 2005, 32–34쪽.

3 임상욱, 「이필제와 최시형: 영해 '동학' 혁명의 선도적 근대성」, 『동학학보』 제30호, 동학학회, 2014, 240쪽

4 임형진, 「혁명가 이필제의 생애와 영해」, 『동학학보』 제30호, 동학학회, 2014, 138쪽.

5 윤대원, 「이필제, 때이른 민중지도자」, 『내일을 여는 역사』 제21호, 신서원, 2005, 38쪽.

6 연갑수, 「이필제 연구」, 『동학학보』 제6호, 2003, 214쪽.

했고, 어떤 사회운동은 종교운동으로 변하는 만큼 두 운동의 상관성은 매우 높다.[7] 영해사건 역시 종교의 사회운동인지 아니면 종교운동인지 규정하기 위한 연구는 종교사회학이 적합하다.

셋째, 종교사회학에서는 종교의 사회변혁 성격을 연구하기 때문이다. 모든 종교는 운동(movement)의 성격을 가지고 있다. 운동은 사회의 잘못된 것을 고치고 옳은 방향으로 나아가고자 하는 활동이다. 영해사건이 종교의 변혁성을 포함한 혁명이라면 종교사회학의 시각이 영해사건을 설명하는 데 매우 적합하다.

넷째, 종교사회학에서는 종종 비교의 방법론을 사용하기 때문이다. 비교 방법론은 여러 사례를 비교하여 각 사례들이 일치하는 속성과 차이나는 속성을 찾아낸다. 일치법은 하나의 사례가 다른 사례들과 다르지 않다는 보편성을 찾아내는 데 적합하고, 차이법은 하나의 사례가 다른 사례들과 다른 특수함을 밝히는 데 유용하다. 이러한 방법론으로 영해사건과 진천, 진주, 문경작변을 비교하면 영해사건의 성격을 규정하는 데 적합하다.

이처럼 영해사건의 성격을 종교사회학으로 설명함으로써 선행연구가 가지고 있는 한계를 넘을 수 있다. 지금까지의 연구들은 영해사건의 성격과 성공여부 그리고 이필제와 최시형의 역할 또는 영해사건에서 동학의 역할에 집중했다. 하지만 영해사건은 종교와 사회의 관계라는 보편성 속에서 살펴볼 수 있다. 종교와 사회의 관계, 종교의 사회운동, 종교의 사회변혁성이라는 보편성 속에서 영해사건을 바라보면 아직 명확하지 않은 영해사건의 성격을 규정하는 길에 한 걸음 다가갈 수 있다.

또한 영해사건의 성격을 규정하기 위해 이필제가 기획했던 다른 세 사건

---

7 박세준, 「동학사상과 한국의 사회운동」, 『한국학논집』 제83호, 계명대한국학연구원, 2021, 114쪽.

과 비교를 통해 영해사건만이 가지고 있는 특수성을 살펴볼 수 있다. 이전까지 선행연구가 이필제와 동학에 집중해서 바라봤다면 이 연구는 영해사건 그 자체를 바라봤다. 즉 영해사건의 주요 행위자로서 이필제와 동학을 바라보고, 이를 통해 이필제가 기획한 다른 세 사건의 행위자들을 비교하면 영해사건만이 가지고 있는 특수성을 밝힐 수 있다.

종교사회학 관점에서 영해사건을 분석하는 연구목적을 달성하기 위해 다음과 같은 질문에 대답해야 한다. 첫째, 종교와 사회변동의 관계는 어떠한가. 둘째, 이필제가 기획했던 네 개의 사건은 각각 어떤 일이었는가. 셋째, 종교사회학 관점에서 바라본 영해사건과 나머지 세 사건을 어떻게 비교해야 하는가. 이 질문들을 대답하기 위해 각각 2장, 3장, 4장에서 살펴본 후 결론을 내리도록 한다.

2. 종교와 사회변동의 관계

종교와 사회변동의 관계는 사회변동의 독립변수일 때와 종속변수인 경우가 있다. 전자는 종교가 사회변동에 영향을 미치고, 후자는 사회변동이 종교에 영향을 끼친다. 여기서 사회변동은 상대성을 갖는다. 사회변동은 방향성이나 기능성 따라 좋을 수도 있고 나쁠 수도 있다. 또한 사회 안에서 역할이나 위치에 따라 사회변동을 바라보는 시선은 다를 수 있다. 즉 종교에 의한 사회변동은 집단, 계층, 계급에 따라 좋은 것으로 받아들일 수도 있지만 나쁜 것으로 받아들일 수도 있다. 동학혁명이 기득권 유교, 성리학 질서를 받드는 양반들에게는 나쁜 사회변동이겠지만 농민이나 상인 혹은 몰락 양반들에게는 좋은 사회변동인 것이 그 대표 사례다. 다만 이 연구에서는 사회변동의 방향성이나 기능성과 같은 가치와는 상관없이 종교와 사회변동 관계를 가치중립성에 맞춰서 살펴보기로 한다.

먼저 종교가 사회변동의 종속변수, 즉 사회변동이 종교에 영향을 미치는 경우다. 사회변동의 결과로서 종교에 생겨날 수 있는 변화는 믿음과 수행 체계, 종교 조직, 종교 지위와 공신력, 종교의 역할과 기능, 종교의 교세와 영향력이고, 종교에 영향력을 끼치는 사회변동으로는 산업화, 도시화, 사회분화, 전문화, 합리화, 다원화 같은 현상이나 과정이다[8]. 사회 속에서 존재하는 종교임을 봤을 때, 종교가 사회변동의 영향을 받는 것은 당연한 사실이다.

우선 사회변동은 새로운 종교를 만들기도 한다. 한국의 신흥종교를 포함하여 대다수의 종교들은 다음의 네 가지 원인으로 등장했다. 첫째, 급격한 사회변동과 사회구조의 불안정, 둘째, 사회 병리 현상의 증대, 셋째, 상대적 박탈감의 증대, 넷째, 기존 공동체의 권위 붕괴다.[9] 조선 후기 등장한 동학 역시 조선 사회의 이러한 원인으로 인해 등장했다. 현대 한국의 여러 개신교 계열 신흥종교들 역시 사회변동이 종교의 생성에 끼친 결과다. 비단 한국이 아니더라도 미국이나 서구 사회에서도 종파운동이나 제의운동이라는 형태로 새로운 종교들이 나타났다. 그 원인은 사회변동이었다.

사회변동은 종교의 쇠퇴에도 영향을 준다. 종교의 세속화(secularization)는 사회변동의 결과다. 세속화란 사회의 다양한 영역에서 종교의 영향력이 줄어드는 것을 의미한다. 주로 종교의 입장에서 본 용어로, "세상이 더 이상 성스럽지 않고 세속화됐다"는 의미로 사용한다. 세속화의 원인은 다양하다. 17~8세기의 계몽주의, 이에 따른 과학의 발달과 지성주의, 근대 국가의 탄생으로 인한 국가와 종교의 분리, 종교가 담당했던 정치·사회·경제·

---

8 이원규, 『종교사회학의 이해』, 나남출판, 2006, 547쪽
9 노길명, 『한국의 신흥종교』, 가톨릭신문사, 1991.

문화 다양한 영역이 국가의 담당으로 대체, 자본주의 발달, 도시화에 따른 공동체의 붕괴 모두가 종교의 세속화를 촉진했다. 또한 종교가 더 이상 상수가 아니라 변수의 영역으로 변한 것도 한몫했다. 즉 종교는 태어날 때부터 주어져 바꿀 수 없는 것이 아니라 내가 선택할 수 있다는 인식으로 변했다. 그리고 그 선택지가 독점이 아니라 다양한 것도 세속화를 가속한 요인이었다.

다음은 종교가 사회변동의 독립변수, 즉 종교가 사회변동에 영향을 주는 경우다. 종교가 사회변동에 영향을 주는 방식은 억제하거나 촉진하는 형태로 구분할 수 있다. 이처럼 사회변동을 방해하는 종교 또는 조장하는 종교로 나뉘는 것은, 종교가 가지고 있는 믿음과 수행의 체계, 종교의 제도와 조직 특성, 종교 주도권의 문제에 따라 달렸다.[10] 믿음과 수행 체계 측면에서 보면, '이 세상'에 구원관을 가진 종교가 '저 세상'에 구원관을 가진 종교보다 사회변동에 적합하다. 또 종교 믿음이 '질서'를 중요시하는 '사제 종교 (priestly religion)'보다 '정의'를 강조하는 '예언자 종교(prophetic religion)'가 사회변동을 촉진한다. 종교의 제도와 조직 특성에서 봤을 때, 종파형(sect) 종교조직이 교회형(church) 종교조직보다 사회변동에 적극 나서는 경향이 있으며 중앙집권 조직은 분산 조직에 비해 사회변동에 적극 나서지 않는 경향이 있다. 종교 주도권은 종교조직을 누가 주도하느냐에 대한 문제다. 이는 종교인의 계급 성격과 종교 조직의 지도력에 따라 달라진다. 종교가 지배계급의 주도 아래에 있으면 피지배계급의 자율성을 억제하면서 사회변동을 억제하고, 종속계급이 종교의 주도권을 잡으면 사회변동을 넘어 혁명의 기능을 하기도 한다.[11] 종교 지도자의 권위가 합리성에 있을 때보다 카리스마에 있

---

10 이원규, 앞의 책, 516~524쪽.
11 지배계급이 종교의 주도권을 잡는 전략은 크게, 헤게모니 전략, 경제 전략, 가족 전략, 법과

을 때 급진성을 보인다..

　종교가 사회변동의 장애물로서 주로 작동하는 방식은 사회통제다. 종교가 예부터 사회통제를 강화하고 사회통합을 담당하는 역할을 했다. 이러한 역할을 하는 종교는 대체로 사회운동, 사회변동과는 거리가 먼 경향이 있다. 반면 사회변동의 수행자로서 종교가 역할을 하기 위해서는 외부환경인 사회와 내부환경인 종교에서 조건을 충족해야 한다. 먼저 사회 여러 영역에서 종교가 분화해 있고, 사회 자체에 소외되거나 불만 어린 사람들이 많아야 한다. 또 사회집단에 도덕성과 질서가 무너진 아노미(anomie) 상태에 빠져있어야 한다. 사회 영역과 종교가 분화해야 하는 이유는 종교의 합리성과 윤리성이 제도나 구성원들과 긴장관계 속에 있어야 변동가능성이 높아지기 때문이다. 또한 아노미 상태에서는 새로운 질서와 기준을 찾기 마련인데 종교가 그 역할을 할 수 있다면 그것이 사회변동으로 이어질 수 있다.

　종교가 사회변동을 촉진할 때 중요한 것은 세 가지다. 먼저 종교가 가지고 있는 변혁의 이데올로기, 둘째, 사회를 변화시키고자 하는 종교 지도자와 지도력, 끝으로 자원 동원 능력이다. 사회를 변화시키려는 종교의 이데올로기는 사회 구성원들에게 엄청난 변화를 강요한다. 이러한 변화를 돕는 사람들 또는 받아들이는 사람들은 새로운 시대에서 보상을 받겠지만 막거나 거부하거나 믿지 않는 사람들은 무서운 처벌을 받을 것이라 경고한다. 이러한 보상/처벌의 약속은 사람들을 사회변혁으로 이끌어 나갈 수 있는 원동력으로 작동한다. 지도자와 지도력 역시 사람들을 바람직한 변화의 방향으로 이끌고, 행동할 수 있도록 하는 데 중요하다. 특히 카리스마를 가진 종교

정치 전략, 교육문화전략, 억압전략이 있다(Maduro, *Religion and Social Conflicts*, NY: Orbis Books, 1979; 오토 마두로 지음, 강인철 역, 『사회적 갈등과 종교』, 한국신학연구소, 1988).

지도자의 말과 행동은 사람들을 새로운 길로 이끈다. 카리스마 지도자는 현존하는 규범에 도전하고 새 규범을 제시하기 때문에 사회변동을 주도한다.

마지막으로 종교가 사회변동을 주도하기 위해서는 종교 집단 자체의 자원을 동원하거나 활용할 수 있어야 한다. 이러한 자원에는 재정, 정치 영향력, 공식/비공식의 합법성, 구성원들의 시간과 에너지 모두를 포함한다. 이러한 자원을 확보하기 위해서 종교는 대중성을 확보하고 있어야 하며 이러한 자원 동원능력은 종교를 중심으로 하는 사회변동의 성패를 좌우할 정도로 중요하다. 종교의 자원을 동원하는 데 가장 중요한 것은 앞서 이야기한 종교 이데올로기와 종교지도자의 지도력이다.

이상과 같이 살펴본 종교와 사회변동의 보편성을 토대로 1871년 영해사건의 성격을 규정하고 한다. 이에 앞서 이필제와 그가 기획했던 네 사건에 대한 간략한 내용을 살펴본다.

3. 이필제의 생애와 1871년 영해사건

1825년 충청도 홍주에서 태어난 이필제는 1860년 경 진천으로 거처를 옮겼다. 처음 이름은 근수였으나 자주 이름을 바꿨다. 그가 필제, 이홍, 주지, 주명숙, 김창정, 김창석, 주성칠, 주성필, 이제발과 같이 여러 이름을 사용한 데에는 추적을 피하기 위함이었다.[12] 과거에도 급제한 것으로 알려졌으나 관직에는 나가지는 못했다.

과거 공부를 한 탓에 문장력이 있고 박식하다는 평을 받은 이필제였지만 외모는 학자풍은 아니었다. "키가 크지 않으나 상체가 특히 커 전체적으로

---

12 연갑수, 앞의 논문, 187쪽.

는 큰 느낌을 주는 잘 생긴 헌헌장부, 얼굴과 온몸에 털이 많은 매우 이국적인 풍모, 모습이 표범이나 호랑이 같고 유성같은 눈에 비범한 골격, 용수와 같은 턱수염, 손바닥에는 王, 天王, 등에는 七星"[13]이 이필제를 묘사하는 기록들이다.

이필제는 영천에 유배되었다가 1년 후인 1859년 풀려났다. 이후 허선의 아들 허간의 후원을 받으며 다양한 사람들과 교류를 했다. 허간이 이필제를 후원한 데에는 허선이 이필제를 "진인(眞人)"으로 높이 평가했기 때문이다. 1850년 외가인 풍기에서 만난 허선은 이필제에게 꿈을 심어줬다.

> 나라를 위하여 충성을 다하기를 당의 곽분양처럼 하고 한을 위하여 원수를 갚기를 진나를 멸망시킨 장자방과 같이 하라. 대양국은 오래지 않아서 천하를 어지럽힐 것인데 우리나라에 끼칠 해독이 심할 것이다. 서쪽으로는 대양을 다스리고 북쪽으로는 흉노에 이를 것인데 그대가 아니면 해결하기 어렵다. 그대는 스스로를 소중하게 여기고 늙은이의 이야기를 혼몽하다고 여기지 말고 충성을다하고 나라를 도와서 큰 공을 세우도록 하라. 그러나 중간에 허다한 풍상을 겪을 것이고 머리가 하얗게 셀 때쯤 되어서 성공할 것이다.[14]

허간의 후원을 받으며 지내던 이필제는 1863년 동학에 입도한다. 그가 입도한 경위는 입도한 적이 없다는 것을 포함하여 여럿이다. 용담에 찾아가 최제우로부터 도를 받았다는 설[15], 최제우가 체포 후 서울로 압송하는 과정에서 조령에서 이필제가 이끄는 도둑 무리를 만났고, 이 때 이필제가 감화하여 입도했다는 설[16], 서울로 가다가 철종의 승하로 대구로 돌아가는 최제우를 배웅하러 조령에 나온 동학도를 보고 감동을 받아 입도했다는 설[17]이

---

13 임형진, 앞의 논문, 113~114쪽
14 『右捕廳謄錄』 신미 8월 29일, 이필제 공초
15 표영삼, 「동학의 신미 영해 교조신원운동에 관한 소고」, 『한국사상』, 21, 1989.
16 이이화, 앞의 책, 145~146쪽
17 임형진, 앞의 논문, 120쪽.

있다. 어떤 설이 맞든 이필제가 동학에 입도한 것은 사실로 볼 수 있다.

동학 입도 이후 개인 수련과 포덕을 하면서 이필제는 충청도를 중심으로 사람을 모은다. 이때 모인 사람은 김낙균, 심홍택, 양주동, 박회진이다. 이필제는 이들과 함께 진천에서 봉기할 계획을 세운다. 하지만 김낙균의 당숙이 이들을 고발[18]함으로써 사전에 발각된다. 이때가 1869년 4월이었다. 이필제, 김낙균은 달아났고, 심홍택, 양주동은 붙잡혀 심문을 받다가 죽고 만다. 이 사건이 이필제의 첫 번째 봉기로 평가하는 진천작변이다. 하지만 당시 조선의 조정에서는 이 사건을 변란 모의가 아닌 이필제가 참설과 위국의 이야기로 사람들을 속여서 재물을 갈취한 사건으로 파악하고 있다.[19]

진천에서 도망친 이필제는 이름을 바꾼 후 거창, 합천을 거쳐 남해로 들어간다. 성하첨, 정만식, 양영렬이라는 새로운 동료들과 함께 남해에서 일을 내고자 했으나 자금 부족과 같이 일을 꾸민 사람들 사이의 협조가 이뤄지지 않아 포기한다. 이때가 1869년 12월로 이 사건은 이필제의 봉기로 평가하지는 않고, 남해거사라고 부른다.

이듬해인 1870년 진주로 넘어간 이필제는 양영렬, 성하첨, 정만식과 함께 새로운 계획을 세운다. 그 계획이란 2월 28일 기해 진주 병영을 공격하여 무기와 군사를 확보하여 남해 양병도로 들어간 후, 군자금을 모으고, 군량미를 쌓고, 군사들을 훈련하여 서울로 쳐들어갔다가 북벌을 단행하여 중국을 석권하는 것이었다.[20] 하지만 봉기일 4일 전인 2월 24일 진주의 유학자인 조용주 형제가 진주 관아에 고발함으로써 사전에 발각됐다. 진천에서

---

18 김낙균의 당숙 김병립은 채무관계에 있던 현경서와 다툼 중에 현경서의 협박으로 고발한 것으로 알려진다. 돈을 갚지 않은 현경서를 재촉하는 과정에서 현경서가 이필제와 모의하는 김낙균과 김병립을 함께 고발하겠다고 협박을 하자 김병립이 자진 신고를 했다.
19 연갑수, 앞의 논문, 192쪽.
20 거사의 의의를 밝히는 격문, 거사 때 사용할 깃발, 거사에 쓸 지도, 거사에 사용할 철편과 장검들을 준비하고, 정감록 속 "정도령"으로 정만식을 지칭해 놓았을 정도로 철저히 준비했다.

와 같이 이필제는 도망쳤지만 양영렬, 정만식들은 모두 붙잡혔고, 오지로 귀향을 갔다. 이것이 이필제의 두 번째 봉기로 평가하는 진주작변이다.

진주에서 도망친 후 태백산을 중심으로 경상도와 강원도를 돌아다니던 이필제는 1870년 7월 영해로 들어간다. 그 사이 진천작변 때 헤어졌던 김낙균과도 다시 만나 같이 영해에 도착했다. 이필제는 영해에서 동학지도자인 이수용과, 영해 접주의 아들 박사헌과 만남을 갖는다. 이 모임에서 영해 지역의 동학도들이 불만이 많이 쌓여 있음을 확인하고, 이들과 함께 일을 내기로 계획한다. 그러기 위해서 내세운 것이 최제우의 신원(伸冤)이었다. 하지만 이필제의 생각만큼 많은 인원은 모이지 않았다. 더 많은 동학도를 모으기 위해서는 영해 근처 영양의 일월산에 은거하고 있었던 해월 최시형의 도움이 필요했다.

이필제는 최시형을 움직이기 위해 1870년 10월부터 1871년 2월까지 다섯 명의 사람을 보냈다. 처음은 이인언이, 다음은 박군서가, 그리고 다시 이인언이 찾아갔지만 최시형은 이런저런 이유를 들며 만남을 피했다. 다음해 1월에는 박사헌이 찾아갔고, 2월에 권일원이 찾아가 이필제와 만남을 제안하니 최시형은 결국 그와 만날 수밖에 없었다. 영해의 동학 지도층들이 이필제와 뜻을 같이 하고 있기 때문에 그들의 이야기를 마냥 거절하기는 어려웠기 때문이다. 이필제는 최시형과 만난 자리에서 최제우 순교일인 3월 10일에 봉기할 것을 제안한다.

내가 스승님의 원한을 씻어내고자 한 뜻이 이미 오래되었습니다. 옛글에 이르기를 하늘이 주는 것을 받지 않으면 오히려 재앙을 받게 된다고 하였으니, 나 역시 천명을 받았습니다. 한가지는 스승님의 욕을 씻어내자는 것이오, 또 한 가지는 뭇 백성들의 재앙을 구하는 것입니다. …(중략)… 스승님을 위하는 자가 어찌 따르려 하지 않는단 말입니까. 한마디로 말해서 스승님께 욕을 받으신 날이 3월 초열흘입니다.

그날로서 완전히 정하였으니 다시 다른 말 하지 말고 나를 따르시오.[21]

이필제와 만남에서 그의 제안을 물리친 최시형은 영해 인근인 평해의 동학지도자들의 의견을 묻기 위해 만남을 가졌다. 그들은 최시형에게 이필제와 뜻을 같이하고 있음을 밝혔고, 최시형이 이필제와 같이 일을 하기를 바라고 있음을 전달했다. 이러한 분위기를 확인한 최시형은 이필제가 제안한 교조신원운동을 적극 추진하기로 결정한다. 영해 인근 동학 조직에 연락하여 3월 10일 영해에서 교조신원운동을 할 것이니 모두 모이라고 전달했다. 이에 호응하여 3월 10일에 영해, 평해, 울진, 진보, 영양, 안동, 영덕, 청하, 흥해, 연일, 경주 북산중, 울산, 장기, 상주, 대구에서 집결지인 영해 평풍바위로 모인 인원은 5백여 명에 달했다. 이때 동학도들은 푸른 옷을 입고, 비동학도들은 붉은 옷을 입어 서로 표시를 했다.

1871년 3월 10일 영해에 모인 500여 명의 동학도들은 저녁 7시 반에 영해 관아로 출동하여 9시 반에 도착하고 반 시간도 안되어 관아를 점령했다. 이때 관군은 대포를 쏴 4,5명을 살상했지만 기습으로 인해 적절한 대응을 하지는 못하고 패배했다. 삼척 부임 때부터 탐관오리의 전형을 보여줬던 영해부사 이정은 붙잡혀서 이필제에게 가렴주구에 대한 꾸짖음을 듣고 난 후 살해됐다. 포를 쏴 동학도들에게 피해를 입히도록 지휘했던 수석포교 역시 처단했다.

다음날 이필제는 관아의 공금을 털어 영해 읍내 5개 동의 빈곤한 주민들에게 나눠주면서 부사의 죄를 성토하는 데 있지 백성들을 상하게 하는 것은 아니라며 불안에 빠진 주민들을 달랬다. 이후 영덕까지 공격하자는 이필제의 제안에 동학도들은 반대했고, 관아보다는 산속이 관군을 맞이하기 좋겠

---

21 『道原記書』

다는 판단에 영해 관아를 떠났다. 이때 무리가 모여 한 곳으로 가지 않고 사방으로 흩어져서 추격을 어렵게 했다. 이필제가 영해관아를 점령한 직후 물러난 데에는 두 가지 이유가 있었다. 첫째는 영해를 차지하고 관군과 맞서 오래 버틸 수 없다는 판단, 둘째는 영해를 습격하는 것은 하나의 시험으로써 어느 정도의 성과를 내자 힘의 축적을 위한 후퇴였다.[22]

그럼에도 3월 14일 최시형이 있던 일월산으로 왔을 때는 궂은 날씨와 식량 부족으로 인원은 40여 명으로 줄었다. 관군은 주동자를 잡기 위해 이들을 추격했고, 지역에서 연루자가 나올 때마다 잡아들였다. 이때 붙잡힌 동학도는 96명[23]에 달한다. 결국 이필제와 최시형은 3월 16일 봉화를 거쳐 단양으로 탈출할 수 밖에 없었다.

단양으로 탈출한 이필제는 정기현과 함께 일하기로 계획한다. 정기현은 정감록을 이용하여 난을 준비하고 있던 인물이었다. 이 둘은 조령 무기고를 털고 한양으로 진격하기로 하면서 지지자를 규합한다. 또한 대원군의 실정과 서원철폐령에 항의하는 명목으로 전국 유생들을 8월 2일 조령으로 모으는 통문을 발송한다. 하지만 날이 궂어 당일 예상했던 인원이 모이지 않았고, 미리 정보를 입수한 조령 별장이 이들을 공격했다. 정기현은 현장에서 체포됐고, 이필제는 현장에서는 도망쳤으나 3일 동안 산을 헤매다가 문경 읍내에 들어왔다가 관군이 체포했다. 김낙균은 이곳에서 도망쳐서 그 뒤로는 행방을 알 수 없었다. 이것이 이필제의 네 번째 봉기인 문경작변이다. 이후 의금부로 압송된 이필제는 문초를 받고 능지처사를 받은 다음 팔다리는 남해 하동에 효시됐다. 정기현은 서소문 밖에서 처형됐다.

---

22 이이화, 앞의 책, 157쪽.
23 김기현, 「1871년 영해동학혁명의 사료와 자취」, 『동학학보』 제30호, 2014, 63~64쪽.

4. 종교사회학으로 바라본 영해사건

지금부터는 이필제와 영해사건에 대해 종교사회학 시각에서 살펴보기로 한다. 먼저 사회변동의 독립변수로서 종교다. 이를 위해서는 사회변동의 통제 요인으로서 종교와 촉진요인으로서 종교를 구분해서 봐야 한다. 영해사건이라는 사회변동은 종교의 이 두 가지 역할을 같이 볼 수 있는 사건이다.

우선 사회통제 요인으로서 종교다. 영해사건을 포함한 이필제가 기획한 활동들을 방해하는 것은 모두 유교, 성리학 질서를 뒷받침하고 있는 조선의 조정과 관군이다. 이들은 유교라는 조선의 지배종교의 이데올로기를 지키기 위해 사회변동을 통제했고 그 시도를 무력화하려 노력했다. 조선의 지배종교인 유교이기에 사회변동보다는 사회안정을 택한 것이다. 유교가 조선의 지배종교가 아니었다고 해도 유교는 그 자체가 가지고 있는 질서와 통합 지향성 때문에 사회변동을 촉진하는 데에는 무리가 있다.[24] 이러한 유교의 성격은 사회 안정기 때에는 큰 힘을 발휘하지만, 정치경제 급변기와 같이 사회변동의 시기에는 오히려 짐이 되기도 한다. 왜란, 호란, 구한말, 일제강점기 때 유생들의 의병활동을 사회변동을 촉진하는 것으로 볼 수도 있지만 이러한 활동은 질서와 통합으로 가기 위해 나온 활동이었다. 질서와 통합을 위해 조선왕조 체제를 지키고, 그 시절로 돌아가는 복고는 사회변동이기 보다는 오히려 사회변동에 대한 반동으로 봐야 한다.

다음은 사회변동의 촉진요인으로서 종교다. 영해사건에서 종교, 즉 동학의 역할은 확실하다. 바로 사회변동의 촉진 요인이다. 이필제의 의도가 동학을 이용한 것이든 진정 동학을 위해서이든 상관없이 영해사건은 동학 때문에

---

24 유교의 비판성과 저항성을 주장하는 연구도 있다. 이와 관련해서는 김상준(2011), 최우영(2016)에서 확인 가능하다.

성공할 수 있었다. 영해사건 이전 이필제가 시도했던 진천과 진주 때 그리고 이후에 시도했던 문경과 영해를 비교해보면 이는 명확하다. 성공한 영해와 실패한 진천, 진주, 문경작변을 종교가 사회변동을 촉진하는 데 필요한 조건 인 종교이데올로기, 지도자, 자원동원을 중심으로 알아보도록 하자.

먼저 종교이데올로기다. 비록 실패했음에도 이들을 모을 수 있었던 것은 역시 변혁의 종교 이데로기였다. 진천작변을 뺀 나머지 진주작변과 문경작 변의 공통점은 봉기를 준비했던 현지의 세력과 이필제가 결탁을 했다는 점 이다. 진주작변에서는 정만식, 문경작변에서는 정기현이 바로 그들이다. 이들은 정감록의 해석에 따라 봉기를 준비했고, 사람들을 모으고 있었다. 중원 정벌을 주장한 이필제와 정감록을 따르던 정만식, 정기현의 제휴로 기 획했던 것이 바로 진주와 문경작변이었다. 즉 정감록이라는 변혁의 종교 이 데올로기가 진주와 문경에서 모두 작동했다. 진천작변에서도 "정씨"와 제휴 는 없었지만 "정소국"이라는 가상의 인물을 활용하려 했던 것을 봤을 때, 영 해사건을 제외한 나머지 사건을 작동한 것은 정감록이라는 변혁의 종교 이 데올로기로 볼 수 있다.

반면 이들 사건이 실패했던 이유도 종교이데올로기에 있다. 진천작변을 주도했던 심홍택, 양주동, 김낙균은 각각 진사, 형리, 양반들이었다. 이들 은 사회불만이 많으며 빈곤한 지식인들이었다. 조선시대의 지식인 대부분 이 그렇듯 유교의 틀에서 벗어나지 못한 사람들이었다. 진주작변 역시 마 찬가지다.[25] 이필제를 포함한 진주작변의 주도층인 성하첨, 양영렬, 정만식 은 모두 유학을 공부한 양반층들이지만 몰락한 지식인들이었다. 주도층의 모집에 적극 응하며 스스로 참가한 이들 역시 대부분 유학자이며 몰락한 양

---

25 윤대원, 앞의 논문, 1987, 184~189쪽에서 진주작변의 참가층의 계층에 대해 더 자세히 확인 할 수 있다.

반들이었다. 반면에 행동대원들은 "정도령"에 이끌린 빈농과 나뭇꾼들이었다. 행동대원들의 대다수가 빈농 또는 나뭇꾼들이었지만 진주작변은 결국 지도층인 유학자들의 봉기였다. 또한 영해사건 이후 주도했던 문경작변 때에도 주동자들의 구성원은 유학자들이었다. 진천 때에도 함께 했던 김낙균, 최응규, 임덕유는 모두 빈곤한 지식인 유학자들이었고, 새로 합류한 정기현, 정옥현 형제 역시 사회불만이 많은 몰락한 유생들이었다. 진천, 진주, 문경에서 이필제와 그의 지휘부는 "정도령"을 이용해 빈농과 빈곤층을 이끌고 봉기를 계획한 몰락 유생들이었다.

앞서 사회통제 요인으로서 유교의 역할과 성격을 봤을 때, 이들 봉기는 성공하기 힘든 요건을 가지고 있었다. 사회변동을 촉진하기 위해서는 변혁성을 가진 종교 이데올로기가 유리한데, 유교는 변동보다는 안정, 진보보다는 복고에 적합한 종교다. 또한 참가자들이 계급으로는 빈곤층이었지만 계층으로는 양반과 상민으로 나뉘었던 것도 이 둘을 하나로 묶기 어려웠던 것도 진천, 진주, 문경작변의 실패의 원인으로 볼 수 있다. 종교 이데올로기가 해당 조직을 통합해야 했지만, 그들이 가지고 있었던 유교 이데올로기는 양반과 상민으로 나뉜 것을 정당화했을 뿐 하나로 만들지는 못했다. 정감록은 이 두 계층을 하나로 묶기에는 그 변혁의 종교 이데올로기가 약했다. 결국 이들 세 사건은 "정감록으로 모인 이들을 유생들이 지휘"하는 모양이었다.

영해사건은 종교이데올로기 면에서 진천, 진주, 문경과 달랐다. 영해사건은 동학이 가지고 있는 변혁의 이데올로기가 작동한 사건이었다.[26] 당시 안핵사 박제관이 정부에 보고한 문초기록인『교남공적』[27]에는 이필제를 포함

26 영해는 동학과 사상으로 연결됐다. 퇴계 이황의 학통을 이은 이현일, 이휘일 형제의 학문은 아들 이재로 이어졌고, 외증손 이상정, 이상원으로 넘어갔다. 이상원의 제자가 수운의 부친 최옥이었다.
27 이에 대한 요약은 김기현, 앞의 논문, 2014, 49~59쪽에서 자세히 확인할 수 있다.

한 주동자들에 관한 내용에 계속해서 "동학"을 언급한다. 이는 동학도의 가담을 조정에서도 공식 인정하고 있음을 보여준다. 동학이 영해사건에 가담한 데에는 여러 의견들이 있다.[28] 하지만 중요한 것은 최시형의 가담이 영해사건에 동학도가 참가하는 데 큰 역할을 했다는 점이다. 1871년의 최시형은 동학의 도통(道統)을 공식으로 이은 2대 교주였다. 영해사건의 참가한 인원 500여 명은 대부분 최시형의 소집에 응한, 인근 지역의 동학도들이었다.[29] 이필제 역시 최시형 없이는 동학도들을 모을 방법이 없음을 알고 5번에 걸쳐 사람을 보내 최시형을 끌어들였다. 동학도들은 동학 2대교주의 명을 받아 영해에 모였다. 모인 그들의 경제계급이나 사회계층이 빈농이나 몰락양반일 수는 있지만 그들은 동학으로 하나로 모였다.[30] 그리고 이들이 모인 것은 동학이 가지고 있는 변혁의 이데올로기 때문이었다. 그렇기 때문에 그들은 하나의 조직으로 뭉칠 수 있었다. 그리고 이러한 동학 이데올로기는 동학이라는 자원을 동원하는 데 유리하게 작동했다. 즉 동학으로 모인 이들을 동학도가 지휘하는 모양이었다.

영해사건에 참여한 이들이 모인 이유와 봉기한 날짜는 동학과 관련이 있다. 이필제는 최시형을 끌어들일 때, 최제우의 신원을 내세웠다. 그리고 최시형 역시 동학도들에게 최제우의 신원을 위해 영해에 모이라는 명을 내린다. 그리고 그 날짜는 최제우의 기일은 음력 3월 10일이었다. 이처럼 모인 사람, 모인 이유, 모인 날짜 모두 동학과 관련된 것이 영해사건이다. 즉 영

---

28 이필제에 이용당했다, 최시형이 적극 동참했다, 원치않는 동참이었다와 같이 해석이 분분하다. 확실한 증거보다는 정황에 따라 해석하는 경향이 있다.

29 영해는 조선 후기 구향(舊鄕)과 신향(新鄕)들의 향권 다툼(鄕戰)이 심했던 지역이다. 향권에서 밀린 신향은 불만에 가득차있는 상태였고, 이들은 동학에 관심을 갖고 적극 입도했다. 그런 이유로 영해에는 다른 지역보다 동학의 세가 강했다.

30 영해에 모인 이들이 향권 다툼에서 진 신향 중심이기 때문에 향전의 연속으로 바라보기도 하지만 이들은 신향인 동학도들로 보는 것이 바람직하다.

해사건이라는 사회변동은 동학이라는 종교집단의 자원을 동원하여 성공한 봉기라 할 수 있다. 종교가 사회변동을 주도하기 위해서는 종교집단 자체의 자원을 동원하거나 활용해야 하는 데, 영해사건은 당시 영해와 그 인근의 동학 자원을 모두 동원했다고 볼 수 있다. 이것이 가능한 데에는 동학의 2대교주 최시형이라는 지도자가 있었기에 가능했다.

이필제가 주도했던 앞선 두 봉기와 영해사건이 달랐던 점은 바로 동학의 자원동원 활용 여부였다. 이를 교훈삼아 이필제는 유학자들과 함께 조정에 불만을 품은 유생들을 동원해 문경에서 봉기하려 했으나 실패한다. 실패했던 앞의 두 봉기는 지휘부와 행동대원들의 종교이데올로기 불일치가 가장 큰 원인이었다면, 문경작변의 경우 종교이데올로기와 자원동원은 절반의 성공 혹은 절반의 실패였다. 정감록을 앞세운 정기현과 서원철폐라고 하는 유교의 이데올로기를 통해 유생을 동원해 정감록과 유학을 모두 동원하고자 꾀했다. 하지만 이필제는 종교집단의 자원을 활용해야 봉기에 성공할 수 있는 것은 알았지만 자원을 활용하기 위한 지도자의 역할을 등한시한 듯 하다.

영해사건 때 동학도들이 모였던 것은 최제우 신원운동을 내세운 것과 함께 최시형의 명령이 있었기 때문이다. 문경작변때 모으려 했던 유생들에게 내세운 것은 서원철폐와 이필제의 통문이었다. 동학도에게 최제우의 신원과 유생들에게 서원철폐가 각각 동등한 의미로 다가갈지, 우열이 있을지는 파악하기 어렵다. 하지만 동학도에게 최시형의 명령과 유생들에게 이필제의 통문은 같은 의미로 다가가지 않으리라는 것은 쉽게 파악할 수 있다. 조선시대 유생들에게 동학도의 최시형과 같은 존재는 임금일 것이다. 조선의 임금이 모이라 했으면 궂은 날씨임에도 많은 수가 모였으리라 생각하는 것은 어렵지 않다. 즉 이필제는 영해사건 때 자원을 동원할 수 있는 지도자를 영입했듯이 문경작변에서도 자원을 동원할 수 있는 지도자를 영입했어야 했다.

이상의 이필제가 주도한 네 번의 사건을 종교이데올로기, 지도자, 자원동
원의 측면을 아래의 표와 같이 정리해 볼 수 있다.

〈표 1〉 이필제가 기획한 네 사건 비교

	종교이데올로기	지도자	자원동원	결과
진천작변	정감록	이필제	x	실패
진주작변	정감록	이필제 + 정만식 외	빈농+나뭇꾼	실패
영해사건	동학	이필제 + 최시형	동학도	성공
문경작변	정감록+유교	이필제 + 정기현 외	유생	실패

진천작변은 정감록이라는 종교이데올로기를 중심으로 이필제 주도로 봉
기를 꾀하고자 했으나 실패했다. 사전에 발각되었다지만 자원동원에까지
이르지도 못했다. 정감록이라는 이데올로기와 이필제라는 지도부의 괴리에
서 온 것이 컸다. 진주작변은 진천을 교훈삼아 정감록 이데올로기를 통한
자원동원을 위해 정만식이라는 지도자를 영입했다. 하지만 지도부와 행동
대원들의 이데올로기 통합에 실패하면서 자원동원에도 실패했다. 문경작변
은 정감록과 유교를 동시에 이데올로기로 삼아 행동대원 역시 정감록과 유
교에서 끌어들이고자 했다. 정감록을 위한 자원동원은 둘째치고, 유교를 통
한 유생들을 동원하는 데에도 실패하며 결국 이필제까지 붙잡히고 만다. 이
에 반해 영해사건은 동학이라는 종교이데올로기(신원운동)를 통해 동학의 지
도자(최시형)가 동학도를 동원하여 봉기에 성공했다.

다음으로 사회변동의 종속변수로서 종교를 알아보기로 한다. 즉 영해사
건이 동학에 끼친 영향에 대해서는 크게 세 가지로 구분할 수 있다. 첫째,
동학 교단 지도 방향의 변동이다. 그 전까지 동학 안에 있었던 진인을 통해
급격히 사회를 변화하고자 하는 "정감록류 방식의 신앙"[31]을 청산했다는 점

---

31 연갑수, 앞의 논문, 210쪽.

이다. 그 당시 동학 안에서는 이필제로 대표하는 "신분이나 학식면에서 해월보다 상층이 있던 인물들"[32]이 많았다. 그들은 동학을 본인들을 진인으로, 그리고 동학을 사회변혁의 수단으로 삼고자 했다. 하지만 영해사건을 통해 진인은 더 이상 없음을 깨닫는다. 그 결과 동학은 진인을 통한 급변보다는 개인 수련을 통한 개벽을 중시하는 종교 조직으로 변했다.

둘째, 동학 교리의 심화다. 동학의 교리는 이 사건을 계기로 평화를 지향하는 방향으로 갔다. 영해사건이 "혁명의 전단계"로서 작동했다 하더라도 혁명이 아닌 이유는 인류 보편의 가치인 생명이 너무 가볍게 다뤘다[33]. 탐관오리일지언정 사람의 목숨을 손쉽게 빼앗는 것은 한울님을 모시는 종교로서는 바람직하지 않은 행동이었다. 특히나 한울님을 기르고(養天主) 하늘과 사람과 사물을 모두 공경(敬天敬人敬物)하자고 주장한 최시형에게는 이러한 폭력은 눈뜨고 보기 어려웠을 것이다. 최시형은 진인을 포기하고 개인 수련에 힘을 썼듯이 폭력을 포기함으로써 평화를 바라보는 종교로 동학을 이끌어 나간다. 이러한 동학의 평화지향성은 동학혁명 당시 최시형이 이끄는 북접이 남접이 중심이 된 전봉준을 지지하지 않는 결과를 낳기도 했지만, 이후 손병희가 3.1운동의 비폭력 평화운동을 지시하는 데까지 이어진다.

셋째, 국가와 관계 맺음의 시작이다. 영해사건 이후 최시형이 "최보따리"라는 별명이 붙을 정도로 태백산을 돌아다니면서 깨달은 것은 최제우의 신원 없이는 동학의 뜻을 펼치기 어렵다는 점이었다. 국법으로 처형된 최제우의 신원은 결국 국법으로 가능한 것이기 때문에 국가와 관계 속에서 풀어야 하는 것이었다. 영해사건 이후 20년이 지나서야 최제우 신원운동을 시작했지만 이러한 국가와 관계맺음은 동학혁명과 3.1운동과 같은 행동으로 이어

---

32 박맹수, 『최시형연구』, 한국정신문화연구원 박사학위논문, 1996, 65쪽.
33 임상욱, 앞의 논문, 235쪽.

졌다. 국가와 관계맺음이 교정쌍전(敎政雙全)이라는 교리로 발전한 것도 영해사건이 없었으면 어려웠을 것이다.

이처럼 영해사건은 동학에 영향을 주기고 하고, 동학에 영향을 받기도 한 사건으로, 사회에서도 변혁운동이었으며 종교에서도 변혁운동이었다. 그러나 종교운동으로 보기는 어렵다. 영해사건이 동학의 종교운동, 즉 영해교조신원운동이기 위해서는 말 그대로 최제우의 신원을 주장해야 했다. 그러나 영해관아를 점령한 후, 또는 영해관아를 떠나면서 한 행동들에는 최제우 신원에 대한 내용은 없다. 그들은 영해부사의 탐학에 대한 죄를 물었고, 가난한 이들에게 돈을 나눠주며 읍민들의 마음을 샀다. 그렇기 때문에 영해사건은 혁명까지는 규명해야 할 사항이 남았지만 종교운동으로 보기는 어려운 사건이다.

5. 맺음말

이 연구의 목적은 영해사건에 대해 종교사회학 관점에서 성격을 규정하는 것이다. 이러한 목적을 달성하기 위해 종교와 사회변동의 관계, 1871년 영해사건, 종교사회학 관점에서 바라본 영해사건을 살펴봤다. 특히 사회변동의 독립변수로서 종교는 종교이데올로기, 지도자, 자원동원에 따라 성패가 나뉜다. 이필제가 주도한 네 사건 중 영해사건을 제외한 나머지, 진천, 진주, 문경작변은 이 세 요소가 제대로 작동하지 않았다.

진천, 진주, 문경작변의 종교 이데올로기는 정감록이었다. 이 중 진천작변의 경우 지도자와 이데올로기의 불일치로 자원동원으로 이어지지 않았다. 진주작변의 경우는 정감록에서 이야기하는 지도자를 영입하여 자원동원을 시도했다. 이 경우는 유교계열 지도부와 정감록 행동대의 이데올로기

불일치로 사전에 발각되어 실패하고 만다. 문경작변의 경우 행동대에 유교와 정감록을 동원하려 했으나 유교계열 지도부의 능력 부족으로 실패한다. 이에 반해 영해사건은 종교이데올로기, 지도부, 자원동원 모두 동학으로 구성했다. 그 결과는 성공이었다.

사회변동의 종속변수로서 종교에서도 영해사건은 동학에 영향을 줬다. 영해사건은 초기 동학의 지도 방향을 바꿨다. 더 이상 진인을 기다리는 미륵신앙이 아니라 개인 수련을 통한 개벽을 바랐다. 다음으로 동학 교리를 심화했다. 동학의 평화지향성과 만물, 만인평등주의가 짙어졌다. 그리고 국가와 관계 맺음을 시작한 계기가 됐다. 이는 최제우 신원운동을 거쳐 동학혁명, 3.1운동 나아가 독립운동으로 이어진다.

1871년 영해사건은 보는 관점에 따라 성격이 달라지는 것은 여전하다. 이필제의 입장에서 보면 동학을 끌어들여서 성공한 봉기이다. 조선의 입장에서는 동학을 끌어들인 이필제가 관아를 부수고 부사를 죽인 난이다. 동학의 입장에서는 실패를 전전하는 이필제에게 성공을 보여준 사건이다. 이필제는 동학이 없었던 세 곳에서는 철저하게 실패했다. 즉 이필제가 "혁명가"이든 "직업봉기꾼"이든 관계 없이 영해사건은 동학이 주인공인 사건이다. 또 동학이 앞으로 나아갈 길을 확인한 사건이다. 동학은 영해사건에서 국가와 관계를 맺고, 혁명을 하고, 근대로 향하는 개벽의 길을 가야 함을 확인했다. 그렇기 때문에 영해사건은 조선 사회를 변혁하려고 했던 사회변혁운동인 동시에 동학을 변혁한 종교변혁운동인 셈이다.

이 연구의 의의는 한국사 속에서 종교와 사회변혁의 관계를 확인했다는 점과 함께 사회와 종교변혁의 성격으로 영해사건을 규정했다는 점이다. 이와 함께 후속 과제로서 한국사의 다양한 시기의 종교와 사회변동의 연구를 제안한다. 후삼국 시절의 종교와 사회변동, 고려말 종교와 사회변동, 구한 말이나 일제강점기의 종교와 사회변동 모두가 연구과제라 하겠다. 나아가 또 다양한 국가의 종교와 사회변동의 연구 그리고 이들 사이의 비교 연구를 통해 종교와 사회변동의 이론을 확립하고 확인할 수 있는 연구도 기대할 수 있다.

참고문헌

『嶠南公蹟』
『道原記書』
『右捕廳謄錄』

김기현 편, 『최초의 동학혁명 – 병풍바위의 영웅들』, 황금알, 2005.
김기현, 「1871년 영해동학혁명의 사료와 자취」, 『동학학보』 제30호, 동학학회, 2014.
김상준, 『맹자의 땀 성왕의 피』, 아카넷, 2011.
김의환, 「신미년(1871) 이필제난」, 『전통시대의 민중운동 하』, 풀빛, 1981.
노길명, 『한국의 신흥종교』, 가톨릭신문사, 1991.
박맹수, 「해월 최시형의 초기행적과 사상」, 『청계사학』 제3권, 한국정신문화연구원, 1986.
_____, 『최시형연구』, 한국정신문화연구원 박사학위논문, 1996.
박세준, 「동학사상과 한국의 사회운동」, 『한국학논집』 제83호, 계명대한국학연구원, 2021.
연갑수, 「이필제 연구」, 『동학학보』 제6호, 2003.
윤대원, 「이필제난의 연구」, 『한국사론』 제16권, 서울대국사학과, 1987.
_____, 「이필제. 때이른 민중지도자」, 『내일을 여는 역사』 제21호, 신서원, 2005.
이이화, 「이필제 홍경래와 전봉준을 잇는 탁월한 혁명가」, 『이야기인물한국사 4』, 한길사, 1993.
이원규, 『종교사회학의 이해』, 나남출판, 2006.
임상욱, 「이필제와 최시형: 영해 '동학' 혁명의 선도적 근대성」, 『동학학보』 제30호, 동학학회, 2014.
임형진, 「혁명가 이필제의 생애와 영해」, 『동학학보』 제30호, 동학학회, 2014.
장영민, 「1871년 영해 동학난 연구」, 『한국학보』 제47권, 일지사, 1987.
최우영, 「긴장과 갈등의 유교」, 『현대사회의 위기와 동양사회사상』, 다산출판사, 2016.
표영삼, 「동학의 신미 영해 교조신원운동에 관한 소고」, 『한국사상』 제21권, 1989.
Maduro. Otto, *Religion and Social Conflicts*, NY: Orbis Books, 1979(강인철 역, 『사회적 갈등과 종교』, 한국신학연구소, 1988).

해월 최시형의 입장에서
본 1871년 영해

한경희(안동대학교 교양교육원 교수)

해월 최시형의 입장에서 본 1871년 영해

1. 머리말

1871년 당시 해월에게는 교조의 신원과 함께 포덕은 절체절명의 목표였다. 동학의 역사를 새롭게 써내야 하는 해월에게 당면과제는 어느 하나 중요하지 않은 것이 없었다. 인간으로서 당연한 권리를 주장하는 동학교도를 두고 '비도'로 몰아가는 정치논리를 극복할 길이 없었다. 수배자가 되어 숨어 살면서 세상에 개벽의 뜻을 드러낼 길을 모색했을 것이다. 해월뿐만 아니라 영해의 동학교도들에게 이필제는 도화선이 되었다. 또한 해월은 순교적인 수도주의자이거나 비폭력주의자가 아니며 물리적인 힘이 필요한 곳이라면 그것을 결단할 수 있는 사람이었다.[1] 해월은 이필제의 등장이 조심스러웠으나 동학의 역사를 쓰는 일에 과감하게 나섰다.

왕조의 지배층이 부도덕하고 부패하자 민란은 지속적으로 일어나지만 민란들은 민란의 한계를 벗어나지 못했다. 그러나 이필제는 민중 의식이 혁명을 이끄는 자신을 따라올 것이라 기대했을지도 모른다. 정작 영해부를 치고 장악하자 성안 주민들은 총소리에 놀라 달아나거나 집안에 숨어서 밖으로 나오지 않았다. 혁명은 그 시대인식과 함께 할 때 성공한다. 한 시대를 살

---

[1] 박맹수, 「동학농민혁명의 전개와 해월 최시형의 역할」, 『해월신사법설강독』, 한알자료집, 2022, 12쪽. "조선국 동학당 동정에 관한 제국공사관 보고 일 건"을 예로 들고 있다. 수운의 시와 가사에서 보이는 현실부정적인 혁세의식과 민족의식이 수용되지 못했다고 보았으나 일본자료를 통해 해월의 현실참여 의식을 강하게 주장하고 있다.

아가는 사람들이 수긍하지 않고 동의하지 않으면 미완의 혁명이 되고 만다. 혁명이 성공하기 어려운 상황에서 이필제의 무모하고도 끈질긴 혁명의지가 영해동학을 촉발시켰다.

영해동학은 동학혁명 역사에서 최초의 혁명으로 꼽힌다. 갑오년 동학의 용트림이 영해에서 첫 발단이 되었다. 해월의 승인을 통해 동학교도가 주체가 된 개혁운동이 되었다. 이필제가 일으킨 일을 '작변' '변란'으로 보는 시각도 있으나 이필제가 일을 좀 더 신중하게 시간을 두고 준비하고 거사 이후까지 도모했다면 영해 거사의 결과는 단순히 최초 동학혁명이라는 이름으로 끝나지 않을 수 있었다. 영해의 동학교도들이 거사의 뒷일까지 모두 감당할 수 있는 준비를 갖추고 있었는가는 영해동학의 성공여부를 아쉬워하는 자성적인 질문이기도 하다.

영해 거사를 민란으로 보는 일부의 시선을 불식시킬 수도 있었다.[2] 특정 지역의 한계를 넘지 못했거나 삶의 질 개선이라는 형태를 벗어나지 못했거나, 다양한 계층의 민중들이 동참하지 않았거나 지배세력에 대해 자유 평등과 같은 보편가치를 요구하지 않았다면 전형적인 민란이라고 정리한 입장이 있다[3]. 이런 지적과 비교해보면 영해 봉기 참가자들의 분포는 동해안 일대의 지역과 강원도, 충청도 등을 아우른다. 당시 농경사회에서 계층이 다양할 수 없었기에 절대다수 계층인 농민이 주류를 이뤘지만 서얼 출신의 유학자들도 다수 포함되었다. 또 지배세력에 대한 저항과 차별철폐의 기저에 놓인 운동이라는 점 등을 고려해보면 단순히 민란이라고 간주하기는 곤란하다.

---

2 윤대원, 「이필제, 때 이른 민중 지도자」, 『내일을 여는 역사』 21, 내일을여는역사, 2005; 윤석산, 「해월선생의 생애와 사상」, 위의 자료집, 24쪽.
3 오문환, 『해월 최시형의 정치사상』, 모시는사람들, 2003, 219쪽.

해월은 승인 이후 적극적으로 영해 거사를 위해 경제적인 지원을 한다. 해월은 영해를 기반으로 숨죽인 동학교도들의 목소리를 알리고 교조의 억울한 누명과 죽음을 세상에 전하는 일을 거사의 목적으로 삼았다. 이 과정에서 해월의 결단과 생각이 구체적으로 어떻게 드러나는가는 『최선생도원기서』[4](이하 『도원기서』)와 당시의 법설을 통해 살펴보고자 한다. 해월의 생애를 통시적으로 담은 『도원기서』의 시각은 충실하게 수용하고, 해월의 법설은 영해거사 전후를 중심으로 다뤄 법설에 숨은 뜻이 영해동학에 어떻게 영향을 미쳤는가 살펴본다. 그 바탕 위에 이필제가 영해로 들어와서 동학교도를 중심으로 도모한 1871년 영해 거사의 의미를 해석하고자 한다.

2. 해월 최시형의 사람됨

『도원기서』는 『대선생문집』 다음으로 귀중한 동학교단의 초기 역사서이다. 특히 1871년 영해 동학 과정이 수록되어 당시 상황을 파악할 수 있는 귀한 자료이다. 해월이 이필제를 만나는 과정을 자세하게 밝히고 있어 해월의 면모를 짐작할 수 있는 근거가 된다. 영해 동학의 중심 인물인 이필제는 동학교도들과 의기투합해서 거사를 일으킨 사람이다. 해월은 황당한 주장을 펴는 이필제를 있는 그대로 이해하고 거사 날짜를 조율하려 하였다. 『도원기서』에는 해월의 인품을 헤아릴 수 있는 상당한 사례가 보인다.[5]

---

4 『崔先生文集道源記書』(아세아문화사, 1979)는 수운의 전 생애를 기록한 것뿐만 아니라 2세 교주 해월의 입도 경위, 수련과정, 북도중주인 임명과정, 도통전수 경위, 해월 행적 및 해월의 동학교문 수호행적이 기록되어 있다. 본고는 윤석산이 번역한 『도원기서』를 참고하였다.

5 박맹수, 「해월 최시형의 초기행적과 사상」, 『청계사학』 3, 청계사학회, 1986, 133쪽. 『도원기서』가 해월을 높이고 인물됨을 크게 부각시키고 있다면 『수운행록』에는 특정인물 중심이 아닌 객관적 기술이 이뤄져 있다. 박대여 집을 찾아가는 것도 『도원기서』는 해월만 나오나 『수운행록』에는 박하선, 하치욱이 길에서 해월을 만나 함께 간다.

평생을 은도하며 살았던 해월은 '고비원주'라는 스승의 유지를 받들면서 은거와 포덕을 펼친다. 깊은 산 속에 몸을 숨겨 후일을 도모한 뒤 교도들과 소식이 닿게 된다. 해월은 교도들과 만날 때는 이미 결연한 목표가 세워져 있었다. 결과적으로 드러나듯 교세확장을 위한 결단은 영양군 용화동 정착에서 본격화한다. 스승 사후 일 년 뒤 영양군 용화동으로 이주를 하면서 산 밖 출입을 멈추고 세상에서 종적을 감추는 선택을 한다. 이렇게 사는 와중에 스승의 부인이 자식을 데리고 찾아오자 살던 집을 내주고 해월은 새로 집을 구한다. "생활의 어려움은 말로 다 하기 어려웠다."[6]는 대목을 보면 스승 일가를 챙기느라 생활고가 더욱 심해졌음을 알 수 있다. 식구들이 밥을 굶을 정도였지만 스승의 가족을 돌봤다.[7]

『도원기서』에는 해월이 이필제의 거사에 흡족해하지 않았음이 아주 자세하게 드러난다. 각 접주나 주요 도인들이 찾아와서 이필제를 만나보라 설득했으나 흔들리지 않았다. 그만큼 이필제를 미더워하지 않았음을 확실하게 보여주는 것이다. 1870년 10월 무렵부터 영해에서 이인언, 박군서, 박사헌, 권일원 등이 해월을 찾아와 이필제를 만나기를 권유한다. 다만 동학교도들이 모두 이필제를 마음에 두고 만나보라고 권하자 마지못해 만나게 된다. 만남 이후에도 이필제의 거사 계획을 미뤄야 한다고 의견을 냈다.

해월의 도움을 받아서 거병을 해야 할 처지인 이필제의 태도는 오히려 납득하기 곤란하다. 그가 해월을 직접 찾아가지 않은 점이나 늦게 만나러 왔다고 화를 내는 모습은 특이하다. 스스로 동학교도라 말하는 사람이 동학

---

6 『천도교서』, 223쪽. "일월산에서 나무숲으로 가옥을 삼고 생활방편은 짚신을 짜는 것에 의지하다."
7 윤석산, 「해월 선생의 행적」, 『동학연구』 20, 동학학회, 2006, 90쪽. 이필제 난으로 인해 어렵게 모인 동학교도가 흩어지고 어려워졌으나 해월 선생은 종교적 수련에 집중, 종교의례를 새롭게 확립, 도적과 경전간행을 하는 일을 펼쳤다.

교단을 잇는 2세 교주를 호출한 것이다. 이필제의 이런 자세로 볼 때 동학 교도라고 할 수 있는지 의문이 든다.[8] 기록에 따르면 화를 내는 것도 불만의 표시 정도가 아니라 '화를 내고 큰소리로 나무란다'고 나온다. 그의 이런 태도를 보면 도저히 동학교도라고 판단하기 어렵다. 병사를 모으기 위해 도움을 받아야 할 사람이 도리어 화를 낸다는 것은 어불성설이다. "스승님을 위하는 마음이 있는 사람이 어찌 따르지 않는가?" "만약 따르지 않는다면 그대들의 신명이 나의 손에 달려있는 것이라. 듣고 듣지 않고, 또 따르고 따르지 않는 것을 내 어찌 상관하리오."[9] 시혜자의 태도를 보이며 협박조로 어르는 말투 그대로 놓고 보면 마치 교조의 신원이 이필제의 의지에 따라 결정될 것처럼 보였다.

이필제의 무례한 태도는 그의 터무니없는 생각에 바탕을 두고 있다. 이필제의 황당한 주장을 보면, 스스로 천명을 받은 사람이며 단군의 영을 받아 하루에 아홉 번 변한다고 말한다.[10] 태평천국의 난 이후 당시 청나라는 혼란한 상황이었으므로 어지러운 정세를 틈타 청국에서 건국을 하겠다는 욕망이 있었다. 해월의 입장에서는 납득할 수 없는 생각이었다. 이런 믿기지 않는 주장을 펴는 사람이었으나 스승의 원한을 풀고 백성의 재앙을 구한다는 명분 앞에서 동학교도들은 마음을 모은다. 이 명분은 동학교도들이 이필제의 뜻을 따른 중요한 동기였다. 이필제는 거병의 동력으로 교조신원을 선택했고 동학교도들은 그 명분에 충실했다.

---

8 박맹수, 위의 논문, 157쪽. 해월과 이필제는 모두 초기 동학교단의 지도자였다.
9 김기현, 『자유를 향한 영웅들』(한국지방세연구회, 2015)에서 이필제를 영웅으로 묘사한다. 박맹수, 「최시형 연구」, 한국학중앙연구원 박사논문, 1996, 61쪽. 최시형과 연원을 달리하는 교도들이 상당수 존재하였으며 동학사상 수용입장도 최시형과 다른 입장에 서 있는 교도들이 많았다.
10 김탁, 「조선후기의 예언사상:이필제 사건을 중심으로」, 『한국종교』 34, 원광대종교문제연구소, 2010; 양태진 번역·주해, 『정감록』, 에나루, 2013, 35쪽.

혁명은 시간을 담보할 수 없는 태생적인 한계가 있기에 바쁘고 급하게 진행되기 마련이다. 이필제의 거사는 즉각적인 결단으로 이어져 사후 처리가 부족한 상태로 남았다. 영해부를 장악한 뒤 그가 보여준 행동에서 확인이 가능하다. 영해부를 공격하고 성을 장악한 뒤 부사 이정을 잡아서 '의로써 탐관오리 부사를 죽인다'라며 죽였다. 이 사건은 혁명의 명분을 약화시킬 위험이 있었다. 이필제의 조급함이 그대로 드러나는 대목이다. 탐관오리라고 하더라도 부사의 처형은 영해부민들과 함께 법에 따라 공개적인 자리에서 진행해야 했다. 생명에 대한 경외감을 찾아보기 어려울 뿐만 아니라 죄인 치죄의 과정도 생략되었다.

영해부를 접수하는데 성공했으나 영해 거사는 1일 천하로 끝나고 다음날 진압군을 피해 퇴각을 시작한다. 영양 일월산으로 달아나지만 이미 영양의 포졸들이 산을 에워싸고 있었다. 위급한 상황을 피하기 위해 강수는 해월에게 이필제를 따라 도피를 조언한다. 다른 선택도 없었겠지만 해월은 강수의 의견대로 이필제를 따른다. 무리한 이필제의 거사로 곤경에 처하게 되었으나 해월은 이필제를 따라가는 것에 동의한다. 영해거사 전후 해월은 동학교도들의 제안을 극구 거절하거나 반대하지 않았다. 여전히 동학교도들의 의견을 수용하는 것을 볼 수 있다.[11]

영해 거사의 결과 해월은 다시 수배자가 되어 쫓기면서 생존 자체가 위험한 상태가 된다. 거사의 책임이 자신에게 있음을 쫓기는 삶 속에서도 재확인한다. 소를 먹이거나 산에서 나무를 하거나 물에서 고기를 잡는 그 와중에도 스스로 '지각의 매몰'을 한탄하지만 이미 때는 지난 뒤였다. 해월은 판단을 잘못하여 많은 동학교도들을 잃고 죽음에 이르게 한 책임에서 자유롭

---

11 표영삼, 『동학』 2, 통나무, 2014, 14쪽; 윤석산, 『최시형의 삶과 사상』, 모시는사람들, 2021, 55쪽. 여타 지도자와 달리 카리스마적인 모습이 없었고 교도들과 의논하고 협의하였다.

지 못했다.[12] 도피생활을 하는 가운데 마음은 무거워 견디기 어려웠다. 스승의 죽음 이후 숨어지내며 차츰 교세를 다져가고 있었으나 영해 거사로 인해 많은 동학교도들이 쫓기거나 잡혀 죽거나 갇히는 상황이 된 것이다. 해월은 자신의 판단이 잘못되어 일어난 일이라는 생각에서 헤어나지 못했다.

해월은 스승의 아들 형제의 행동에 화도 내지 않았을 뿐 아니라 서로 곤궁하고 어려운 상황이라 도리어 도와줄 해법을 제시한다. 주위의 심한 검문을 피하기 위해 초례행렬로 가장 하는데 도움을 주면 돈 일곱 냥을 주겠다는 제안을 한 것이지만 거절당한다. '깊이 생각하고 헤아려 주기 바라'는 마음만을 전했지 어떤 강요나 요구도 하지 않았다. 스승의 자식들은 자신들이 필요할 때면 찾아오고 동학도들의 목숨이 달린 위험한 일에 관여하기를 꺼려했다. 해월은 위험함을 느끼는 형제들을 이해했으므로 누구를 나무랄 까닭이 없었다. 이때도 해월의 인품과 사람됨의 진면목이 잘 드러난다.

해월은 어떤 일이 일어나도 자신을 탓하지 남을 비방하는 일이 없다. "우리의 신세가 갈 수도 또 올 수도 없는 지경에 이르렀으니 물러나 산에 가 숨는 것이 좋을 듯하다. 발은 부풀어 누에고치같이 되었고 지팡이를 끌고 다리를 절며 걸으니 향할 곳이 없었다." 스승의 가족들로부터도 환영받지 못하는 상황이니 누가 해월 일행을 반겨주겠는가. 더 이상 숨을 곳이 없어진 상황이 되자 결국 산중으로 들어가는 길 이외의 방도가 없었다. 먼저 산으로 피해온 황재민도 "지금은 어떻게 할 수 없습니다. 세 사람이 같이 가면 반드시 한가지로 고생할 것이니, 살든지 죽든지 깊이 태백산에 들어가 배가 고프면 소나무 잎을 먹고, 목이 마르면 샘에 가서 마시고, 하늘의 보살핌을

---

12 이이화, 『이이화의 동학농민혁명사』 1, 교유서가, 2020, 89쪽. 경상좌도 일대의 동학조직은 무너졌고 동학도들은 달아나거나 숨었다. 동학교단의 역사에서 수난의 시대라 기록하면서 이 필제를 동학을 해친 인물로 기록하고 있다.

기다리는 것이 좋을 듯합니다."

열흘 이상 굶주리자 해월은 차라리 떨어져 죽는 것이 낫다는 말을 했다는 글은 『도원기서』에 나온다. 그런데 스승의 형제에게 화를 낸 사람은 정작 강수이고 해월은 담담하게 대안만 제시했을 뿐이다. 이런 분이 굶주림 앞에서 스스로 죽음을 이야기한다는 것은 앞뒤가 맞지 않다. 기름 반 종지로 21일 동안 밤을 세워 기도한 체험이 있는 해월을 떠올리면 너무 어울리지 않는다. 도리어 강수가 그런 말을 했다면 자연스러울 것 같다. 하늘의 이치를 따르는 사람의 생각과도 다르다. 『도원기서』에서는 강수가 해월에게 도의 법통을 잇는 일을 새삼 떠올리며 목숨을 보존해야 한다고 했다. 그러나 역할이 바뀌면 글의 흐름이 자연스럽겠다. 해월이 배고픔 앞에서 좌절했다고 보기는 어렵다.

만약 해월이 죽음 이야기를 했다고 본다면 우선 이 죽음은 진짜 죽자는 말이기보다는 도피 중인 삶이 죽음과 다를 것이 없다는 의미로 읽을 수 있다. 솔직하게 자신의 마음을 그대로 드러내는 해월이기에 아주 힘들다는 의미의 적극적인 표현으로 볼 수 있다. 이필제로 인해 무한 책임을 느끼며 스스로의 오판을 힘겨워하는 사람이 배고픔을 못 이겨 죽겠다는 생각을 하기는 어렵다. 배고픔을 못 견뎌 죽겠다는 말을 곧이곧대로 이해하면 해월을 너무 가볍게 보는 일이 된다. 하늘의 처분을 따르는 도인이 자기 죽음을 이야기한다는 것은 자기모순을 저지르는 일이다.

"옮겨 다니기 급급함이여 사방 향할 곳이 없었다." 옮기고 옮기고 또 옮겨서 겨우 살아갔던 해월에게 옮겨 다니며 사는 일은 사명과도 같았다. '쫓기고-옮기고'로 반복되는 이 줄다리기는 해월의 생존 내내 긴장관계로 이어진다. 진짜 답답한 일은 옮길 곳이 더 이상 없다는 데 있었다. 그만큼 험준한 산령을 뒷산 오르듯 넘나들었지만 준령에도 쫓는 자의 수색이 뻗쳐 있었

던 것이다. 피해 다닐 곳은 도인들이 마련해주는 집인데 그 집이 모두 일상
생활을 하는 곳이라 조심할 일이 많았고 오래 머물지도 못했다. 절체절명의
상황이 닥치자 해월은 수도를 통해 중심을 잡아간다.

영해 거사가 실패로 돌아가자 동학교도들은 이필제를 모사꾼으로 기록했
다. '모사–혁명'의 거리는 일의 결과에 따라 달라진다. 스승의 일을 핑계삼
아 동학교도들을 속였다는 것이다. 이필제는 함부로 도인들을 이용했으며
스승의 신원을 가장하여 일을 일으키고 더구나 패배를 했으므로 용서할 수
없었다. 이필제의 거사에 동조했던 도인들은 거사가 성공해서 교조가 신원
을 하고 개벽세상이 이뤄질 것이란 확신을 했다. 이필제를 믿는 만큼 확신
에 차 있었을 것이다. 동학교도들은 거사 실패 후 이필제를 불신했으나 해
월은 처음부터 이필제를 믿지 않았고 거사 실패도 자신의 탓으로 여겼다.

이상에서 보았듯이 해월은 깨달음을 얻은 사람이므로 접주들과는 도량의
차이가 크게 난다.[13] 이필제의 주도로 이루어진 영해거사가 실패로 돌아간
책임은 자신에게 있다며 뼈아픈 성찰을 한다. 『도원기서』에는 그 결단과 선
택이 잘못되었음을 절절하게 반성하는 내용이 나온다. 몇 자 글에는 참회하
는 해월의 마음이 잘 나타난다. 또한 스승의 둘째 아들의 배은망덕한 행동
에도 담담하게 대응한다. 그의 철없는 마음에서 일으킨 실수를 탓하지 않는
다. 다만 도인들이 입을 상처를 두고 안타까워하는 것이 전부이다. 스승의
부인, 사모님의 생계와 안전을 위해 할 수 있는 모든 일을 아끼지 않은 해월
의 마음을 읽을 수 있다.

해월은 스스로 생각해도 거사의 때가 아님을 알고 있었지만 교도들이 모
두 이필제와 뜻을 같이하자 그들의 뜻을 따른다. 해월이 절대 반대를 선언

---

13 박맹수, 「동학혁명의 문화사적 의미」, 『문학과 사회』, 문학과사회, 1994 봄호, 291쪽. 각 지역
의 봉기를 주도한 핵심 접주들은 해월의 지도를 받고 성장한 것이 제대로 알려지지 않았다.

하고 동원령을 내리지 않을 수도 있었을 것이다. 그러나 동학교도들의 마음을 이미 헤아린 해월은 오히려 도인들을 따랐다. 때는 아니지만 이미 교도들이 마음을 굳혔다면 더 먼 시간의 흐름에서 보면 또 다른 때를 앞당기는 원동력이 될 수 있음을 간파한 것이다. 해월에게는 교조신원운동은 명분이 아니라 당면과제로 놓여 있었고 그 시기를 조율할 뿐이었으니 희생이 따르더라도 할 일을 할 수밖에 없었던 고독한 의지를 볼 수 있다. 희생을 줄이기 위해 때를 기다리는 일도 또 다른 때를 맞춰야 했다. 해월은 사람들의 의견을 거절하는 법이 없었다. 상대의 마음을 헤아려 그 말을 따르지만 모든 책임은 자신에게로 돌릴 뿐이었다.

3. 법설에서 드러나는 해월의 생각

법설은 종교적인 사상이 응축되어 있는 정수이며 진리를 찾아서 깨친 자의 말씀으로 진수가 담겨 있다. 가르침의 최고 상태이면서 동시에 현실모순을 풀어내는 해방의 언어를 구사한다. 해월의 말씀은 사사로운 개인의 말이 아니라 동학의 진리를 추구하고 찾아가는 목소리이므로 그 말씀에는 차별 세상을 극복하고자 하는 의지가 드러난다. 해월의 법설에는 세상을 변혁하기 위해 사람을 섬기고 사람을 존중하는 곧 사람이 하늘인 인간관이 있다. 법설은 구도자의 깨달음을 전해주면서 깨침의 세계로 이끄는 말씀이기에 언어에 담긴 의미는 깊이와 넓이를 단정할 수는 없다. 그럼에도 1871년 영해의 동학혁명을 두고 해월은 어떤 생각을 했는가를 알아보기 위해 법설의 의미를 짚어본다.

법설은 한편 아주 상식적인 이야기이되 누구에게나 울림을 주는 말씀이다. 해월은 "나는 수도할 때 한울님 말씀을 여러 번 들었으나 지금 생각해보면 아직 도에 이르지 못한 첫걸음일 뿐입니다."[14] 입도 이후 이미 깨달음의 단계에 이르렀으나 깨달았다는 말을 하지 않았을 뿐만 아니라 깨달은 자라는 생각을 실제로 하지 않았다. 겉으로 드러나는 겸손한 태도가 아니라 진정으로 한울을 섬기는 마음임을 알 수 있다. 모든 사람이 하늘이 되는 이치는 해월의 이런 태도에서도 짐작할 수 있다. 해월에게 도는 끊임없이 수도하는 과정으로 놓여 있었고 득도나 깨침은 늘 새롭게 진행되는 공부의 연속으로 받아들였다.

『천도교월보』 기자와 해월 사모님의 대화를 보면 조실부모하고 어린 나이에 남의 집 일을 하는 머슴으로 지낼 때 그 '종놈', '머슴' 소리가 그렇게 듣기 싫었다는 이야기가 있다. "15세에 남의 집에 기식하고 계시다가 그 집 주인이 '머슴애'라고 하는 소리를 듣고 곧 그 집을 떠났다."[15] 일꾼이라고 부르는 것이 더 적절하다며 '머슴'이란 단어를 사용하지 않았다. 머슴은 주인의 명령에 복종해야 하므로 인격체가 될 수 없었기 때문이다. 이런 체험에서 비롯한 것인지 해월은 귀천을 나누지 않았다. 차별이 엄격한 신분사회 속에서 차별철폐를 주장한 진정성의 근본을 알 수 있다.

해월은 스승으로부터 북접대도주라는 명을 받기 전까지 동학의 입도와 수행을 통해 신이한 경험을 한다.[16] 도를 닦기 전까지 경험하지 못한 특별한 체험을 하게 된 것이다. 도를 전수 받기 전까지 해월의 수행담이 『천도교서』에서 몇 가지 사례로 보인다. 겨울 찬물에 목욕하는 수행과정에서 하늘의 소리를 듣거나, 반 종지의 기름으로 스물 하룻밤을 지냈다고 하거나, 25리

---

14 『해월신사법설』은 천도교 홈피와 라명재 역주를 인용함(http://www.chondogyo.or.kr/niabbs4/bbs.php?bbstable=haewol)

15 해월사모담, 「해월신사일상생활」, 『천도교회월보』 165, 천도교중앙총부, 1924, 300쪽.

16 최동희, 「해월의 종교체험에 대한 이해」, 『동학연구』 8, 동학학회, 2001, 101쪽. 주문 중심의 종교실천을 하면 놀라운 체험을 할 수 있다는 것을 확인한 셈이다.

밖 친구 집에 도둑이 들어 벽을 뚫는 것을 보는 등 신통력을 갖게 되었다.

권병덕은 「해월신사와 이적」[17]에서 해월은 스승을 모시고 문답을 하는 자리에서 교도들이 한울님 말씀을 듣는다는 이야기에 충격을 받고 금곡집으로 돌아와 그날부터 얼음을 깨고 뼛골을 찌르는 찬물목욕과 머리감기를 시작했다고 한다. 십여 일을 이렇게 수련을 하던 어느날 얼음물에 들어가니 물이 따뜻한데 어디선가 '陽身所害又寒天之急坐' 말소리가 들려온다. 그 이후 얼음물 수련을 금하게 된다. 남은 기름 반종지로 이십 일일 밤을 밝힌 이야기, 스승이 박대여의 집으로 온 것을 알아차린 이야기 등을 언급했다. '대신사를 생각하니 대신사 돌아오심이 완연히 마음에 비쳐 보이거늘'에서처럼 궁금한 것을 떠올리면 자연스레 눈으로 볼 수 있게 되는 경지에 이른 것이다.

도를 계승한 이후의 신이담은 단순 이야기에서 멈추지 않고 동학을 펼치고 알리는 포덕과 교세 확장과정에서 나타난다. 관아의 포졸들이 해월을 잡으러 검곡까지 와서 집 수색을 했으나 주문을 외우고 앉아 있는 해월을 눈앞에 두고도 보지 못하는 이야기가 있다.[18] 신통술을 부려서 몸이 보이지 않게 한 것인지, 포졸들이 제대로 수색하지 못한 것인지 논의하는 것은 큰 의미가 없다. 해월의 진실한 마음이 하늘에 닿아 현장을 수색해도 잡아갈 수 없었다는 사실이 중요하다. 입도 후 수행과정에서 하늘의 소리를 들었다는 것은 바로 이런 구체적인 일화에서 확인할 수 있다.

하늘의 소리를 들을 수 있는 사람은 땅에서 일어나는 소리에 귀 기울일 줄

---

17 권병덕, 「해월신사와 이적」, 『천도교회월보』 270, 천도교중앙총부, 1934, 15쪽.
18 『천도교서』 포덕 5년 갑자(甲子) 2월에 대신사가 잡히신 후 신사 또한 그 혐의로써 관헌의 수색이 심하여 영장(營將) 교졸(校卒) 50여 인이 뜻밖에 검곡에 들어와 신사를 엄히 수색하거늘 신사가 옷을 바르게 하고 단아하게 앉아 주문을 묵묵히 외시되 교졸이 신사를 보지 못하는지라. 신사가 천천히 걸음을 움직여 문에 나오시되 교졸이 또한 한 사람도 분별하는 자가 없더라.

아는 사람이어야 한다. 그러니 해월은 온갖 소리를 듣고 헤아릴 수 있는 힘이 있었다. 땅은 사람이 살아가는 공간이므로 가난하고 굶주린 사람들의 목소리에 귀가 트이고 눈이 열려야 한다. 아쉬운 사람과 안타까운 사람들의 소리를 챙겨 들을 줄 알아야 한다. 그래야 온갖 소리에 열린 귀를 가졌다고 할 수 있다. 한울님이란 "『용담유사』에서 최제우가 22회나 사용한 '□○에 기반해 현재 천도교단 등 동학도들이 인정하고 통용하고 있는 용어는 '한울님'이다. '한울님'은 음운론적인 미학을 갖추고 있고, 형태론적으로는 합성어이다."[19] 하늘의 소리는 곧 세상의 소리이고 사람과 하늘이 다르지 않다는 '인즉천'으로 이어진다.

"최시형은 천지가 하나의 기운 덩어리이며, 사람은 그 하늘의 기운이 응축되어 생명으로 드러난 것이라고 하였다. 그러므로 하늘은 단지 물리적 공간으로 저 창공이 아니다. 천지는 생명의 근원적 공간이자 그 자체 생명력으로 가득 찬 기운 덩어리이다. 만물은 이 천지의 기운으로부터 나왔다. 다시 말해 우주 자연은 근원적 생명력과 일정한 이치를 가진 기운 덩어리이며, 모든 만물은 그 기운에서 생성된 것이다. 인간과 자연도 모두 하늘이 표현된 것이다."[20]

해월은 스승 사후 생신날이나 기일에 여러 도반들과 모여 차별없는 세상을 위한 법을 설한다. 스승의 생신날 도인들이 모였을 때 최시형은 '인즉천(인시천)'을 말하며 사람을 차별해서는 안 된다는 법설을 한다.[21] "10월 28일에 대신사의 생신 제사를 검곡에서 거행하실 때 각지 도인이 와서 모인 자가

---

19 남연호, 「동학의 '천주天主'를 '하늘님'으로 표기하자는 주장에 대하여」, 『동학학보』 59, 동학학회, 2021, 290쪽.
20 김용휘, 「해월 최시형의 자연관과 생명사상」, 『철학논총』 90, 새한철학회, 2017, 170쪽.
21 박맹수, 「동학계 종교운동의 역사적 전개와 사상의 시대적 변화-동학과 천도교를 중심으로」, 『한국종교』 37, 원광대종교문제연구소, 2014, 63쪽.

매우 많은지라. 이 때에 신사가 제자에게 가르치며 말하기를 "사람은 곧 하늘이라. 고로 사람은 평등하여 차별이 없나니. 사람이 사람됨으로써 부귀와 빈천을 나눔은 이것이 하늘에 거슬리니. 우리 도인은 모두 부귀와 빈천의 차별을 철폐하여 선사(先師)의 뜻을 따름으로써 으뜸으로 삼기를 바라노라"[22]

「포덕」에서 신분질서의 문제점을 잘 설파한다. "우리 도 안에 양반 상민 같은 신분구별을 하지 말라. 우리나라는 두 가지 큰 잘못된 풍습이 있는데 적서 구별과 양반 상민의 구별이다. 적자와 서자의 구별은 집안을 망치는 근본이요 양반과 상민의 구별은 나라를 망치는 근본이다. 우리나라의 고질이다. 우리 도는 우두머리 아래 반드시 백 배 나은 큰 우두머리가 있으니 삼가시라. 서로 공경하고 계층을 구분하거나 차별하지 말라. 세상 사람은 다 한울님이 낳았으니 모든 사람을 한울 백성으로 공경해야 평화로워진다."[23] 사람이 곧 하늘이라는 법설에는 귀천을 가리지 말고 사람 그 자체를 존중해야 한다는 메시지가 있다.

「독공」에는 공부를 진실하고 꾸준하게 하는 것의 중요성이 나온다. 우리가 공맹이나 요순 같은 성현들에 대해 갖는 선입견을 불식시킨다. 스승을 뵙고 공부를 해보니 성현도 보통 사람처럼 평범한 일상을 지내지만 '독공'을 쉬지 않는 데서 차이가 있을 뿐임을 알린다. 누구나 마음먹기에 따라 범인과 성인으로 나뉘게 됨을 가르친 것이다. 그런데 이 법설에서 해월은 '나는 비록 통하지 못했다'고 말한다. 스승으로부터 깨친 바를 인정받았음에도 불구하고 하심하며 도통을 이루지 못했다고 한다. 이 말에서 해월의 낮은 자세와 겸손을 짐작할 수 있지만 실제 생각의 표현이라고 볼 수 있다. 천지조화와 합일이 될 때를 도통으로 여겼기 때문이다.

---

22 『천도교서』 10월 28일.
23 『해월신사법설』, 180쪽.

마음 공부하는 것이 다른 것이 아니라 밥 먹는 일과 다를 게 없다는 가르침에 숨은 뜻이 있다. 백성들을 대상으로 마음공부의 중요성을 알리고자 도를 '밥 먹는 일'에 비유한다. 생명 있는 사람 중에 밥 먹지 않는 사람이 없다. 그 자연스러운 도리가 바로 마음공부라고 새겨준 것이다. '밥=도'가 아니라 '밥 먹는 일=도'라고 하면서 마음공부가 바로 그렇게 특별한 것이 아니라 평범하지만 하지 않으면 안 되는 가장 중요한 일임을 가르쳤다. 가난하고 천한 사람이라도 '독공'의 진심만 있으면 도를 이루는 것이 가능하다는 것을 알렸다.

'만사지가 곧 밥 한 그릇'임은 세상 모든 일이 밥 먹는 일에서 시작하기 때문이다. 생명의 자양분을 키우는 밥에서 곧 만사를 알게 된다는 것이다. 넓은 천하도 밥그릇보다 넓지 않으며 만사의 근본이 밥 한 그릇이라고 보았다. 밥의 진리를 알 때 천하의 도리를 아는 것임을 강조한다. "해월신사께서는 천도의 대원을 들어 인간사회에 실현을 주장하시었다. 과거 종교들은 이상과 실제를 항상 생의 근본인 식 문제를 등한시하고 주장하였으며, 만사지가 밥 한 그릇이라 하심은 생의 근본인 밥에 진리를 잘 아는 데로부터 만리만사를 통할 수 있는 것을 도파하셨다."[24] 그러므로 밥을 먹을 때마다 심고하여 만사를 알아야 한다고 풀었다.

"사람이 마음공부하는 것은 물 마시고 밥 먹는 일과 마찬가지이다. 옛날 성현은 뜻이 특별히 남다른 표준이 있을 것으로 생각했으나 스승을 뵙고 마음공부를 한 뒤 별다른 사람이 아님을 처음 알았다. 다만 마음을 정하고 정하지 못하는 차이일 뿐이다.(중략) 나는 비록 통하지 못했으나 여러분은 먼저 대도를 통하기 바란다. 제갈량이나 강태공도 도통한 것은 아니다. 천지

24 유효, 「만사지가 밥 한 그릇」, 『천도교회월보』 195, 천도교중앙총부, 1927, 57쪽.

와 더불어 그 덕에 합해 천지조화를 행할 수 있어야 도통이라고 할 수 있다."[25]

「양천주」법설은 한문으로 기록되지 않고 한글로 되어 있다. 『해월신사법설』은 해월이 직접 저술한 것이 아니라 제자들이 해월의 말씀을 한문으로 기록하고 편집한 것이다. 그런데 이 대목은 한문 문장으로 편집하지 않았다. 한울을 모시자면 한울을 기르겠다는 마음 없이는 불가능하다는 말씀이다. 그래서 시천주하는 사람들은 양천주가 되어 있다는 의미이다.[26] 종자의 비유를 들고 있는데 식물의 씨앗은 생명을 씨앗 안에 갖추고 있는데 그 생명을 키우려면 땅에 심어야 한다. 땅은 종자를 모신 것이 된다. 종자가 이미 생명을 품고 있는 것처럼 사람이면 누구나 마음속에 한울이 있어서 한울을 기르고 모시는 일을 해야 한다는 것이다. 마치 종자를 심지 않으면 가을에 추수할 곡식이 없듯이 한울을 기르지 않으면 한울이 없는 것과 마찬가지가 된다. "한울을 양(養)할 줄 아는 자라야 한울을 모실 줄 아나니라. (중략) 한울을 양(養)한 자에게 한울이 있고 양(養)치 않는 자에게는 한울이 없나니, 보지 않느냐 종자를 심지 않은 자 누가 곡식을 얻는다고 하더냐."[27]

한울을 모신 사람만이 한울을 기를 수 있는 것, 기르는 것은 아직 성장하지 않은 상태를 보살펴 자라게 하는 일이고 모시는 것은 가까이 있으면서 소중히 여기는 일이다. 모신 뒤에 기를 수가 있는데 모시거나 기르는 것은 모두 마음을 내어 보살피는 것이다. '기르다'와 '모시다'의 공통점은 마음을 기울여 보살피는 것이며 기르는 것은 성장을 돕는 일이고 모시는 일은 마음을 다해 받들고 섬기는 일이다. 기르고 모시는 일은 마음에서 절로 우러나와야

---

25 『해월신사법설』, 94~99쪽.
26 최동희, 「해월 선생의 생애와 사상」, 『신인간』 370, 신인간사, 1979, 40쪽.
27 『해월신사법설』, 153쪽.

가능한 일이지 일부러 마음을 먹어서 가능한 일이 아니다. 동학의 도를 공부하는 것은 지식을 습득하는 공부가 아니라 마음이 본래 타고난 바를 잘 살피고 발현하는 일이다. 해월은 '양천주'를 통해 '시천주'의 중요성을 가르쳤다.

해월의 법설은 쉬운 비유로 이루어져 있는데 누구나 알아들을 수 있도록 하기 위한 것이다. 생활 속에서 마음공부를 하고 도를 깨쳐가는 일을 이뤄낸 사람답게 그 길을 안내한다. 한울을 모시고 기르는 일은 종자에 갖춰진 생명원리와 그 종자를 심고 가꾸는 것에 비유하였고, 한울의 이치를 깨닫는 일은 "갓난아기의 순수한 마음을 회복하고 확실하게 천지 이치를 분별하는 것"[28]이라 설명한다. 갓난아기의 마음이 곧 마음공부의 경지라고 설명한다. 아이의 마음을 갖는 것이 사람의 본래 마음을 찾아가는 것임을 전하기 위해 '아이 비유'를 들었다.

「대인접물」법설은 이필제가 문경에서 잡히자 영월로 피신해 있을 1871년 12월에 하신 말씀이다.[29] 사람과 사물을 대할 때 마음자세에 대한 가르침인데 한마디로 요약하면 사람 대할 때 어린아이 대하듯 하라는 것이다. 아이를 때리는 것은 한울님을 때리는 것이니 한울님이 싫어하고 기운이 상하며, 악한 사람도 선으로 대하라 한다. 악인을 피할 수는 있어도 선으로 대하는 일은 아무나 할 수 있는 일이 아니기에 해월이 어떤 경지에 있었는지 알 수 있는 말씀이다. 해월은 나도 감정이 있는 사람이지만 화를 내지 않는 것은 도가 상해 한울님을 봉양하지 못하기 때문이라고 말한다, 한울님을 모시고 기르는 해월의 마음을 솔직하게 드러낸 말씀이다.

---

28 『해월신사법설』, 40쪽.
29 『해월신사법설』, 66쪽.

4. 포덕의 결과, 영해가 일어나다

영해의 거사는 동해안 지역을 중심으로 한 동학세력이 집결하여 일으킨 변혁운동이었다. 스승의 신원운동이 거사의 명분이 되면서 각 지역의 접주들이 영해로 집결하는 계기를 만들었다. 교조신원의 명분이 설득력을 얻고 많은 동학교도들이 모여 거사를 도모하고 실제 추진해냈다. 동해안의 다른 지역들도 포덕이 되어 있었고 그곳 역시 중요한 거점 지역이었다. 그런데 왜 영해에서 가장 먼저 움직임이 가능했는가.[30] 영해에 혁명가 이필제가 등장한 것이 제일 중요 원인이 되겠지만 그 배경에는 영해의 오랜 갈등과 영해 접주 박하선의 죽음이 있다. 지배층의 박해가 심할수록 포덕은 이어지고 거사의 환경은 무르익어 갔다.

조선후기 영해는 영덕과 동일하게 군 단위였으나 1914년 일제가 영해군과 영덕군을 통합하여 영해를 영덕군의 하위 행정단위로 포함시켰다. 일제는 동학이 휩쓴 영해를 강등하여 세력을 약화시키려고 한 것이다. 그렇지만 현재에도 영덕은 남쪽, 영해는 북쪽의 중심지 역할을 한다. 『도원기서』에 따르면 이필제가 1870년 7월에 영해로 잠입해 영해접주 박하선의 죽음의 배경을 파악한다. 향교의 실권을 두고 다투면서 서얼 출신 신향들이 밀려나고 동학도들이 구향에게 탄압을 받은 사실도 알아낸다. 이미 1864년 수운이 처형된 후 신향에 속하는 동학도들은 구향의 밀고로 체포되어 장독으로 죽게 되는데 대표인물이 박하선이었다.[31]

---

30 성주현, 「초기 동학 교단과 영해지역의 동학」, 『동학학보』 30, 동학학회, 2014, 80쪽. 영해는 1862년 6월 해월 최시형에 의해 본격적으로 포교되었다. 『영해부적변문축』 임영조의 심문 진술에는 영해에는 장정이 부족해 먼저 거사를 꾸몄고 이후 진보, 영양, 평해로 진격하려 했다고 한다.

31 『신미아변일기』 1871년을 기준으로 "6~7년 전에 동학이 이곳에 들어와 소굴을 만들어 무리를 모아 가르치자 유생들이 탄압했다."는 것을 보면 이미 영해에는 구향이 동학 탄압을 심하게 했던 것이다.

영해 구향의 동학교도 탄압은 영해 거사의 중요한 계기가 되었다. 서얼 출신의 신향들은 세력이 약해서 향교 향임 자리도 맞지 못했고 신향 쪽 인계 서원도 철폐되었다. 이런 사건이 쌓이면서 구향과 신향은 원수처럼 사이가 벌어졌다. "신향배는 동학이라는 설"(백중목), "구향과 신향이 함께 어울리기를 바라는 것은 얼음과 숯불과 같다."(남교엄)[32] 이런 상황에서 영해접주를 고발해 죽음에 이르게 한 것은 동학교도인 신향세력에게 원한을 사는 일이 되었다.

포덕과정에서 영해는 주요 거점지역이었다. 교조 수운이 암행어사에 체포되기 전 마지막으로 생일을 보낸 지역이 영해이며, 스승의 시신을 모시고 용담정까지 간 인물이 영해접주 박하선이다.[33] 경주 용담으로 상징되는 동학의 연원이 영해로 그대로 이어지고 있었음을 짐작할 수 있다. 경주와 영해의 지리적 거리와 심리적 거리가 얼마나 가까웠나를 짐작하게 한다. 영해는 경주의 북쪽으로 이해될 만큼 친연성이 강했다. 스승 생일에 각 지역 대표접주들이 모여들고 스승과의 모임에 대표 자격으로 각 접주들이 모여들었겠지만 영해접주도 스승의 지근거리에 있는 제자들 중 한 사람이었다.

지리적 친연관계는 경주와 영해의 물리적인 거리의 근접성에서도 비롯한다. 스승 사후 해월이 영해부 속현인 영양 일월산에 은거한 사실에서도 알수 있다. 영해의 연장선에 일월산이 놓여 있었다. 영해는 경주 용담의 확장으로 동학을 이어가는 중요 기점이었다. 이렇듯 영해는 스승과 친연을 바탕으로 도맥을 잇고 넓히는 중요한 지역이었던 것이다. 또한 해월의 일월산 은도 시기에 영해동학을 촉발하고 이끈 혁명가 이필제 역시 1870년 7월

---

32 『교남공적』 5월 4일.
33 성주현, 「초기 동학 교단과 영해지역의 동학」, 『동학학보』 30, 동학학회, 2014, 86쪽.

영해에 와 있었다.[34] 『나암수록』에 따르면 이필제가 자백한 내용으로 병인년 (1866)에 영해 땅을 찾아 동학교인들과 교류했다.[35] 이필제가 거사를 목적으로 영해를 주목하고 해월의 은거지를 찾아들었다는 것이다.

이필제 중심의 거사로 영해부 관아 입성은 큰 무리없이 가능했으나 영해부를 관군의 공격으로부터 지켜내는 일은 아예 시도조차 하지 못했다. 물론 영덕으로 진군하자는 이필제의 제의가 있었으나 동학교도들은 받아들이지 않았다. 영해부를 점거하는 날 영해부민들은 도망을 가면서 성이 비었다. 그들은 동학교도의 입성을 환호하지도 방해하지도 않았다. 밤새 영해부를 벗어나 도망을 치거나 집에 숨어서 나오지 않는 사람이 대부분이었다. 동학이라는 깨친 민중의 조직적인 움직임에 직접 의사를 표시하지 못하고 숨어버렸다. 영해지역과 달리 영양 수비에서는 "관군이 출동했다는 소식이 들리자 동민들은 동학도들을 붙잡기 시작했다."[36]

당시 영해와 영양의 민심이 다른 것을 알 수 있는 대목이다. 영해는 동학 세력에 반기를 들거나 공격하는 일이 없이 관망했다면 영양은 관군에 협조적이었다. 영양 민심을 두고 지배층에 자발적으로 협력했다고 비판할 수 있지만 관군의 횡포나 협박에서 거리를 두기 위한 선택으로 볼 수 있다. 영양 일월산 일대의 민심은 관군과 동학군 사이에서 가장 현실적인 생존을 선택한 것이다. 혁명에 가담하지 않은 민초에게 동학의 개벽 세상은 현실에서 이루기 힘든 이상에 불과했다. 혁명을 일으킨 세력은 진정성을 인정받기까지 시간이 필요한데 모순적이게도 혁명은 시간을 담보할 수 없었다.

이필제는 민란으로 들끓는 혼란한 세상을 구제하고 자신의 포부를 실현

---

34 이이화, 「조선후기 향촌사회 지배구조와 영해지방의 동학변혁운동」, 『1871년 경상도 영해동학혁명』, 모시는사람들, 2014, 22쪽.

35 『나암수록』, 1871년 8월.

36 『교남공적』

하기 위해 혁명을 이끌었다. 전국을 누비며 사람들을 불러 모으고 설득하며 거사를 도모했으나 성공한 거사는 영해동학이 전부이다. 해월이 이필제의 사람됨을 알아보는 과정에서 이미 여러 차례 민란을 주도한 이력을 알았을 것이다. 거기다가 민란 주도 후 실패로 이어지고 수배령이 내려진 자라는 걸 전혀 모르지 않았다고 볼 수 있다. 비록 황당한 생각을 하는 인물이지만 세상을 변혁하겠다는 굳은 의지와 수배자가 된 처지는 해월의 이해를 얻을 만했다. 해월이 이필제를 안정적인 인물로 여기지는 않았으나 거사를 통해 동학교도들의 목소리를 세상에 알리는 역할을 할 사람으로 간주했다.

이필제의 인물됨은 평범을 넘어선 외모에서도 드러나지만 무인의 기질과 학식을 갖춘 선비였다. 많은 사람들이 이필제의 언변에 넘어갔다는 것은 그만큼 그의 주장이 설득력이 있었다는 말이다. 또한 정감록에서 예언한 미래를 기다리는 사람은 이필제의 남다른 면모를 보고 적극적으로 지원을 아끼지 않았다. "이필제가 만난 사람들이 쉽게 이필제의 논리에 제압되고 그와 더불어 함께 하기를 결정하게 된 원인 역시 북벌 논리와 정감록적 메시아 논리가 주효했을 것이다."[37] 민란으로 세상이 어지러운 때에 혁명을 통해 새로운 세상을 염원하는 일은 지극히 자연스러운 일이었다.

해월은 이필제의 제의를 받아들였다. 아무도 먼저 말을 꺼내지 못하는 상황에서 동학교도들을 종용하고 거사를 꾀하자는 이필제가 부담은 되나 반가운 존재이기도 했을 것이다. 교조의 억울한 죽음을 씻고 원한을 푸는 일은 제자된 도리로 급하게 서두를 일이었다. 그런 해월의 마음을 이필제가 모를 리가 없었다. 이필제가 동학에 입도했다고 하는 설[38]과 하지 않았다는 설이

---

37 임형진, 「혁명가 이필제의 생애와 영해」, 『1871년 영해동학혁명』, 모시는사람들, 2014, 127쪽.
38 표영삼, 『동학』 1, 통나무, 2004, 362쪽. 피신 중에 용담으로 수운을 찾아가 입도했을 가능성이 크다.

있으나 해월의 관점에서 이필제는 교조신원을 감행하는 동지였다. 물론 거
사 후 취조와 심문 내용에는 교조신원이라는 말이 아예 등장하지 않지만 동
학교도라면 영해 거사의 명분이 무엇인지 모를 수가 없었다.

그러나 스승 사후 안정을 되찾아가는 중이고 포덕을 펼쳐야 하는 단계에
서 쉽게 결정할 일은 아니었다. 해월은 올곧게 그때를 계속 살펴보는 와중
이었고 이필제와 의기투합한 교도들은 그때가 이미 닥쳐왔다는 생각을 고수
한다. 해월은 동학교도들의 의중을 확인했고 그들의 뜻이 흔들리지 않을 것
이라는 것을 알고 이필제의 주장에 동의를 한다. 결국 영해거사로 다시 쫓
기는 몸이 되어 좀 더 신중하지 못했음을 아파한다.[39] 신중에 신중을 더해도
거사 제의를 거절하기는 어려웠을 해월의 고충이 있다. 만약 해월이 거사를
반대했다면 조직 내부의 의견이 대립되었을 수도 있다. 거사의 모든 책임이
본인에게 있음을 뼈아프게 반성하지만, 다시 1871년으로 돌아가도 그 선
택을 하지 않을 수 없었을 해월의 고뇌를 생각한다.[40]

혁명의 실패는 동학교도의 발본색원으로 이어지고 조직은 위기에 처한
다. 거사 다음 날부터 관군의 공격은 협공을 통해 집요하게 이어진다. 첫날
부터 『영해부적변문축』 기록에는 타살당한 동학도들이 나온다. 세상을 바
꾸려고 목숨 걸고 도전한 동학교도를 역성혁명 세력으로 간주하여 응징하
는 차원에서 가장 잔인한 방법을 찾은 것이다. 역모를 꾸민 세력을 처단하
는 방법으로 타살이 여러 차례 나온다. 이군협의 심문 내용을 보면 영해 거
사에서 해월은 기획과 자금을 맡고 있었고 진행과정을 함께 준비한 것을 알

---

39 『도원기서』에 따르면 희생된 동학도는 300여 명, 백여 명은 유배되거나 처형되었고 이백여 명
　은 떠돌이가 되었다.
40 표영삼은 "1871년 영해교조신원운동은 실패로 끝났으며 모처럼 되살린 동학조직도 또다시 지
　하로 숨어들게 되었다."(『동학』 1)고 썼다. 성주현, 『동학과 동학혁명의 재인식』, 국학자료원,
　2010, 107쪽.

수 있다. '문서 내용과 첩지는 이제발(이필제)이 작성하고 박한용과 강사원이 배서를 했다. 거사 준비에 필요한 비용은 최경오(해월)가 도맡아 마련했으며 갓과 푸른 도포는 동학을 상징하는 표상이라는 것'[41]을 알 수 있다.

효수된 동학교도들의『교남공적』심문 내용을 보면 동학이 추구한 가치가 드러난다. 동학의 도를 닦던 도인들의 수행의 깊이는 심덕으로 빛을 발한다. 심문에 망설임 없이 당신들이 추구한 세계를 드러내며 혁명은 반드시 일어난다는 신념을 '개벽'의 언어로 토해 놓는다. 자신의 죽음을 객관적으로 응시하며 인간이면 누구나 차별없이 행복해야 한다는 입장에 변함이 없었다. 영해 동학도들의 철학과 신념이 얼마나 당당했던 것이었는가를 새삼 확인할 수 있다. 죽음의 순간까지 세상에 전하려 한 것은 누구나 인간답게 살 권리가 있다는 것이었고 도인들의 목소리는 영해동학의 진정성을 드러냈다.

4월 23일 기록을 보면 "역성혁명으로 세상을 변화시키려고 하는가?"라는 물음에 권석중은 영해의 선비로 새로운 세상이 온다는 것은 이미 머금고 있다가 깨뜨리고 나오는 '개벽'이라고 대답한다. 개벽은 멀리서 오는 것이 아니라 이미 우리 안에 갖춰져 있으니 때를 만나 발화한다는 확고한 생각을 펼친다. 영해접주 박하선의 아들 형제는 죽음 앞에 당당하게 맞선다. "거사에 참가해 한번 죽는 것이다." 막내 동생 박영각까지 모두 효수되었다. 4월 24일 박한룡도 효수를 당했는데 "누구나 하늘 상제님을 모시고 섬기는 21자 주문처럼 차별 없이 행복하게 살아가는 자존의 무극대도가 우리들이 바라는 세상이다. 천지신명도 하늘에 고한 축문을 들었다면 앞으로 백 년 안에 후천개벽의 시대가 열릴 것이다."라고 말했다.

해월에게 영해 거사는 본인이 감당해야 할 포덕의 과정이었고 스승을 잃

---

41 『교남공적』 5월 1일

은 동학교도들 역시 그 연장선에 놓인 사람들이었다. 억울한 스승의 죽음을 세상에 알리고 동학의 가치를 인정받아야 할 사명이 있었다. 이필제의 설득 여부와 상관없이 동학이 가고자 하는 길을 천하에 목소리 높여 드러내야 했다. 다만 그때가 적절한가를 생각했을 뿐이다. 우묵눌의 시간을 보낸 뒤 함성을 천하에 뿌리겠다는 의지가 영해동학에서 시작되었다. 동학교도들의 마음을 이필제가 견인해내는 역할을 한 것이다. 많은 사람이 죽거나 쫓기는 비참한 사태를 예상하는 것은 물론 자신의 최후를 감히 무릅쓰겠다는 동학교도의 다짐을 해월은 막을 수 없었다.

해월은 이필제의 반응에 극구 반대하지 않고 그의 의견을 따랐다. 스승 사후 7년을 은도하며 포덕을 펼쳤지만 때가 되지 않았다는 것을 알고 있었다. 그러나 이미 이필제와 의기투합이 된 동학교도들의 마음을 먼저 헤아렸다. 더 기다린다고 왕조가 동학을 승인하리란 기대를 하기도 어려웠다. 역적이나 난도로 오해받는 누명을 벗어버리고 싶지만 적절한 때가 아니었다. 때라는 것이 마냥 기다린다고 오는 것이 아니라 스스로 때를 만들어내기도 해야 했으므로 이필제의 의견이 완전히 틀렸다고 볼 수도 없었다. 혁명은 그때를 앞당길 수도 있고 더 지연시킬 수도 있었다. 혁명이 가진 양날의 칼을 이필제는 앞당기는 일에 쓰려고 했다면 해월은 양날의 칼이 동시에 쓰일 때를 모색하는 길 위에 있었다.

5. 맺음말

이상에서 1871년 당시 영해동학을 바라보는 해월의 관점을 짚어보기 위해 그의 삶과 철학이 담긴 기록을 고찰하였다. 해월의 일화와 말씀을 통해 해월의 도량이 어디까지 미치는지 부족한대로 생각해보았다. 동학이 한국의 자생적인 근대의 첫 출발이라면 영해동학은 그 싹을 보여주는 일이었다. 동학은 조선과는 다른 새로운 주체가 드러난 철학이자 현실변혁 운동으로 평가할 수 있다.[42] 영해동학에서 이필제는 직접적인 역할을 수행했으나 거병을 수락한 해월의 결단 없이는 불가능한 일이었다. 이필제를 영해동학의 동력으로 수용한 해월은 수도 중심의 지도자이기만 한 것이 아니라 현실변혁의 지도자였다.

먼저, 해월의 삶을 기록한 『도원기서』를 통해 해월을 이해하고자 했다. 밥을 굶을 환경에서도 스승의 가족을 돌봤으며 사모님과 형제들을 지극하게 보살핀다. 스승의 말씀이면 그대로 따랐고 스승 사후의 '고비원주' 역시 한 치도 틀리지 않게 따랐다. 험산 산속에 숨어 살면서 포덕을 펼쳐낸 해월은 사실상 영해에서 거사를 일으킬 동력을 만들어 놓은 셈이다. 물론 외부의 힘인 이필제의 등장으로 거사가 구체적으로 가능해졌으나 이미 동학교도들의 응집력이 확고하게 갖춰져 있었다고 볼 수 있다. 이필제의 거사 제의를 굳이 거절하지 않은 해월의 사람됨에서 배려의 깊이를 확인할 수 있었다.

3장에서는 해월의 도량을 감히 헤아릴 처지는 못 되어 영해 거사 전후의 법설을 통해 그 도량을 이해하고자 하였다. 해월은 생활 속에서 누구나 쉽게 알아들을 수 있도록 비유의 법설을 펼쳤다. 스승으로부터 깨달음을 인정받아도 하심하는 마음을 놓지 않았고 실제 깨달음은 수련의 과정 자체로 보는 자세를 견지했다. 이것은 겸손의 문제가 아니라 도를 바라보는 수행의 철학에서 드러나는 모습이다. 신분질서로 왜곡된 조선후기 사회현실을 해결할 수 있는 평등한 세상을 주장한 해월은 시대를 일찌감치 내다본 선지자였음을 알 수 있었다.

---

42 조성환, 「동학의 자생적 근대성: 해월 최시형의 인간관과 세계관을 중심으로」, 『신학과 철학』 36, 서강대 신학연구소, 2020, 227쪽.

마지막으로 해월이 영해에서 거사를 이끈 이필제를 어떻게 이해했는가를 생각해보았다. 단순히 이필제의 의지로 이뤄진 일이 아니라 동학세력의 응집된 힘이 이필제라는 도화선을 만나면서 촉발했다. 그러나 영해 거사는 1일 천하로 끝나고 모진 수배의 시간이 이어지면서 몸을 숨겨야 했다. 스승 사후 교단을 재건하기 위해 포덕해 온 노력이 모두 무너지는 순간이 되었으나 영해거사에 참여했던 동학교도들의 증언을 보면 모진 박해에도 불구하고 '개벽'은 오고 있음을 확신하고 있었다. 이들의 말을 되돌아보면 해월의 생각도 그 말 안에 같이 녹아 있다. 결국 개벽의 때를 앞당기기 위해 해월은 영해의 거사를 승인하고 경제적인 지원을 아끼지 않았던 것이다.

참고문헌

『崔先生文集道源記書』
『천도교서』
『해월신사법설』
『신미아변일기』
『교남공적』

권병덕, 「해월신사와 이적」, 『천도교회월보』 270, 1934.
김기현, 『자유를 향한 영웅들』, 한국지방세연구회, 2015.
김용휘, 「해월 최시형의 자연관과 생명사상」, 『철학논총』 90, 새한철학회, 2017.
김탁, 「조선후기의 예언사상:이필제 사건을 중심으로」, 『한국종교』 34, 원광대종교문제
　　연구소, 2010.
남연호, 「동학의 '천주天主'를 '하늘님'으로 표기하자는 주장에 대하여」, 『동학학보』 59,
　　동학학회, 2021.
박맹수, 「동학농민혁명의 전개와 해월 최시형의 역할」, 『해월신사법설강독』, 한알자료
　　집, 2022.
　_____, 「동학계 종교운동의 역사적 전개와 사상의 시대적 변화—동학과 천도교를 중심
　　으로」, 『한국종교』 37, 원광대종교문제연구소, 2014.
　_____, 「최시형 연구」, 한국학중앙연구원 박사논문, 1996.
　_____, 「동학혁명의 문화사적 의미」, 『문학과 사회』, 문학과사회, 1994 봄호.
　_____, 「해월 최시형의 초기행적과 사상」, 『청계사학』 3, 청계사학회, 1986.
성주현, 「초기 동학 교단과 영해지역의 동학」, 『동학학보』 30, 동학학회, 2014.
　_____, 『동학과 동학혁명의 재인식』, 국학자료원, 2010.
양태진 번역 · 주해, 『정감록』, 예나루, 2013.
오문환, 『해월 최시형의 정치사상』, 모시는사람들, 2003.
유효, 「만사지가 밥 한 그릇」, 『천도교회월보』 195, 천도교중앙총부, 1927.
윤대원, 「이필제, 때 이른 민중 지도자」, 『내일을 여는 역사』 21, 내일을여는역사, 2005.
윤석산, 「해월 선생의 행적」, 『동학연구』 20, 동학학회, 2006.
　_____, 『최시형의 삶과 사상』, 모시는사람들, 2021.
이이화, 『이이화의 동학농민혁명사』 1, 교유서가, 2020.
　_____, 「조선후기 향촌사회 지배구조와 영해지방의 동학변혁운동」, 『1871년 경상도 영
　　해동학혁명』, 모시는사람들, 2014.
조성환, 「동학의 자생적 근대성」, 『신학과 철학』 36, 서강대 신학연구소, 2020.
최동희, 「해월의 종교체험에 대한 이해」, 『동학연구』 8, 동학학회, 2001.

_____, 「해월 선생의 생애와 사상」, 『신인간』 370, 신인간사, 1979.
표영삼, 『동학』 1, 통나무, 2004.
_____, 『동학』 2, 통나무, 2014.
해월사모담, 「해월신사일상생활」, 『천도교회월보』 165, 천도교중앙총부, 1924.
http://www.chondogyo.or.kr/niabbs4/bbs.php?bbstable=haewol

이필제의 입장에서 본 1871년 영해

-영해 거사의 진실을 찾아서-

김영진(경희대학교 후마니타스칼리지 교수)

이필제의 입장에서 본 1871년 영해
-영해 거사의 진실을 찾아서-

1. 머리말

이필제가 주도한 영해 거사(寧海 擧事, 신미년, 1871)는 모순된 봉건 체제에 대한 반발로 일어난 임술민란(1862년)의 연장선에서 접근해볼 필요성이 있다. 민생을 도탄에 빠트린 삼정의 문란을 바로 잡기 위해 삼남지방의 농민들이 봉기하였듯, 이필제 역시 부패한 봉건 관리와 '조선왕조를 전복시키기 위해'[1] 영해 거사를 일으켰다. 과거에 '밀고자'[2]가 있어 진천작변(鎭川作變)을 실패했던 이필제가 관을 피해 진주로 숨어들어 같은 뜻을 지녔던 정만식(鄭晚植), 심영택(沈永澤), 성하첨(成夏瞻), 양영렬(楊永烈), 양성중(楊聖仲) 등과 조우했다. 당시 이들은 조선의 '민정이 황급한 탓에 장차 대사를 일으켜 백성을 구하려 뜻을'[3] 지니고 있었는데, 조선의 모순적 체제에 불만을 품고 거사를 준비하던 몰락한 양반들이었다. 이필제 또한 시, 서, 춘추에 능하여 일찍이 무과에 급제하고도 벼슬은커녕 '이선달'로 하대받으면서 현실사회에 불만을 품고 새로운 세상을 만들고자 변혁을 꿈꾸고 있었다. 그들이 쉽게 의기투합

---

1 윤대원, 「이필제, 때 이른 민중운동의 지도자」, 『내일을 여는 역사』 제21호, 신서원, 2005, 34쪽. 이필제는 무과에 급제하고도 벼슬길에 오르지 못하여 '이선달'로 불려야 했던 현실에 불만을 품고 새로운 세상을 만들고자 변혁을 꿈꾸기 시작했다.

2 윤대원, 같은 논문, 35쪽. 1869년 4월 포도청에 이홍(李泓)이라는 인물이 '조선왕조를 전복할 난을 꾸미고 있다.'라는 밀고가 있었다. 이홍(李泓)의 본명은 이필제였다.

3 윤대원, 같은 논문, 36쪽. 정만식(鄭晚植)이 선산(善山) 유학(幼學) 심영택(沈永澤)을 만나 "지금의 민정이 황급함을 보고 나는 장차 대사를 일으켜 백성을 구하려 한다."라며 숨은 뜻을 내비친 적(1849년 2월) 있다.

하여 거사를 계획했던 것은 조선의 모순된 체제에 저항하는 정신을 공통분
모로 지녔기 때문이다. 비록, 이들의 작변이 '진주 유학자 조용주(趙鏞周) 형
제' 등의 고변으로 실패했지만 부패한 봉건 관리와 양반 지주의 착취 그리고
서구열강의 위협에도 권력 다툼만을 일삼던 왕조에 대한 저항정신으로 일어
난 임술민란의 성격과 맥을 같이 한다. 나아가 이필제가 주도한 영해 거사
는 ①'수운 선생의 부끄러움을 깨끗이 씻어내는 것'과 ②'세상 사람들의 재앙
을 구제하려는 것' 중 ②의 명분이 중요하게 작용하기 때문에 민란의 성격을
띠고 있다. 다만, 자연발생적이고 비조직적으로 발생한 민란과 달리 이필제
의 영해 거사는 선봉에 선 불만 지식인들 몇몇이 무력을 통해 체제를 전복시
키려는 것을 목적으로 두었다는 점에서 결을 달리한다. 특히, 영해 거사에
서 관아를 장악한 이필제가 주민들의 호응을 전혀 얻지 못하고 끝내 도주했
다는 점에서도 민란과는 차별화된다고 할 수 있다. 그런데도 사실 이념, 전
략, 전술의 측면에서 약점이 있다는 민란과 대중 조직과 결합하지 못한다는
결함을 지닌 병란 모두 전국적이고 조직적인 민중운동으로 발전하지 못했
다. 민란과 병란의 개념 자체가 모호하여 이현령비현령으로 대입하면 둘 다
민란이자 병란이다. 이런 이유로 거시적으로 접근하면 민란과 병란은 대대
적인 민중봉기로 발전하기 전 과정으로 볼 수 있다.

그동안 역사학계는 난(亂)을 규정하는 개념 때문에 영해 거사를 이필제란
(李弼濟亂)이라고 이름을 붙여, 이필제의 거사를 조선의 사회적 모순이 격화
되면서 민중의 세력이 강화되는 하나의 현상으로 이해하거나,[4] 갑오동학농
민란으로 발전하기 전의 과도기적 단계로 평가했다.[5]

---

4 韓㳓劤,『東學亂 起因에 관한 硏究』, 서울: 서울대학교출판부, 1971, 69쪽 각주 257.
5 김의환,「신미년(1871) 이필제란고—동학과의 연관성을 중심으로」,『한국근대사연구논집』, 서
   울: 성진문화사, 1972; 김의환,「신미년(1871) 이필제난」,『전통시대의 민중운동 하』, 서울: 풀
   빛, 1981.

비교적 최근, 영해 거사 관련 자료가 계속 발굴되면서 다양한 해석을 요
구하는 연구 성과들이 축적되고 있다. 그런데 교단측 자료[6]를 참고한 연구
와 관변측 자료[7]를 참고한 연구가 관점을 달리해 영해 거사를 바라보고 있
다는 점이다.[8] 대부분의 연구는 이필제 개인에 대한 평가뿐 아니라 그가 주
도한 거사에 '의거, 사건, 사변, 작변, 병란, 변란, 적변, 동학 최초의 교조
신원운동, 혁명, 한반도에서 처음으로 성공한 근대 시민혁명[9] 등 다양한 해
석과 명칭을 부여하고 있다. 사실, 역사 연구에서 일련의 사건을 두고 용어
나 명칭을 규정하는 일은 연구자의 개인적인 시각과 관점, 연구가 이루어진

6 『天道敎會史草稿』, 『天道敎創建史』, 『侍天敎歷史』.
7 『慶尚監營啓錄』, 『右捕廳謄錄』, 『嶠南公蹟』, 『辛未衛變時日記』, 『寧海府賊變文軸』, 『日省錄』, 『推
案及鞫案』.
8 김의환, 「신미년(1871) 이필제란고-동학과의 연관성을 중심으로」, 『한국근대사연구논집』, 서
울: 성진문화사, 1972; 김의환, 「신미년(1871) 이필제난」, 『전통시대의 민중운동 하』, 서울: 풀
빛, 1981; 韓㳓劤, 『東學亂 起因에 관한 硏究』, 서울: 서울대학교출판부, 1971; 윤대원, 「이
필제란의 연구」, 『한국사론』 16, 서울대 국사학과, 1987; 윤대원, 「이필제, 때이른 민중지도
자」, 『내일을 여는 역사』 제21호, 신서원, 2005; 윤대원, 「19세기 변란 참가층의 사회적 관계망
과 존재양태」, 『한국문화』 60, 서울대학교 규장각한국학연구원, 2008; 박맹수, 「해월 최시형
의 초기 행적과 사상」, 『청계사학』 제3집, 청계사학회, 1986; 박맹수, 「최시형 연구」, 한국정신
문화연구원 박사학위논문, 1996; 이이화, 「동학혁명의 선구」, 『學園』 1호, 학원사, 1985; 이이
화, 「이필제: 조직적 민중봉기의 지도자」, 『한국근대 인물의 해명』, 서울: 학민사, 1985; 이이
화, 「이필제-홍경래와 전봉준을 잇는 탁월한 혁명가」, 『이야기 인물한국사 4』, 서울: 한길사,
1993; 표영삼, 「동학최초의 신원운동」 상·하, 『신인간』 398~399호, 신인간사, 1982. 5·6~7
월; 표영삼, 「신미 교조신원운동의 분석」 상·중·하, 『신인간』 456~459호, 신인간사, 1988. 1
~4·5월; 표영삼, 「동학의 신미 영해 교조신원운동에 관한 소고」, 『한국사상』 제21집, 한국사
상연구회, 1989; 표영삼, 「영해 교조신원운동」, 『신인간』 492호, 신인간사, 1991. 3월; 연갑수,
「이필제 연구」, 『동학학보』 제6호, 동학학회, 2003; 장영민, 「1840년 영해향전과 그 배경에 관
한 소고」, 『충남사학』 제2집, 충남대학교 사학회, 1987; 장영민, 「1871년 영해 동학란」, 『한국
학보』 제47집, 일지사, 1987; 장영민, 『동학의 정치사회운동』, 서울: 경인문화사, 2004; 배항
섭, 「19세기 후반 '변란'의 추이와 성격」, 『1894년 농민전쟁연구 2』, 서울: 역사비평사, 1992. 5
월; 배항섭, 『조선후기 민중운동과 동학농민전쟁의 발발』, 서울: 경인문화사, 2002; 조경달 지
음, 박맹수 옮김, 『이단의 민중반란: 동학과 갑오농민전쟁 그리고 조선 민중의 내셔널리즘』,
서울: 역사비평사, 2008; 김양식, 「19세기 후반 조선사회의 민란과 변란」, 전북사학회 編, 『동
학농민혁명의 기억과 역사적 의의』, 정읍시: 전북사학회, 2011; 임상욱, 「이필제와 최시형: 영
해 '동학' 혁명의 선도적 근대성」, 『동학학보』 제30호, 동학학회, 2014; 박세준, 「종교사회학적
관점에서 바라본 1871년 영해사건 연구」, 『동학학보』 제60호, 동학학회, 2021.
9 김기현(편저), 『최초의 동학혁명-병풍바위의 영웅들』, 서울: 황금알, 2005, 32-34쪽; 김기
현, 「1871년 영해동학혁명의 사료와 자취」, 『동학학보』 제30호, 2014, 11쪽.

시기의 여러 조건들에서 비롯된 역사 인식의 다층성을 반영할 뿐 아니라 연구자 개인의 막중한 책임이 따르는 지난한 작업이다. 따라서 용어를 성급하게 규정하기에 앞서 이필제가 주도한 영해 거사의 진실에 한 발 더 다가서려는 노력이 선행될 필요가 있다. 지금껏 영해, 영덕지역의 동학 관련 연구는 다른 어떤 지역보다도 활발하게 연구 성과들을 내기 위한 목적으로 꾸준히 학술대회가 이어져 왔다. 2014년에 '1871년 경상도 영해 동학혁명'을 시작으로 2021년에는 수운회관 천도교종학대학원에서 '1871년 영해 사건 150주년 기념 콜로키움'이 진행되었었다.

2. 해월을 향한 이필제의 오고초려(五顧草廬)

이필제가 조선 역사에 처음 등장한 건 진천작변(鎭川作變, 1869년 4월) 이후이다. 그로부터 일 년이 채 되지 않은 1870년 2월 이필제는 또 진주작변(晉州作變)을 도모하다가 '진주 유학자 조용주(趙鏞周) 형제 등의 투서로 체포령이 발령되자 경상도와 강원도 일대'[10]로 피신한다. 그는 1870년 7월 영해(寧海)로 잠입하여 동학의 지도자 이수용(李秀用, 李仁彦)을 만나면서 박사헌(朴士憲, 朴永琯)과도 친분을 쌓는다. 박사헌은 부친 박하선(朴夏善)이 관에 체포되어 심한 고문을 받아서 풀려났지만 장독(杖毒)으로 사망하였다고 했고, 영해 동학도들이 구향배(舊鄕輩)들에게 탄압받아 온 사실도 털어놓았다. 이런 사실을 알게 된 이필제는 동학도를 선동하면 변란을 꾸밀 수 있다는 생각을 했다. 그리하여 그는 억울한 죄명으로 순도한 수운 대신사의 신원을 내세웠다. 결국 박사헌을 위시하여 이수용(李秀用, 李秀龍), 권일언(權一彦, 權一元),

---

10 임형진, 「혁명가 이필제의 생애와 영해」, 『동학학보』 제30호, 동학학회, 2014, 124쪽.

박군서(朴君瑞) 등이 호응해 주었다.[11] 영해 접주 박하선(朴夏善)의 아들 박사헌은 동학 교주인 해월과의 만남을 자연스럽게 이어주는 오작교 역할을 하기에 충분한 인맥이었다. 이것이 이필제의 해월을 향한 오고초려(五顧草廬)의 시작이었다.

이필제는 당시 일월산(日月山, 해발 1,219m, 영양군 일월면 용화리 소재) 윗대치(上竹峴)에 은거하던 해월에게 이인언(李仁彦), 박군서(朴君瑞), 이인언(李仁彦), 박사헌(朴士憲), 권일언(權一彦, 權一元)을 다섯 차례 보낸다. 첫 번째 방문한 이인언은 해월에게 이필제의 뜻을 전달한다.

> "계해년(癸亥年, 1863년)에 선생님께 입도하여 깊이 지리산(智異山)에 들어가 두문불출(杜門不出)하기를 거의 6–7년 하였던 까닭에 갑자년(甲子年, 1864년) 선생님의 변고를 알지 못했다가, 그 제자됨의 연분으로 분(憤)함을 이기지 못하였으나, 차일피일 미루다 지금에 이르러서야 주인(海月)을 만나뵙고자 저를 보내 말씀을 전해달라고 했습니다. …(후략)…"[12]

해월은 이인언에게 전달받은 이필제의 뜻과 일이 이치에 맞지 않아 쌀쌀하게 돌려보냈다. 그로부터 며칠 뒤, 두 번째 보낸 박군서가 빈손으로 돌아오자 이필제는 이인언을 재차 보내어 "스승님의 원한을 풀고자" 상의하려는 뜻을 전달하지만, 해월은 여전히 묵묵부답이었다. 여기서 영해(寧海)의 박군서와 이인언은 영해 거사 이후 도망하여 살아난 사람들이자 배도(背道)한 사람들로서 이필제의 모사자(謀事者)들이다.[13] 그렇게 해가 저물고 신미년(1871년) 정월에 이르자 이필제는 세 번째 방문객으로 박사헌을 파견한다. 박사헌은 세 사람이 다녀가도 답을 주지 않는 해월에게 이필제의 '허실

---

11 임형진, 「혁명가 이필제의 생애와 영해」, 『동학학보』 제30호, 동학학회, 2014, 125쪽.
12 『道源記書』, 83쪽.
13 『道源記書』, 98쪽.

과 진위'를 판단하기 위해서라도 직접 한번 만나볼 것을 권유한다. 이에 해월은 '나를 추호도 속일 마음을 갖지 말라'며 단호히 거절하지만, 스승님을 위하는 마음으로 이필제의 심부름에 응했다는 박사헌에게 "그 형세를 보아 가보도록 하겠다."라고 약속한다. 그로부터 한 달 뒤 이필제는 해월에게 다섯 번째 방문객 권일언을 보내 "스승님을 위하여 설원하고자 하는 뜻"을 간절히 표명함으로써 해월과의 만남을 성사시킨다. 결국, 이필제가 해월의 마음을 움직일 수 있었던 비장의 무기는 교조신원이었음을 시사해주는 대목이다. 유비가 제갈량의 초려를 세 번이나 방문하고서야 군사(軍師)로 삼을 수 있었듯, 이필제는 장장 5개월에 걸친 오고초려(五顧草廬) 끝에 해월을 영해 거사에 가담시킬 수 있는 교두보를 마련한 것이다. 이로써 해월과 이필제는 1871년 2월에 역사적인 만남을 가지게 된다.

해월이 이필제를 방문한 그 날은, 두 사람이 처음으로 일면식을 쌓은 날이자 동학 2대 교주인 해월이 연이은 작변(作變)의 실패로 관을 피해 숨어다니던 이필제에게 온전히 설득당한 날이기도 하다. 해월에게는 씻을 수 없는 실책을 범한 날이자, 이필제에게는 작변을 최초로 성공시킬 수 있는 교두보를 구축한 날인 것이다. 영해 거사를 한 달여 앞둔 그 날, 이필제는 다섯 차례 사람을 보내고 나서야 행동에 나선 해월을 질책하는 언사로 첫인사를 대신한다.

> "노형께서 오는 것이 어찌 이리 늦습니까. …(중략)… 스승님을 위하는 계획으로써 노형의 집에 사람 보내기를 한두 차례 한 것이 아니요, 네댓 번에 이르니 나를 괄시함이 이와 같음에 이르리오. 여러 말 할 것 없이 내가 스승님의 원한을 풀어 보고자 뜻을 품은 지 이미 오래되었습니다."[14]

---

14 『道源記書』, 86쪽.

해월에게 건넨 이필제의 첫인사는 자신이 해월 따위에게 무시당할 만한 존재가 아님을 암묵적으로 드러낸 언사이다. 불편한 심기를 가감 없이 내비친 첫인사에 이은 영해 거사의 목적을 설명하는 이필제의 말을 들어보자.

> "옛글에 이르기를, 하늘이 주는 것을 받지 않으면 오히려 재앙을 받게 된다고 하였으니, 나 역시 천명(天命)을 받은 사람이라. 내가 또 이를 말한다면, 옛날에 단군(檀君)의 영(靈)이 유방(劉邦)에게 화하여 태어났고, 유방(劉邦)의 영이 주원장(朱元章)에게 화하여 태어났으니, 지금 세상에 이르러 단군의 영이 다시 세상에 왔다고들 하니, 하루에 아홉 번 변하는 것이 바로 나라. 한 가지는 선생(수운)의 부끄러움을 설원하는(깨끗이 씻어내는) 것이요, 또 한 가지는 뭇 백성의 재앙을 구제하는 것이오. …(중략)… 그대들이 만약 따르지 않는다면 그대들의 신명(身命)이 나의 손에 달려 있는 것이라. 듣고 듣지 않고, 또 따르고 따르지 않는 것을 내가 어찌 상관하리오. 속담에 일러 말하기를, 하늘을 따라 내려왔고, 땅을 따라 나왔다고 하니, 한마디로 말해서 선생님께서 욕(辱)을 당한 날이 곧 3월 초열이라. 그날로써 완전히 정하여 다시 다른 말이 없이 나를 따르도록 하시오."[15]

끝내 진인(眞人)을 자처한 이필제에게 기선을 제압당한 해월이 어떤 반대 의견을 제시하지 못함으로써 영해 거사는 성사되는 듯했지만, 해월이 거사에 찬동한다는 뜻을 내비친 건 아니었다. 이후 해월이 이필제의 집에 머물면서 그를 탐색한 결과, 이필제는 '하루에 서너 번 변하면서도 오직 한가지로 선생님의 원통함을 이야기하는 까닭에 억지로 따르기는 하여도 미심쩍은 바가' 있어 결정하지 못하고 있었다. 해월은 최종 결정을 앞두고 이필제에게 제안한다.

> "천만 가지 일이 빨리 하고자 하면 실패하는 것이라. 물러나 머물면서 가을에 일을

---

15 『道源記書』, 86~88쪽. 辛未 1871년 2월.

일으키는 것이 어떠한가?"[16]

이에 이필제가 소리 높여 크게 말하기를 "나의 큰일을 그대가 어찌 물리쳐 멈추고자 하는가? 다시는 번거로운 소리를 하지 말라."[17]라며 해월의 제안을 무시하면서 영해거사를 공식화한다. 하지만 해월은 여전히 이필제가 미심쩍기만 하여 강수(姜洙, 姜士元, 姜時元)를 만나 그간의 속사정을 들려준다. 이에 강수가 이필제를 찾아가 '도인으로서 일을 일으키려는' 저의가 무엇인지를 묻자 이필제는 "스승을 위하는 일에 사근취원(捨近取遠)하겠느냐? 선생의 일을 도모하는데 도인을 취하지 어찌 세상의 무리들을 취하겠는가라며"[18] 도(道)를 배반한 사람, 즉 배도자(背道者)가 아니라면 가당치 않은 질문이라고 역정을 낸다. 그런데도 깊이 헤아려 일을 실행할 것을 당부하는 강수(姜洙)에게 이필제는 "일이란 급히 쳐서 기회를 잃지 말아야 하는 것이오. 오직 바라건대 노형께서는 내가 일을 서둘러 한도 말하지 마시오."[19]라고 말하면서 이필제는 영해 거사를 진행하겠다는 의지를 피력한다. 이것이 이필제가 주도하고 결정한 영해 거사에 해월을 비롯한 동학교도들이 동참하게 되는 과정들이다.

해월은 끝내 강수와 더불어 수운 선사를 위하는 일이기에 이필제의 뜻에 따른다는 전동규(全東奎), 박춘서(朴春瑞) 등을 만난 뒤 영해 거사에 필요한 무기와 식량을 조달하기로 한다. 자의든 타의든 이필제의 거사에 가담을 결정한 해월이 영해지역에 동원령을 내림으로써 적극적이든 소극적이든 동학교도들이 영해 거사에 참여한 것은 분명한 사실이다. 하지만 이로써 영해

---

16 『道源記書』, 88쪽.
17 『道源記書』, 88쪽.
18 『道源記書』, 89쪽.
19 『道源記書』, 90쪽.

거사를 최초의 동학혁명으로 규정할 수 있는지에 대한 진실 규명은 좀 더 이루어질 필요가 있어 보인다. 왜냐하면 무기와 식량을 조달한 해월이 거사에 직접 가담한 정황을 확인할 수 있는 자료가 없고,[20] 영해 거사 참여에 관한 '해월의 회고'가 존재하기 때문이다. 그런데도 분명한 사실은 동학교도들이 영해 거사에 가담한 이유는 수운의 교조신원운동 때문이었다. 이런 이유로 이필제가 주도한 영해 거사의 목적이 순수한 교조신원운동인지 아니면 개인의 '숙원을 위해 일으킨 거사'[21]인지 고찰할 필요가 있다. 따라서 영해 거사를 최초의 동학혁명으로 규정할만한 자료가 발굴되거나 단서가 있기까지는 영해 거사에 관한 규명은 잠정적으로 보류하는 것이 바람직하다.

그동안 거사를 모의하던 중 실패를 거듭하던 이필제가 영해 거사를 가열하게 진행할 수 있었던 과정과 영해 거사 당일 이필제가 관아를 점령하고 수령을 처형하는 단계까지 나갈 수 있었던 배경은 동학 세력의 조직적인 뒷받침이 있었기 때문이다. 이러한 역사적 사실이 존재하기에 이필제가 주도한 영해 거사에 관한 진실 규명이 더욱 필요하다고 할 수 있다. 따라서 영해 거사에 깊이 관여한 동학측 관계자와 비동학측 관계자의 인물 탐구가 선행되어야 한다. 하지만 비동학측 관계자의 자료가 전무하기에 해월 최시형, 강수, 박사헌 등의 인물 탐구부터 면밀하게 고찰할 필요가 있다. 이들을 관찰·추적하는 과정에서 영해 거사를 최초의 동학혁명으로 규정할 수 있을지의 여부도 밝힐 수 있을 것이다. 이것이 영해지역의 동학 관련 연구들이 영해 거사와 동학혁명의 상관관계를 집중적으로 다뤄온 이유이기도 하다.

---

20 성주현, 「초기 동학교단과 영해지역의 동학」, 『동학학보』 제30호, 2014, 97쪽. 해월은 영해 우정동에 모인 동학 교인들과 3월 10일 황혼 무렵 형제봉에서 천제를 지낸 뒤 영양 윗대치(上竹峴)로 돌아갔다.
21 이필제의 숙원은 중국에 새로운 왕조를 세우겠다는, 즉 북벌 계획이었다.

3. 영해 거사의 진실을 찾아서- 거사에 가담한 동학인들

1) 해월 최시형

해월은 교조신원운동을 내세운 이필제의 오고초려(五顧草廬)를 받은 뒤, 그를 직접 만나고도 영해 거사에 동참할 뜻을 밝히지 않았다. 해월이 승인 의사를 선뜻 밝히지 않은 이유는 '하루에 서너 번씩 변하는' 이필제가 범상한 인물임이 틀림없지만 무언가 미심쩍은 부분이 느껴졌기 때문이다. 이것이 이필제를 시험할 마음으로 그의 집에 머물면서 느낀 해월의 회고이다.[22] 하지만 선생의 원통함을 지속해서 언급하는 이필제를 억지로 따르기로 작정하고도 해월은 여전히 이필제에 대한 경계심을 풀지 않았다. 그랬던 해월이 영해 거사에 동참하게 된 직접적인 계기는 이필제가 선생의 일[23]을 앞세우기에 그를 따른다는 동학교도(박춘서, 전동규 등)들을 만나고부터다.

이러한 사실들은 해월을 비롯한 동학교도들이 영해 거사에 합류한 이유를 명백히 밝혀준다. 영해 거사가 동학교도들이라면 반대할 수 없는 교조신원운동을 명분으로 내세웠기 때문이다. 동학 교주인 해월의 승인 여부를 떠나 동학교도들이 영해 거사에 대거 참여했던 이유가 바로 이것이다. 이로써 해월의 승인을 기다리지 않고 앞서 거사에 참여했던 일부 동학교도들은 이필제가 거사의 명분으로 내세운 교조신원운동을 평생의 숙원과제로 인식했다는 사실도 아울러 챙길 수 있다.

여기서 이필제가 주창한 교조신원운동은 영해 거사 목적의 진실과 거짓을 떠나 중요한 의미를 지닌다. 그가 동학교도이든 아니든 수운의 교조신원운

---

22 『道源記書』, 88쪽.
23 『道源記書』, 91쪽. 춘서가 강수에게 말하기를, "저 사람이 다만 선생의 일로써 주장을 삼아 말을 하고 있으니 우리 역시 그를 따라서 온 것일 뿐입니다." 강수에게 동규(東奎)가 말하기를, "일이 급합니다. 제가 갖추어 준비한 지 오랩니다. 주인께서는 속히 댁으로 돌아가시어 그때를 잃지 않으심이 어떻습니까?"

동을 처음으로 주창한 인물이기 때문이다. 따라서 이필제의 공로로 탄생한 교조신원운동과 이를 명분으로 일으킨 영해 거사는 최시형을 비롯한 수천의 동학교도들이 억울하게 죽은 교주의 누명을 벗겨달라고 모인 전라도 삼례 집회(1892년)의 전신이라 할 수 있다.

이필제의 회유와 일부 동학교도들의 권유에 떠밀려 영해 거사에 합류한 해월은 동학 교주로서 영해 거사에 필요한 자금을 제공했다. 하지만 거사 당일 관아를 습격하는 무리에 동참했는지, 즉 거사에 직접적으로 가담한 정황은 확인되지 않는다. 이필제가 천제(天祭)를 주도하고, 영해 관아를 점령하고, 영해 부사를 죽이고, 그 이튿날 이필제와 정치겸(鄭致兼)이 가마를 타고[24] 관아를 떠날 때까지도 해월의 행적을 기록한 자료는 없다. 영해 거사 관련한 기록물에 해월에 관한 언급이 없다는 것은, 해월이 거사에 직접 가담하지 않았다는 방증이 아닐는지 의심해볼 만하다. 만약 해월이 영해 거사에 직접 가담하지 않았다면, 만약, 해월이 이필제의 겁박과도 같은 회유에 어쩔 수 없이 거사에 가담한 거라면, 과연 영해 거사를 최초의 동학혁명으로 규정할 수 있을지에 대한 숙고가 필요하다. 이를 위해 영해 거사 관련한 인물 탐구 및 거사 당일 해월이 거사에 직접 가담했다는 정황을 밝힐 수 있는 면밀한 고찰이 요구된다.

2) 강수(姜洙)

강수가 『道源記書』 초고를 완성한 시기는 1879년이다. 영해 거사로부터 8년이 지난 시점에서 쓴 것이다. 영해 거사 이후, 해월과 함께 도피하는 삶을 살았던 그가 『道源記書』를 작성할 당시 떠올린 신미년의 기억이 얼마나 정

---

24 『道源記書』, 92쪽.

확할지는 의문이다. 따라서『道源記書』는 강수의 주관적인 해석을 배제할 수 없기에 영해 거사 관련한 '인물에 대한 평가'[25]는 고려해서 읽도록 한다.

『道源記書』에 이필제를 가탁도인(假託道人)이라 표현한 강수는 정작 이필제의 문체에 찬탄한 인물이다.[26] 강수는 이필제의 의기에 찬 글을 읽은 즉시 처자를 타일러 안심시키고 아우와 함께 거사를 위해 집을 나섰다. 그는 거사 전날 천제를 지내는 이필제를 도왔고, 거사 당일 부사에게서 인부(印符)를 빼앗았고, 일월산으로 도피하는 중에도 이필제와 끝까지 할 것을 해월에게 당부했다.

> "화(禍)가 필제(弼濟)로부터 일어나 이렇듯 위험한 지경에 빠졌으니, 누구를 원망하고 누구에게 허물을 돌리겠습니까? 비록 일이 이 지경에 이르렀으나 같이 필제의 뒤를 따라, 일후(日後)의 진위(眞僞)를 보고, 또 그 사람의 거취(去趣)를 보아, 이 사람을 버리지 말고 같이 도망하도록 하시지요."[27]

이필제에 대한 강수의 굳건한 믿음이 엿보이는 대목이다. 이랬던 강수가『道源記書』를 통해 수운의 흥비가(興比歌)에 등장하는 문장군(蚊將軍)을 빗대어[28] 이필제를 호되게 비판한 것이다. 도피적 삶을 살다가 8월에 이르러 이필제가 문경에서 변을 일으키려다 체포된 사실을 알게 된 강수는 '구초(口招)의 단서가 있을까 두려워 자취를 감출' 요량으로 산속으로 피신한다. 이후 강수는 해월과 동행하면서 호형호제하며 도원결의를 맺고 8년 뒤『道源記書』를 작성하기에 이른다. 강수가『道源記書』에 남긴 이필제에 대한 회상은

---

25 『道源記書』, 83쪽. 강수는 이필제를 "도인으로 가탁(假託)하여 배도(背道)의 무리를 끌어들여 애당(愛儻)의 근원을 탐지하여 알고, 사람들을 빼앗는 그러한 난적이다."라고 표현했다.

26 『道源記書』, 91쪽.

27 『道源記書』, 93쪽.

28 『龍潭遺詞』, 「興比歌」, "지각없다. 지각없다. 이내사람 지각없다. 飽食揚去 되었으니 문장군이 너 아니냐?", 230쪽.

곧 강수 자신에 대한 회한이다. 이필제에게 속아 동학을 극심한 탄압의 대
상으로 몰아넣은 자신에 대한 원망으로 읽히는 까닭이다.

> "도인(道人)으로 거짓을 꾸며(사람들을) 불러 끌어들여, 도(道) 중에 몰래 의심받지
> 않는 기틀을 만들어 놓고, 험난한 지경으로 몰아넣었다가, 한번 일으키고 패해서 돌
> 아가니, 사람을 속이는 마음이라, 진실로 신(神)의 눈이 번개 같다 일컬을 수 있구
> 나! 하늘이 반드시 이를 공격하리니 가히 두렵지 아니한가?"[29]

이필제를 神의 눈으로 표현한 강수는 실제 '이필제가 진인이니까 우정동
(雨井洞)에 가서 한번 만나보라고 권유하여 장성진(張成眞) 등의 동학교도들'[30]
을 영해 거사에 가담시킨 인물이다. 강수의 말을 듣고 이필제를 진인이라
믿었던 사람은 서군직(徐羣直), 한상엽(韓相燁), 정창학(鄭昌鶴) 등이다.[31] 이러
한 사실로 볼 때 강수는 이필제를 초월적 권능을 지닌 진인으로 믿어 의심치
않은 듯하다. 그런 이필제가 진인은커녕 상습적으로 작변을 일삼는 모사꾼
으로 밝혀졌으니 강수의 회한은 극에 달했으리라. 이필제에 대한 강수의 평
가가 비판적이고 회한적일 수밖에 없었던 것은 강수 자신의 주관적인 감정
이 개입되었기 때문으로 볼 수 있다.

3) 박사헌(朴士憲)

영해 접주 박하선의 아들 박사헌은 동학교도 중 영해 거사에 가장 깊게 관
여한 인물이다. 이필제의 심부름으로 해월을 설득하는 데 크게 이바지한 그
는 영해 거사를 위한 집결지로 자신의 집을 제공하였다. 그의 집에는 100

---

29 『道源記書』, 99쪽.
30 衙變時日記, 3月 19日條.
31 김탁, 「조선후기의 예언사상-'이필제 사건'을 중심으로-」, 『한국종교』 제34집, 원광대 종교문
　제연구소, 2010, 118쪽.

여 명의[32] 거사꾼들과 거사 당일 사용할 죽창, 조총, 몽둥이 등이 보관되어 있었다. 그곳에서 부록이 만들어지고 직책이 정해졌으며 동학교도와 평민을 구분할 복장이 만들어졌다. 성내의 동정을 살피기 위해 세작(細作)으로 박기준(朴箕俊)을 파견한 것도 박사헌이다. 성안에 잠입한 박기준은 우정동과 멀리 떨어진 곳에 수상한 자들이 모였다고 거짓 밀고를 함으로써 관의 눈을 유인하는 데 성공했다.[33] 만약 박사헌이 인맥을 동원하지 않았다면 이필제가 영해 관아를 장악하고 부사를 죽이고 인부를 빼앗을 수 있었을지 의문이다. 이런 이유로, 작변을 모의하던 중 변심한 가담자의 밀고로 실패를 거듭했던 이필제가 거사를 최초로 성사시키는 데 크게 이바지한 사람이 박사헌이라 할 수 있다.

이렇듯 박사헌은 영해 거사를 위해 물심양면으로 수고했지만 정작 거사 당일의 행적은 확인되지 않는다.[34] 거사꾼들이 영해 관아를 떠나 각기 흩어지는 과정에서 사살당했기 때문인 듯싶다. 3월 15일 밤, 관군과 민군의 합동 공격을 받은 거사꾼들은 체포되거나 사살당했는데, 영양 현감의 보고에 따르면 182명 중 31명은 물고(物故), 114명은 체포, 37명은 도주하였다.[35] 따라서 무사히 일월산으로 도피한 인원은 30여 명이 전부였다고 볼 수 있는데, 그때 살아남은 자는 박군서, 이인언 등 이필제의 측근들이었다. 박사헌은 일찍 죽임을 당한 까닭에 거사 당일의 기록이 없지만, 동학교도 중 영해 거사에 가장 깊이 관여한 인물임이 틀림없다. 그러므로 영해 거사 관련한

---

32 『嶠南公蹟』, 25쪽.

33 『嶠南公蹟』, 8쪽, 87쪽.

34 총 참여 인원수는 정확하지 않다. 동학측과 『衙變時日記』에서는 500명 내지 600명으로 말하지만, 관청문서는 180명이 거사에 참가한 것으로 파악한다. 집결지인 박사헌의 집에 거사 당일에 모인 숫자가 동학교도와 평민을 합쳐 100여 명 정도, 혹은 늘려 잡아야 150명이었다. 그리고 전د규(=全仁哲)가 대나무 180개를 준비한 것으로 보아 총 참가자 수는 200명을 웃돌 것으로 추산한다. 『各司謄錄』, 17권 177쪽; 張泳敏, 「1871年 寧海 東學亂」, 121쪽 재인용.

35 張泳敏, 「1871年 寧海 東學亂」, 『韓國學報』 47집, 일지사, 1987, 121쪽.

인물 탐구에서 아버지 박하선이 아니라 거사의 지도부로 활약했던 박사헌을 연구할 필요가 있는 것이다. 사실, 영해 접주 박하선은 영해지역의 구향과 신향의 갈등으로 일어난 향전(鄕戰)에서 받은 고문의 여독으로 1869년 말경에 세상을 떠났다.

4. 교조신원과 인부(印符) 그리고 청·홍주의(靑·紅周衣)의 상관관계

이필제가 주도한 영해 거사는 사실상 '하루 천하로'[36] 끝나버린 병란에 가깝다. 그가 영해 거사를 일으킨 '두 가지 목적'[37]을 달성하지 못하고 제각각 흩어졌기 때문이다. 이필제와 영해 거사 가담자들은 그 이튿날인 3월 11일 정오까지 성내에 머물다가 각기 흩어지는 과정에서 일부는 관군에 체포되고, 일월산 일대로 숨어든 일부마저 관군의 토벌 작전으로 일망타진되었다. 그런데도 영해 거사를 성공했다고 보는 연구들은 작변에 거듭 실패했던 이필제가 처음으로 거사를 실행했다는 데 의의를 두었기 때문이다. 사실상, 영해 거사는 관아에 머물렀던 당일을 제외하면 '영양 윗대치까지 추격해온 관군에게 체포되기까지 나흘을 도망 다니기만'[38] 한 것이다. 이것이 영해 거사를 '하루 천하'로 끝나버린 병란으로 보는 이유이다. 따라서 그 근거를 제시할 필요가 있는데, 본 발표가 병란으로 보는 준거는 다음과 같다. 이필제가 거사를 계획하고 준비하는 과정이 '①진인 출현설로 가담자를 포섭하고,

---

36 본 연구에서 영해 거사를 '하루 천하'로 표현한 것은 이필제가 영해 거사 당일 부사를 처형하고 인부를 빼앗은 뒤 이튿날 제각각 흩어졌기 때문이다. 이후 줄곧 관을 피해 숨어다니다가 끝내 체포되었기 때문이기도 하다.
37 이필제가 해월에게 약속한 두 가지 목적은 수은 '선생의 부끄러운 설원을 설원하는 것, 뭇 백성의 재앙을 구제하는 것이었다.
38 『嶠南公蹟』.

②계획적인 무력 봉기를 통한 체제전복을 목적으로 삼는다.'[39]라는 병란의 개념에 더 가깝기 때문이다. 이필제와 그 측근들, 즉 거사를 선동했던 불만 지식인들 몇몇이 무력을 통해 체제를 전복시키겠다는 목적을 명백히 밝혔기 때문에 민란보다는 병란으로 접근할 필요가 있는 것이다. 영해 거사의 지도부였던 강수(강시원)가 초고를 작성한 『道源記書』와 '영해작변'[40]에 가담한 105명을 체포·문초·처벌한 경위를 기록한 『嶠南公蹟』을 토대로 제시하기로 한다.

첫째, 이필제가 '①의 진인 출현설'로 영해 거사의 가담자를 포섭한 정황이다. 이인언, 박군서, 이인언, 박사헌, 권일언의 오고초려(五顧草廬)를 받고도 묵묵부답이었던 해월이 이필제를 찾아간 것은 다섯 번째 방문객인 권일언의 간곡한 권유 때문이었다. '덕이 있는 듯한 음색으로' 해월을 맞이한 이필제의 말을 들어보자.

> "옛글에 이르기를, 하늘이 주는 것을 받지 않으면 오히려 재앙을 받게 된다고 하였으니, 나 역시 천명(天命을 받은 사람이라. 내가 또 이를 말한다면, 옛날에 단군(檀君)의 영(靈)이 유방(劉邦)에게 화하여 태어났고, 유방(劉邦)의 영이 주원장(朱元璋)에게 화하여 태어났으니, 지금 세상에 이르러 단군의 영이 다시 세상에 나왔다고들 하니, 하루에 아홉 번 변하는 것이 바로 나라."[41]

이필제가 해월 앞에서 '진인'[42]임을 강조하고 있는데, 이는 해월을 선동하기 위한 기선제압 성격의 전략이다. 동학의 교주보다 자신이 우위에 있음을 각인시키려는 전략이기도 하다. 이를 위해 자신은 신출귀몰하고 둔갑술에

39 張泳敏, 「1971年 嶺海 東學亂」, 『韓國學報』 47집, 일지사, 1987, 100쪽.
40 영해작변은 고종 8년인 1871년 신미년 3월 10일 『嶠南公蹟』 한문체의 영인본 140쪽의 표현이다.
41 『道源記書』, 8~87쪽.
42 『嶠南公蹟』, 127쪽.

능하고 초능력을 지닌 비범한 존재이기에 '하루에 아홉 번'씩 변한다는 것을 강조한 것이다. 불의한 세계와 대결하여 반드시 승리하는 신앙적인 존재로 숭배의 대상, 즉 천명을 받은 진인이 바로 자신이라는 어필인 셈이다. 자신이 그런 존재이기에 "선생님께서 욕을 당한 날이 곧 3월 초열흘이라. 그날로써 완전히 정하여 다시 다른 말이 없이 나를 따르도록 하시오."라고 해월을 겁박한 것이다.

끝내 해월은 이필제에 대한 믿음이 없었는데도 영해 거사 자금을 제공하고 말았다. 하지만 이필제의 진인 출현설에 설득당해서가 아닌 거사의 명분이 교조신원운동이었기 때문이었다. 해월처럼 이필제의 진인 출현설을 믿지 않는 부류가 있듯이, 진인을 자처하는 이필제를 지지하는 부류도 상당했던 듯하다. 이필제와 함께 진천작변과 진주작변을 주도한 세력들이 후자일 가능성이 크다. 이들 모두 이필제의 개인적 '숙원을 위한 거사'에 들러리를 선 셈이다. 이것이 본 연구에서 영해 거사를 병란으로 보는 이유이다. 같은 뜻을 지닌 몇몇(이인언, 박군서, 박사헌, 권일언)이 오고초려(五顧草廬)로 해월을 방문하여 진인 출현설로 가담자를 포섭하여 영해 거사를 일으켰기 때문이다.

둘째, 이필제가 '②의 계획적인 무력 봉기를 통한 체제전복'을 목적으로 삼았다는 정황이다. 이필제가 거사 당일 가장 먼저 한 일은 부사에게서 인부를 빼앗고 그를 처단한 것이었다. 여기서 이필제가 왜 부사에게서 인부(印符)부터 빼앗았는지가 문제의 핵심이다. 그가 왜 정부 기관에서 인증하는 문서를 가장 먼저 손아귀에 넣었는지 면밀하고도 세밀한 분석이 요구된다. 이를 증명해줄 자료가 존재하지 않기에 합리적으로 추론해보면, 정부가 인증하는 도장을 위조해 이필제 자신과 거사 가담자들의 신분 세탁을 위한 인부(印符) 탈취(奪取)가 아니었을까. 이도 아니면 거사를 성공시킨다는 전제하에 공로가 인정되는 공신에게 영해지역의 요직을 맡기려는 인사를 단행하기 위해 인부(印符)를 탈취(奪取)한 건 아니었을까. 실제 이필제는 "조선을 평정하면 정기현에게 준다. 그 후 이필제, 김낙균(金洛均), 최응규(崔應奎) 등은 정기현(鄭岐鉉)에게 대병(大兵)을 빌려 북쪽으로 중국을 공략할 것이다."[43]라고 약속한 바 있다. 이마저도 아니라면, 부사를 대행하는 직위를 갖기 위해 인부를 먼저 탈취한 것일 수도 있다. 이러한 합리적 추론이 가능한 것은 영해 거사에서 이필제가 성문에 걸어둔 격문으로 증명할 수 있다.

> "우리들의 거사는 다만 본관 영해부사의 탐학이 비할 바 없이 극심하기 때문에 <u>그 죄를 성토하려는 것이고</u>, 읍민들을 해칠 마음이 전혀 없다."[44]

이 내용은 이필제가 불안에 떠는 읍민들을 안심시키기 위해 성문을 내걸어 영해거사에 관한 명분을 밝힌 것인데, 그 어디에도 수운의 교조신원에 관한 언급은 없다. 실제 이필제는 성문의 내용처럼 부사를 동헌 마루 앞뜰에 꿇어앉히고 논죄한 뒤 처형을 단행했다. 부사의 죄를 묻는 이필제의 말을 들어보자.

> "너는 국록(國祿)을 먹는 신하로 정사(政事)를 그르치고 백성을 학대하기 와 같고, 재물을 탐하기를 이와 같아, 길거리에는 (너를 비방하는) 방이 붙어 있고, 시정에는 원망하는 소리가 자자하니, 바로 이것이 이 고을의 민심(民心)이라. 죄를 장차 어떻게 할 것인가? 비록 용서하고자 하나, <u>의(義)로써 탐관(貪官)인 부사(府使) 이정을 죽여야겠다.</u>"[45]

부사의 탐학을 단죄하는 이필제의 모습은 사익을 추구하여 민심을 어지

---

43 "朝鮮, 則定給鄭岐, 後李弼濟及金洛均崔應奎等, 借得大兵, 北伐中原云云"; 김탁, 「조선후기의 예언사상-'이필제 사건'을 중심으로-」, 『한국종교』 제34집, 원광대 종교문제연구소, 2010, 74 쪽 재인용.

44 『嶠南公蹟』 4월 25일 韓相燁 공초.

45 『道源記書』, 92쪽.

럽힌 관료에게 막중한 책임을 묻는 듯 단호하다. 필시 이필제는 인부(印符)를 손아귀에 넣음으로써 영해 부사를 대행하는 직위를 부여받은 듯 행동하고 있다. 호방한 성격과 웅대한 기상으로 북벌을 계획했고, 부패한 권력을 응징하기 위해 실패를 거듭하면서도 작변을 포기하지 않았던 이필제의 면모가 여실히 드러나는 대목이다. 하지만 이필제의 기개와 별도로 영해 부사를 단죄하는 이필제의 모습은 수운의 교조신원운동과는 거리가 먼 무력 봉기를 통한 체제전복이었음을 엿볼 수 있다. 신원은 상소 등의 합법적인 절차를 통해 왕에게 죄를 사면받는 것이며, 왕의 통치에 대한 정당성 인정을 전제로 하는 것이다. 그가 거사에 사용할 조총과 도검 그리고 죽창을 준비하여 박사헌의 집과 우정동 주막에 비치했다는 사실은 무력 봉기(武力 蜂起)가 애초의 목적이었다는 방증인 셈이다. 따라서 이필제가 영해 거사의 명분으로 내세운 교조신원운동은 동학교도들을 포섭하기 위한 전략이었다고 할 수 있다.

만약, 영해 거사의 명분이 수운의 교조신원운동이었다면 무력 봉기에 쓰일 무기 등이 왜 필요했는지 숙고해볼 일이다. 게다가 그들이 동학교도와 일반인을 구분할 요령으로 유건(儒巾)을 쓰고 청주의와 홍주의로 나눠 복장을 통일하고 군호(軍號)를 왜 정했는지 따져볼 일이다. 해월이 제공한 거사 자금이 동학교도들의 성금일지라도 자신들을 표시하기 위해 구분했다는 것은,[46] 이치에 맞지 않는 단순한 생각일 뿐이다. 발각될지 모른다는 불안감으로 거사를 준비하기에 턱없이 부족한 시간을 쪼개서라도 구분해야 했던 이유가 있었다. 동학교도와 평민을 구분하지 않으면 거사를 진행할 수 없는 그 무엇이 존재했다. 악조건 속에서도 복장을 구분했다는 사실은, 영해 거

---

46 張泳敏, 「1971年 嶺海 東學亂」, 『韓國學報』 제47집, 일지사, 1987, 99쪽.

사의 명분이 교조신원운동으로 규합되지 않았다는 방증이다. 따라서 영해 거사는 수운의 교조신원운동과 이필제의 체제전복을 지지하는 두 세력이 불 협화음을 내면서 치른 병란에 불과한 것으로 그 이상의 의미를 부여하기란 쉽지 않다. 그런데도 영해 거사를 최초의 동학혁명으로 규정하기 위해서는 거사 당일 이필제가 왜 인부(印符)를 빼앗았는지, 그리고 왜 청주의와 홍주 의로 복장을 구분하였는지를 명백히 밝혀 교조신원운동과의 상관관계를 증 명할 필요가 있다.

5. 맺음말

19세기 조선의 민중사는 크게 두 흐름으로 전개되었다. 체제적 모순에 저항하는 민중봉기가 삼남지방을 중심으로 발생하였는데, 하나는 민란으 로, 1862년 임술민란으로 시작된 민중봉기가 1894년 동학농민혁명으로 까지 확대된 것이다. 조선 후기를 민란의 시대라고 명명해도 과언이 아닌 이유가 이것이다. 다른 하나는 변란인데, 소외된 양반 지식층이 주도하여 일으킨 이 변란은 나중에 병란으로 발전하기도 했다. 바로, 이필제가 주도 한 영해 거사가 그러한데, 그가 거사를 실패했던 근본적인 원인은 대중적인 호응을 끌어내지 못했기 때문이다.

이필제가 모의하던 중 밀고자의 투서로 실패를 거듭했던 진천작변, 진주 작변 역시 대중 조직과 결합하지 못했기 때문이다. 이런 이유로 영해에 숨 어들었던 이필제는 조직적으로 운영되는 동학 세력이 필요했을 것이다. 이 필제에게 동학은 변란, 작변, 병란의 약점인 대중의 호응을 끌어낼 수 있는 세력이었다고 할 수 있다. 동학 세력을 거사에 가담시키기 위한 이필제의 노력은 오고초려에서 알 수 있듯이 절실함 그 자체였다. 그는 제2대 교주였

던 해월을 설득하기 위해 진인을 자처하면서 교조신원운동이라는 무기를 꺼
내 들었는지도 모를 일이다. 바로 이것이 문제의 핵심인데, 이필제가 해월
과 동학교도들을 회유하기 위해 교조신원운동을 언급했는지, 그가 진짜 동
학에 입도한 적 있는 교도로서의 진정성에서 언급했는지가 분명치 않다. 만
약, 진정성에서 교조신원운동을 거사의 명분으로 내세웠다면 그가 한 거사
당일의 행적은 무엇으로 설명되어야 하는가. 여전히 영해 거사의 진실이 밝
혀지지 않은 시점에서 이필제가 일으킨 거사의 명칭을 규정한다는 것은 시
기상조라 할 수 있다. 따라서 영해 거사의 진실을 찾는 연구, 즉 이필제가
거사의 명분으로 내세웠던 교조신원운동과 거사 당일 관아에서 했던 그의
행적의 상관관계를 밝히는 고찰이 선행될 필요성이 있다.

참고문헌

『嶠南公蹟』
『羅巖隨錄』
『辛未衙變時日記』
『辛未寧海府賊變文軸』
『龍潭遺詞』, 「興比歌」
『右捕廳謄錄』
『崔先生文集 道源記書』
『天道敎創建史』
『天道敎會史草稿』
『推案及鞫案』

김기현(편저), 『최초의 동학혁명-병풍바위의 영웅들』, 서울: 황금알, 2005.
김기현, 「1871년 영해동학혁명의 사료와 자취」, 『동학학보』 제30호, 2014.
김상기, 『동학과 동학란』, 서울: 한국일보사, 1975.
김양식, 「19세기 후반 조선사회의 민란과 변란」, 전북사학회 編, 『동학농민혁명의 기억과 역사적 의의』, 정읍: 전북사학회, 2011.
김의환, 「신미년(1871) 이필제란고-동학과의 연관성을 중심으로」, 『한국근대사연구논집』, 서울: 성진문화사, 1972.
_____, 「신미년(1871) 이필제난」, 『전통시대의 민중운동 하』, 서울: 풀빛, 1981.
김탁, 「조선후기의 예언사상-'이필제 사건'을 중시으로-」, 『한국종교』 제34집, 원광대 종교문제연구소, 2010.
박맹수, 「해월 최시형의 초기 행적과 사상」, 『청계사학』 제3집, 청계사학회, 1986.
_____, 「교남공적 해제」, 『한국사학』 제10집, 한국정신문화연구원, 1989.
_____, 『최시형 연구』, 한국정신문화연구원 박사학위논문, 1996.
박세준, 「종교사회학적 관점에서 바라본 1871년 영해사건 연구」, 『동학학보』 제60호, 동학학회, 2021.
배항섭 「19세기 후반 '변란'의 추이와 성격」, 『1894년 농민전쟁연구 2』, 서울: 역사비평사, 1992. 5.
_____, 『조선후기 민중운동과 동학농민전쟁의 발발』, 서울: 경인문화사, 2002.
성주현, 「초기 동학 교단과 영해지역의 동학」, 『동학학보』 제30호, 2014.
연갑수, 「이필제 연구」, 『동학학보』 제6호, 동학학회, 2003.
윤대원 「이필제란의 연구」, 『한국사론』 16, 서울대 국사학과, 1987.
_____, 「이필제, 때이른 민중지도자」, 『내일을 여는 역사』 제21호, 신서원, 2005.

_____, 「19세기 변란 참가층의 사회적 관계망과 존재양태」, 『한국문화』 60, 서울대학교 규장각한국학연구원, 2008.

이이화, 「동학혁명의 선구」, 『學園』 1호, 서울: 학원사, 1985.

_____, 「이필제 : 조직적 민중봉기의 지도자」, 『한국근대 인물의 해명』, 서울: 학민사, 1985.

_____, 「이필제−홍경래와 전봉준을 잇는 탁월한 혁명가」, 『이야기 인물한국사 4』, 서울: 한길사, 1993.

임상욱, 「이필제와 최시형: 영해 '동학' 혁명의 선도적 근대성」, 『동학학보』 제30호, 동학학회, 2014.

임형진, 「혁명가 이필제의 생애와 영해」, 『동학학보』 제30호, 동학학회, 2014.

장영민, 「1840년 영해향전과 그 배경에 관한 소고」, 『충남사학』 제2집, 충남대학교 사학회, 1987.

_____, 「1871년 영해 동학란」, 『한국학보』 제47집, 일지사, 1987.

_____, 『동학의 정치사회운동』, 서울: 경인문화사, 2004.

조경달, 박맹수 옮김, 『이단의 민중반란: 동학과 갑오농민전쟁 그리고 조선민중의 내셔널리즘』, 서울: 역사비평사, 2008.

표영삼, 「동학최초의 신원운동」 상 · 하, 『신인간』 398~399호, 신인간사, 1982. 5 · 6~7월.

_____, 「신미 교조신원운동의 분석」 상 · 중 · 하, 『신인간』 456~459호, 신인간사, 1988. 1~4 · 5월.

_____, 「동학의 신미 영해 교조신원운동에 관한 소고」, 『한국사상』 제21집, 1989.

_____, 「영해 교조신원운동」, 『신인간』 492호, 신인간사, 1991. 3월.

한우근, 『동학란 기인에 관한 연구』, 서울: 서울대학교출판부, 1971.

강수의 입장에서 본 1871년의 영해

성강현(동의대학교 역사인문교양학부 교수)

강수의 입장에서 본 1871년의 영해

1. 머리말

동학(東學)은 동서양이 하나로 통합되는 시점에서 자주적 근대화를 추구한 종교이며 사상이다. 경상북도 경주에서 태어난 수운 최제우(崔濟愚)는 자신의 신분적 한계를 사회적 문제로 인식하고 이를 해결하기 위해 십수 년간 주유팔로를 하면서 여러 사람을 만났지만 뜻을 이루지 못하였다. 울산의 입화산 아래 여시바위골에 정착해 제세의 방법을 모색하던 수운은 '을묘천서(乙卯天書)'를 체험하면서 문제의 해결이 학문적 방법이 아닌 종교적 방법에 있다는 것을 인식하고 양산 천성산의 내원암과 적멸굴에서 49일의 고행을 하였다.

그러나 작은 이적은 있었지만, 세상을 건질 만한 방책을 찾지 못한 채 고향인 경주 용담으로 돌아온 수운은 죽기를 각오한 "불출산외(不出山外)"의 맹세로 구도에 돌입하였다. 그 결과 37세이던 1860년 4월 5일 결정적인 신비체험을 통해 동학을 창도하였다. 동학의 핵심 교의는 인간의 본원적 평등을 담은 시천주(侍天主)였다. 모든 사람이 한울님을 모신 존엄하고 존귀한 존재임을 깨달은 수운을 자기 집의 두 여종을 해방해 며느리와 수양딸로 삼았다. 이렇게 동학은 세상에 큰 울림을 주었다.

경주 출신으로 포항에서 살고 있던 최시형(崔時亨)은 경주에 신인(神人)이 났다는 소문을 듣고 용담을 찾아 수운의 언행에 감복해 동학에 입도하였다.

성실하게 수운의 가르침을 실천하여 종교체험을 통해 수운으로부터 포덕의
명을 받아 경상도 북부 일대인 영덕, 평해, 청하 등지에 동학을 전하였다.
이후 해월은 수운으로부터 경주 이북의 교단을 책임지라는 '북도중주인(北道
中主人)'이라는 직책을 맡아 교단의 핵심 인물로 부상하였다. 북도란 경주의
북쪽을 의미해 영덕도 포함된다. 따라서 영덕의 동학 유입은 해월의 활동과
깊게 연결되어 있다.

수운의 시천주(侍天主)는 조선의 통치이념인 성리학의 신분 질서에 반하
는 혁명적인 주장이었다. 동학이 확산하자 유생들은 동학 배척 운동을 벌
였다. 상주의 도남서원을 비롯해 여러 곳에서 동학 배척을 요구하자 조정
에서도 수운을 체포하라는 명을 내렸다. 1863년 12월 9일 밤 경주 용담
에서 체포된 수운은 이듬해인 1864년 3월 10일 좌도난정율에 의해 참
형을 받았다. 수운은 자신의 체포에 대비해 해월 최시형을 교단의 책임자
로 임명해 후계 구도를 마련했다.

1865년 봄 영양 일월산 윗대티에 자리 잡은 해월은 이곳을 중심으로 경
상도 북부에서 동학을 재건하기 시작하였다. 이때 해월을 가까이에서 도운
대표적인 인물이 강수였다. 강수는 이후 1894년 동학농민혁명의 청주전투
에서 체포되어 처형될 때까지 동학의 도차주(道次主)로 교단의 2인자로 활약
하였다.

해월이 영양 윗대티에서 활동할 때 겪었던 가장 큰 사건이 영해 교조신원
운동이다. 이 사건에 대해 농민 봉기, 변혁운동, 혁명 등 다양한 이름으로
불리고 있다. 『최선생문집도원기서』에서 가장 비중 있게 다루어진 내용이
영해 사건이었다는 점에서 해월도 이 사건의 교단 내부의 중요한 사건으로
인식하고 있었음을 알 수 있다. 영해 사건의 성격에 관해서는 연구자마다
견해가 달라서 어느 하나로 결정하기가 쉽지 않다. 이글에서는 영해 교조신

원운동이라고 이름하고 논의를 전개해 가고자 한다.

1862년 진주를 중심으로 한 전국적인 농민 봉기의 열기가 채 가라앉지 않은 1871년 경상북도 영해에서 이필제가 동학의 교세를 이용해 영해 교조 신원운동을 전개하였다. 이 운동에 대해 윤대원은 "고립적이고 분산적이었던 민란과는 달리 이를 극복하여 지역적인 연계성과 통일의 가능성을 보여주고 있다"[1]라고 평가하였다. 윤대원이 말한 '지역적 연계성과 통일의 가능성'은 다름 아닌 동학의 교단 조직이 밑바탕이 된 체계적이고 일원적인 활동임을 의미한다. 최시형은 수운이 순도한 3월 10일을 기해 전국의 동학도들에게 신원운동을 위해 집결하라는 동원령을 내렸고, 이에 호응해 16개 군현에서 약 500명의 동학도가 집결했다.

영해 교조신원운동의 핵심 인물은 동학 교주 해월과 강수, 그리고 변혁운동을 주도하던 이필제였다. 지금까지 영해 교조신원운동에 관한 연구는 주로 이필제를 중심으로 이루어졌다.[2] 아울러 영해 교조신원운동에 관한 사료를 정리한 연구도 눈에 띈다.[3] 이상의 연구에서는 이필제가 주도한 영해 교조신원운동의 성격과 이필제라는 인물에 관한 연구가 주를 이루었다. 반면에 이 운동의 주역 가운데 한 명인 강수의 활동에 관한 연구는 미미하다.[4] 그러나 이 연구 또한 강수의 생애 전반에 걸친 내용을 담고 있어 영해 교조신원운동에서의 강수의 역할에 대해서는 심도 있는 연구는 이루어지지 않은 상황이다. 이는 영덕 출신의 강수가 이 지역에 전개된 교조신원운동의 역할

---

1 윤대원, 「이필제난의 연구」, 『한국사론』 16, 서울대학교 국사학과, 1987, 202쪽.
2 윤대원, 「이필제난의 연구」, 『한국사론』 16, 서울대학교 국사학과, 1987 ; 임형진, 「혁명가 이필제의 생애와 영해」, 『동학학보』 30, 동학학회, 2013. 6 ; 연갑수, 「이필제 연구」, 『동학학보』 6, 동학학회, 2003. 6.
3 김기현, 「1871년 영해 동학혁명의 사료와 자취」, 『1871년 경상도 영해 동학혁명』, 서울: 모시는 사람들, 2014.
4 성강현, 「도차주 강수의 생애와 업적」, 『신인간』 847, 신인간사, 2021. 6.

에 비해 주목받지 못했음을 의미한다.

따라서 본 연구는 영덕인 강수의 영해 교조신원운동에서의 입장을 밝혀보고자 한다. 이를 위해서 먼저 강수의 동학 입도와 초기 활동을 통해 그가 동학교단에서 차지하는 위상을 살펴보고, 이어서 영해 교조신원운동에서의 강수의 역할과 입장을 살펴보고자 한다. 이를 통해 영덕인 강수의 시각에서 1871년의 영해 교조신원운동에 관한 인식과 역사적 의의를 규명해보고자 한다.

2. 강수의 동학 입도와 초기 활동

동학에 입도하기 이전의 강수(姜洙)에 관해 알려진 것이 없다. 동학에 입도한 이후에 비로소 강수는 세상에 알려졌다. 왜냐하면 그는 초기 동학의 역사에서 큰 비중을 차지하는 인물이기 때문이다. 강수가 언제, 어디에서 태어났는지는 알려져 있지 않다. 『최선생문집도원기서』에 그는 경상도 영덕(盈德) 직천(直川)[5]에 거주하고 있다고 기록되어 있다.[6] 본관은 진주(晉州)이며 강사원(姜士元)·강방준(姜方俊) 등의 다른 이름도 있었다. 부친은 강정이고 부인은 박씨이며 동생으로 계준(문)이 있었다

강수는 수운이 동학을 펴기 시작한 1861년에 동학에 입교하였다. 『최선생문집도원기서』(이하 도원기서)에는 강수의 「후서(後序)」가 실려있다. 이 글의 "於戲 時元 自丈席以來 進於學者 爲今十八年矣(아아 시원이 선생의 가르침을 받은 이후로 공부에 나아간 것이 이제 십팔년이다.)"라는 구절에서 강수는 자신이 동학에 입도한 지 18년이 되었다고 기록하였다. 『도원기서』가 1879년에 저

---

5 현 경상북도 영덕군 강구면 원직리.
6 『崔先生文集道源記書』, 갑자년조. "所向轉至 盈德 直川 姜洙之家."

술되었으므로 그로부터 18년 전은 1861년이다. 따라서 강수의 동학 입도 시기는 수운이 처음으로 동학을 세상에 전하던 신유포덕(辛酉布德) 때인 1861년이었다. 자신이 직접 경주를 찾아 수운의 제자가 되었다는 점에서 입도의 동기는 동학의 시천주에 찬동한 것이라고 할 수 있다.

강수는 입도 초기인 수운 제세 시에는 크게 두각을 나타내지 못하였다. 이는 강수가 영덕의 접주로 임명되지 못한 것을 통해 확인할 수 있다. 1862년 12월 29일 수운은 확산하는 교세를 담당할 지역 책임자를 접주(接主)로 임명하였다. 당시 경상도와 충청도 일대에 16명의 접주가 임명되었는데 영덕도 포함되어 있었다. 이때 영덕 접주로 임명된 이는 강수가 아닌 오명철(吳命哲)이었다.[7] 오명철이 영덕 접주로 임명된 것으로 볼 때 강수는 1862년 말까지만 해도 영덕을 대표하는 인물은 아니었다.

동학 기록에서 강수에 관한 기록은 1863년 4월에 처음 등장한다.

> (1863년) 4월 영덕 사람 강수가 도 닦는 절차를 물었다. 선생이 말하기를, "다만 성(誠)·경(敬)·신(信) 석 자에 있다."라고 하였다. 선생이 영덕에 일이 있음을 듣고, 다시 각처의 도인들에게 계를 내려 지목을 당하는 단서가 되지 말도록 당부하였다.[8]

위의 기록은 강수가 용담을 찾아 동학을 수행하는 방법을 묻자 수운은 성, 경, 신 세 글자를 잘 실천하라고 당부했다는 내용이다. 이러한 강수와 수운의 이야기는 수운의 시문 「좌잠(座箴)」[9]을 통해서도 확인할 수 있다. 「좌잠」이 강수가 수도의 절차를 물었을 때 수운이 답한 내용을 정리한 시

---

7 『최선생문집도원기서』, 임술년조.
8 『최선생문집도원기서』, 계해년조. "四月 盈德人 姜洙 來問于道修之節次 先生曰 只在誠敬信三字 云云 先生聞盈德有事 更戒各處道人 勿爲指目之端."
9 『東經大全』, 「座箴」: "吾道博而約 不用多言義 別無他道理 誠敬信三字 這裏做工夫 透後方可知 不怕塵念起 惟恐覺來知."

문이다. 이때 강수는 수운에게 수도의 절차만을 물은 것이 아니라 영덕의
교인들이 관에 체포되어 곤욕을 치르고 있다는 사실도 알렸다. 그러자 수운
은 각지에 글을 보내 지목을 대비하도록 했다. 당시 강수가 수운에게 영덕
의 일을 보고하고 해결방안을 물은 것은 접주가 담당해야 할 일이었다. 그
런데 강수가 교단의 일을 수운과 논의한 사실을 보면 이 시기에 그가 접주
못지않은 역할을 하였음을 알 수 있다.

이후 강수의 활동은 더욱 활발해졌다. 두 달 뒤인 6월에 그는 다시 용담
을 찾아 수운으로부터 액자를 두 개 받았다.

> 이해(1863년) 6월에 (수운은) 각처의
> 도인들에게 액자 한 장씩을 나누어주
> 었다. 특히 이를 써서 각처에 반포할
> 즈음, 강수가 와서 선생을 뵈니, 십
> 여 장 중에서 성(性)자가 있는 것으로
> 주며, "이것은 그대가 가지고 가거
> 라."하고 또 경재(敬齋) 두 자를 써
> 서 주었다.[10]

이 기록에서 수운은 특별히 강
수를 아꼈다는 것을 확인할 수 있
다. 일반적으로 수운은 교도들에
게 액자를 한 장씩 주었는데 용담
을 찾은 강수에게만 특별히 "성

〈그림 1〉 강수 선생 존영(이윤영 전주 동학혁명
백주년기념관장 제공)

---

10 『최선생문집도원기서』, 계해년조. "時歲六月 分付于各處道人額字一張特以書之頒佈于各處 其
時姜洙來謁 先生以十餘張中 有性者 此君持去 又書敬齋二字授之."

(性)"자와 "경재(敬齋)"[11] 두 개를 주었다. 수운이 준 두 액자의 의미는 성품을 깨닫고 공경하고 삼가는 사람이 되라는 뜻이 담겨있다. 수운은 자신이 준 액자의 의미를 잘 살펴서 강수로 하여금 동학의 이치를 바르게 깨달을 것을 당부했다. 즉, 1863년 여름이 되어서야 강수는 수운의 인정을 받는 제자가 되었다.

강수가 어떤성향을 가진 인물이었는지는 아래의 글을 통해 확인할 수 있다.

> (1863년) 10월 28일은 선생(최제우-필자 주)의 생신이다. 만약에 통문을 돌리게 되면 사방에서 모이는 사람의 수가 많을 것이나, 선생의 본래의 뜻은 잔치를 차리는 데에 있지 않았다. 그러나 주인(최시형-필자 주)이 몰래 의탁하여 영덕 사람들에게 각기 준비시켜 잔치를 커다랗게 열었다. …… "흥비가는 전에 반포한 바가 있다. 누가 그것을 외울 수 있는가?"하고 각기 면강(面講)하게 하니, 차례로 이것을 읽게 하였다. 강수가 홀로 좌중에서 나와 선생을 면대하여 읽고 뜻을 물었다. 선생께서 각 구절마다 먼저 뜻을 물으니 강수가 묵묵히 대답을 하지 못했다. 선생께서 우스갯소리로 말하기를, "그대는 진실로 묵방(墨房)의 사람이다." 강수가 도리어 뜻을 물어보니, 선생께서 서쪽을 가리키고 동쪽을 가리켰다. 강수가 또 문장군(蚊將軍)의 뜻을 물어보니, 선생께서 말하기를 "그대가 마음이 통하게 되면 알게 될 것이다." 또 강수가 무궁의 이치를 물어보니, 그것 역시 마음이 통하면 알게 될 것이라고 했다.[12]

위의 글에서 강수는 남 앞에 나서기를 좋아하는 적극적인 성격임을 알 수 있다. 수운이 경전을 외우고 그 내용을 알고 있는지 묻는 상황에서 아무도

---

11 이 경재가 강수의 도호(道號)라고도 한다. 이동초 편, 『동학천도교인명사전』, 서울: 모시는사람들, 2014, 27쪽.
12 『최선생문집도원기서』, 계해년조. "先生日 興比歌前有頒布矣 或爲執誦之耶 各爲面講也 茅次講之後 姜洙獨出座中 對先生而面讀問旨先生節節句句 先生爲問旨洙黙黙不答 先生笑戲日 予誠墨房之人也 洙反位問旨則先生指東指西也 洙亦問蚊將軍之意 先生日 君爲心通可知矣 洙亦問無窮之理 先生日 其亦心通知之."

나서지 않고 있을 때 강수는 홀로 나설 정도로 적극적인 성격이었다. 강수는 수운 앞에서 「흥비가」를 외우고 있음을 자랑했다. 그런 그에게 수운이 「흥비가」 구절의 뜻을 묻자 강수는 크게 아는 것이 없어 대답하지 못하였다. 그러자 수운은 강수를 일러 묵방(墨房)의 사람, 곧 입을 다물고 답을 잘하지 못하는 사람이라고 농담을 건넸다. 이어 강수는 「흥비가」의 구절 가운데 자신이 이해하지 못한 문장군과 무궁의 의미를 물었으나 수운은 더 공부해서 스스로 깨우쳐보라고 하였다. 여기에서 문장군은 모기를 뜻하며 도를 위하는 척 하면서 도를 해하는 인물을 의미한다. 또 무궁은 「흥비가」의 마지막 구절인 "무궁한 이 울 속에 무궁한 내 아닌가"의 부분을 질문한 것으로 동학의 이치가 심원하다는 의미로 해석할 수 있다.

　강수는 수운이 지은 글을 외울 정도로 열심이었지만, 그 글의 의미를 파악하고 있지 못했다. 그렇지만 그는 자신있게 나서 비난을 두려워하지 않는 적극적인 성격의 인물이었다. 강수가 이렇게 나서기를 좋아하는 성격이었기에 수운은 더 깊이 공부하라는 의미에서 "성"과 "경재"를 써주었다. 강수는 자신이 집필한 『도원기서』에서 자신의 허물일 수 있는 이 이야기를 가감 없이 적은 것은 그가 수운의 가르침을 통해 자신의 단점을 보완했음을 보여주고 있다.

　수운이 살아 있을 때 강수는 다른 지역에 비해 활발했던 영덕 출신이었지만 주도적인 위치에 있지는 않았다. 당시 영덕의 동학도들은 수도 많았고 경제적으로 여유가 있었다. 이러한 사실은 다음의 몇 가지 사례로 확인할 수 있다. 첫째, 1863년 8월에 청하사람 이경여가 체포되어 어려움에 처하자 영덕 도인들이 그를 위해 2백 금을 마련하여 속전을 주고 귀양에서 풀어주었다. 이때 영덕의 유상호가 절반의 돈을 낼 정도로 영덕 교도들의 신앙심과 우의가 독실했다.[13] 둘째, 앞에서 언급한 1863년 수운의 생일상도 영덕의 교도들이 준비하였다. 셋째, 영덕 교인의 정성이 가장 두드러진 것은 수운의 체포 이후였다. 해월은 수운이 대구에 수감되자 영덕의 유상호를 찾아 급하게 1백여 량을 마련했다.[14] 이후 유상호는 수운이 체포되고 경제적으로 여유가 있다고 체포되어 유배형을 받는데 그 이유는 재산이었다.[15] 영덕의 구정원도 1863년 12월에서 1862년 2월까지 3개월 동안 대구 영문에 있었으면서 수운의 옥바라지를 했다. 수운의 옥바라지에 영덕·영해 두 접에서 육백여 금을 낼 정도로 영덕의 도인들의 정성이 대단했다.[16] 해월의 지도를 받으며 영덕의 교세가 크게 성장하였고, 따라서 교단에서 영덕이 차지하는 비중도 적지 않았다. 이처럼 강수는 영덕 도인들의 열정적인 분위기 속에서 신앙을 이어나갔다.

용담을 오가면서 강수는 해월과 친숙해진 것으로 보인다. 강수와 해월의 관계에 관해서는 수운 사후에 해월이 영덕 직천을 강수를 찾아간 것을 통해 확인할 수 있다. 강수가 어디에 있는지 알고 있었다는 점에서 해월과 강수의 친숙도를 할 수 있다.

주인은 선생께서 돌아가신 후 애통하여 어디로 향할 바를 모르다가, 영덕 직천에 있는 강수의 집으로 가게 되었다. 그때 강수는 마침 풍습이 다 낫지 않아 초당에 누워 있다가, 놀라 주인의 손을 잡고, 선생께서 당한 욕의 전후사를 듣고 슬피 눈물을 흘리며 애통해 했다. 강수의 처 박씨도 대성통곡을 하였다. 밤새도록 잠을 이루지 못하다가 새벽에 밥을 지어 밥 한 바리를 싸서 동쪽으로 향했다. 마을의 닭이 사방에서 울고, 마침 비가 내려 머뭇거리다, 중도에 영해에 이르러 도인의 집을 찾아 잠을

---

13 『최선생문집도원기서』, 계해년조.
14 『최선생문집도원기서』, 갑자년조.
15 『최선생문집도원기서』, 갑자년조.
16 『최선생문집도원기서』, 갑자년조.

자고 다음날 길을 떠나 평해 황주일의 집에 이르렀다.[17]

위의 글을 보면 강수를 해월이 찾았을 당시 그가 풍습(風濕)으로 고생하고 있었다. 이로 인해 영덕접주 오명철을 비롯해 영덕의 도인들이 수운의 옥바라지에 정성을 다할 때 강수의 모습은 보이지 않는다.

강수는 풍습으로 고생하고 있었기 때문에 수운의 체포 이후 옥바라지에 동참할 수 없었다. 두문불출한 상황에서 수운의 순도 소식도 듣지 못하고 있었다. 강수는 자신의 집을 찾은 해월로부터 비로소 스승의 순도 소식을 들었다. 당시 강수가 교단에서의 입지가 미미했다면 해월이 영덕에 있는 강수의 집을 직접 찾지 않았을 것이다. 해월이 강수를 찾았다는 것은 그만큼 둘 사이가 친밀했고, 강수가 교단에서 적지 않은 비중을 차지하고 있음을 알 수 있다. 수운의 순도 소식을 들은 강수의 처도 대성통곡을 했다는 내용으로 보아 강수의 부부가 함께 동학을 믿고 있었음을 알 수 있다. 해월은 믿음직한 도반으로 강수를 생각하고 있었다.

이후 강수는 교단 동정과 수도의 절차를 문의하고자 해월의 행방을 찾았다. 수운의 종기년인 1866년 3월 10일 강수는 경주 용담 맹윤(孟倫)의 집을 방문해 수운의 가족과 해월을 기다렸다. 그러나 수운 사후 지목이 심한 상황이라서 용담을 찾은 사람이 아무도 없어 성과없이 돌아왔다. 해월의 행방을 찾던 강수는 이해 9월에 전성문(全聖文)을 영덕에서 우연히 만나 해월의 소식을 물었다. 당시 전성문은 영양 일월산 윗대티에서 해월과 같이 지내고 있었지만, 은신처를 쉽게 발설할 수 없었다. 강수의 끈질긴 질문에 전성문은 해월이 영양 윗대티에 있다는 사실을 털어놓았다. 그는 이튿날 박춘서와 함께 윗대티를 찾아 수운의 가족과 해월을 만났다. 얼마지 않아 강수

17 『최선생문집도원기서』, 갑자년조.

는 영양 윗대티로 이사해 해월과 같이 지냈다.

강수는 이때부터 해월의 지근거리에서 교단의 주요한 역할을 하였다. 해월은 윗대티에서 교단 수습에 나섰는데 그 첫 사업으로 수운의 순도와 탄신제를 지내기 위한 계안(契案)을 제안했다. 2년의 준비 끝에 계를 구성하였는데 이때 강수의 아버지 강정(姜鋌)이 계장(契長)을 맡았다.[18] 강수의 부친인 강정이 계장을 맡았다는 것은 해월이 강수를 믿고 있었음을 의미한다. 강정은 아들인 강수를 통해 동학에 입도하였고, 해월이 수운의 제례를 위해 계를 조직하려고 애쓰고 있다는 소식을 듣고 계장을 맡았다. 이는 강정이 신앙적으로 열심이었지만, 계장을 맞을 정도로 경제적인 여유와 학식을 갖추었음을 뜻한다. 이처럼 강수는 수운 사후 해월을 보좌하며 교단의 핵심 인물로 성장했다.

강수는 1871년의 영해 교조신원운동의 주동자 가운데 한 명이었다. 이에 관해서는 다음 장에 언급하고자 한다. 영해 교조신원운동 이후 강수는 피난의 과정에서 해월과 의형제를 맺었다.[19] 이는 강수가 영해 교조신원운동 실패의 공동책임자로 인식하고 해월과 생사를 같이하기로 결정했음을 의미한다. 강수는 해월을 보좌하며 동학 교단의 재건에 온 힘을 기울였다. 1872년 겨울 해월은 강원도 고한의 정암사의 말사인 적조암(寂照庵)에서 49일 기도를 행할 때에서 강수는 해월과 함께 참여했다.[20] 당시 49일 기도에 참여한 인물을 해월, 강수, 전해성, 유택진 4명이었다. 강수는 해월과 함께 가장 힘들었던 시기를 견디어 낸 인물이었다.

이 시기 강수의 역할이 어떠했는지는 1875년 '시(時)' 자를 이름을 고칠

---

18 『최선생문집도원기서』, 무진년조.
19 『崔先生文集道源記書』, 신미년조: "主人與洙 自此以後 呼兄呼弟 結爲桃園之義."
20 『崔先生文集道源記書』, 임신년조: "主人與洙 將有入山四十九之計 洙使海成澤鎭 入葛來山寂照庵."

때의 이야기를 통해 확인할 수 있다. 이해 10월 해월은 「용시용활(用時用活)」의 법설을 강조하며 '시(時)'자를 넣어서 이름을 고쳤다. 이때 해월은 '시형(時亨)'으로, 강수는 '시원(時元)'으로, 유인상은 '시헌(時憲)'으로 개명하였다.[21] 이때부터 교단에서는 강시원(姜時元)이라고 불렸다. 해월이 사용한 형(亨)자와 강수가 사용한 원(元)자는 수운이 지은 「수덕문(修德文)」의 "元亨利貞 天道之常 惟一執中 人事之察"[22]에서 따왔다. 이를 통해서도 해월과 강수가 막역한 사이임을 알 수 있다.

이러한 강수의 활동이 인정받아 1879년 12월에 도차주(道次主)로 임명되어 명실상부한 교단의 2인자가 되었다. 이후 교주인 해월을 보좌하며 교단을 이끌었다. 그의 주요 활동을 정리하면, 첫째, 수운의 탄생부터 경전 간행까지의 초기 동학의 역사를 정리한 『최선생문집도원기서』를 저술하였고, 둘째, 1880년 인제 갑둔리에서의 『동경대전』 간행과 1881년 단양 샘골에서의 『용담유사』 등 수운이 남긴 경편을 정리한 경전 편찬에 핵심적인 역할을 하였다. 셋째, 1885년에는 관군에 체포되는 고초를 겪었다. 그러나 뇌물을 주고 얼마 지나지 않아 풀려나기도 하였다. 넷째, 1892년 공주와 삼례, 이듬해의 광화문 교조신원운동을 총지휘하였다. 다섯째, 동학농민혁명에 참여하였다. 1894년 9월 총기포 때 그는 손병희와 함께 호서동학군을 이끌고 참전하였다. 교단의 원로였던 강수는 교단의 뜻을 전하기 위해 김개남을 만난 후 김개남 부대에서 활동했다. 김개남의 부대에서 행군하던 그는 청주성을 점령하기 위한 청주전투에 참전하였다가 체포되어 1894년 12월

---

21 『崔先生文集道源記書』, 을해년조: "其時 主人頒布曰 吾有十二時字 又有十二活字則 爲先而 三人時字 改名以賜之". 3인은 崔慶翔(崔時亨), 姜洙(姜時元) 劉寅常(劉時憲)이다. 이후 全時明(全聖文), 沈時貞, 洪時來(洪錫範), 辛時永(辛鳳漢), 崔時敬(崔振燮), 方時學, 辛時一(辛錫範) 등의 고친 이름이 기록되어 있다.
22 『東經大全』, 「修德文」.

청주병영에서 처형되었다.

요컨대 강수는 1861년 수운의 신유포덕이 입도하여 1863년 봄부터 동학 교단에서 두각을 나타냈다. 그는 수운에게 도에 관한 절차를 물었고, 영덕의 상황을 전할 정도로 비중 있는 인물로 성장하였다. 이 시기에 그는 해월과 친밀한 관계를 유지했다. 수운의 체포와 순도 시기에는 풍습으로 인해 큰 활동을 하지 못할 때에도 해월이 직접 그를 찾아 수운의 순도를 전해 줄 정도로 친밀한 사이였다. 강수는 수소문 끝에 해월이 은거한 영양 윗대티를 찾았고, 이후 해월을 지근거리에서 보좌하였다. 해월이 수운의 탄신제와 순도제를 위한 계안을 시행할 때 적극적으로 가담해 그의 부친이 계장을 맡았다. 이처럼 해월의 초기부터 강수는 교단의 핵심적인 역할을 하였다. 이런 핵심적인 역할을 하던 강수가 이필제의 교조신원을 요구에 깊숙하게 개입하지 않을 수가 없었다.[23] 영해 교조신원운동 이후에도 강수는 해월과 고난의 순간을 함께 하면서 호형호제하였고, 기도와 교회 전반에 걸쳐 영향력을 행사했다. 이러한 결과 그는 도차주에 임명되어 동학 교단의 2인자에 올랐다. 교조신원운동의 총책임자로 활약한 강수는 동학농민혁명의 총기포에 참가해 청주성전투에서 체포되어 처형되었다. 강수는 1861년 동학에 입도하여 1894년 순도 때까지 34년간 동학인으로 살았으며 동학 교단의 발전에 기틀이 되었다.

---

23 이후 강수의 행적은 성강현, 「도차주 강수의 생애와 업적」, 『신인간』 847, 신인간사, 2021. 6, 17-29쪽. 참조.

3. 강수의 영해 교조신원운동 활동

영해 교조신원운동은 이필제(李弼濟)가 영해로 오면서부터 시작되었다. 진천과 진주 등지에서 변란을 꾀하다 실패한 이필제가 영해에 들어온 시기는 1870년 7월이었다.[24] 그가 처음 만난 사람은 이수용(李秀用)으로 동학교도였다. 이필제는 이수용의 안내로 박사헌(朴士憲)을 만났다. 박사헌은 영해접주 박하선(朴夏善)의 아들이다. 박하선은 관에 체포되어 고문을 받고 그 후유증인 장독(杖毒)으로 사망하였다.[25] 영해에 잠입한 이필제는 박사헌으로부터 이 지역의 동학 교세가 상당함을 알게 되고 이를 바탕으로 자신의 염원을 실현하고자 동학교도들을 포섭하기 시작하였다.

『최선생문집도원기서』를 바탕으로 영해 교조신원운동의 경위를 살펴보면, 이필제는 1870년 10월 영해의 동학도인 이인언(李仁彦)을 해월에게 보내 만나기를 청했다. 그러나 이인언의 말을 들은 해월은 이치가 맞지 않다고 판단해 만나지 않았다. 이필제는 이후 박군서, 박사헌, 권일언을 연속적으로 보내 자신의 뜻을 전했다. 이필제의 계속된 요구와 영해 동학도들의 독촉에 못이겨 해월은 1871년 2월에 이필제를 처음 대면했다. 이필제는 자신을 만나주지 않은 해월을 꾸짖으며, 수운의 제자로 스승의 억울함을 풀기 위해 순도일인 3월 10일을 기해 영해부에서 신원운동을 벌여야 한다고 요구했다.

이필제는 해월에게 스승의 치욕을 씻기 위해 영해부성을 쳐들어가 관을 징계해야 하며, 나아가 관재로부터 창생을 건지고, 종국에는 자신이 장차 중국을 창업하려는 뜻을 가지고 있는 사람이라고 하면서 교조의 신원을 주장했

24 『나암수록』에는 이필제가 1866년 이수용과 교분을 맺었다는 기록이 있다.
25 임형진, 「혁명가 이필제의 생애와 영해」, 『동학학보』 30, 동학학회, 2013. 4, 125쪽.

다. 해월은 이필제의 황당한 말을 듣고는 중요한 일일수록 준비를 잘해야 한다고 말하며 시기가 촉박하니 가을에 신원을 일으키는 것이 어떻겠느냐고 하였다. 그러자 이필제는 자신의 뜻은 확고하니 따라줄 것을 강요했다.

해월은 강수를 찾아 이필제와의 만남을 전하며 같이 만날 것을 제안했다. 이에 강수는 해월과 함께 이필제를 만나 보니 해월에게 들은 내용과 다름이 없었다. 그래서 강수는 이필제에게 자신의 마음도 같다고 하면서 왜 하필 도인을 동원해 일을 일으키려고 하느냐고 물었다. 이에 대해 이필제는 강수에게 도를 배반한 사람이라고 말하며 수운의 설원을 위해 도인을 동원하지 않으면 누구를 동원하겠느냐고 화를 냈다. 강수는 이필제가 노기를 띠고 압박해오자 이에 대응해 다음과 같이 답하였다.

> 그래서 강수가 주인과 같이 가서 이필제를 보니 역시 들은 말과 같았다. 강수가 필제에게 말하기를 "노형의 마음이나 뜻을 나는 알지 못하겠다. 그러나 노형은 어찌 하필 도인으로써 일을 일으키려고 하는가?" 필제가 노하여 말하기를 "그대는 도를 배반한 사람이다. 내가 지금 스승을 위하는 마당에 사근취원 하겠는가? 선생의 일을 도모하는데 도인을 취하지 어찌 세상의 무리들을 취하겠는가?" 강수가 대답하여 말하기를 "남자가 세상 일에 있어 홀로 그 욕심을 취하여 그 이치를 살피지 아니하며, 끝내 그 해로 인하여 실패를 하게 될 것이다. 노형은 항우(項羽)의 우직함을 보지 못했는가? 고집을 부리다가 뜻을 잃게 되니, 즉 범증(范增)의 간(諫)함을 후회해도 다시 미치지 못할 것이라. 지금 일을 일으키려 하는 것을 내가 어찌 멈추겠는가? 노형을 헤아려 처리하는 것이 어떻겠소?" 하니 필제가 강수의 기상과 말하는 모양을 보고서는 노기를 풀고 온화한 말로 말하기를 "형의 말이 비록 그러하나, 날이 정해졌으니 물러나기 또한 어렵고 나아가기 또한 어렵게 되었소. 운이라는 것은 다시 오지 않는 것이오. 때라는 것도 다시 오지 않는 것이라. 때는 3월이니 오직 선생님의 원통한 날이라. 이 어찌 춘삼월 호시절이 아니겠는가? 일이란 급히 쳐서 (기회를) 잃지 않아야 하는 것이오. 오직 바라건대 노형께서는 내가 일을 서둘러 한

다고 말하지 마시오"[26]

　강수는 이필제의 발언에 대해 항우와 범증의 예를 들어 논리적으로 시기
의 촉박함을 설명하였다. 그러자 이필제는 더는 노기를 부리지 않고 온화한
말로 3월 10일이 스승님이 순도한 날이기 때문에 미룰 수 없는 일이라고 운
수를 들먹이며 응대하였다. 강수는 이필제의 태도에 대해 논리적으로 설명
함으로써 그의 기세를 꺾었다. 그러자 이필제는 태도를 바꾸어 자신은 수운
의 순도일인 3월 10일에 맞추어 교조신원을 하기로 이미 준비를 다 했기 때
문에 더는 늦출 수가 없다고 호소하였다. 이때 김낙균이 금위대장과 훈련대
장의 서찰을 보이면서 유혹하였다. 해월과 강수는 이필제와의 만남을 통해
"부득이 이를 좇을 때에"[27]라고 하여 이필제의 요구에 따라 교조신원을 동조
하였다.

　이필제와의 만남 후 해월은 강수와 함께 영덕과 영해의 도인들을 만나 의
견을 들었다. 먼저 평해의 전동규와 박춘서를 만났는데 이들은 이필제가 범
상한 인물이 아니며 때를 잃으면 안 된다고 이필제의 편을 들었다. 또 강수
는 청하의 이경여를 만나 이필제에 관해 물었으나 이경여는 이전에 참소된
사실이 있어 신원에 대해 더욱 적극성을 보였다. 이렇게 여러 사람을 만나
보았으나 이미 영덕과 영해의 교도들은 이필제와 같은 마음이어서 강수와
해월도 어찌할 수 없는 상황이었다. 결국 이필제의 주장에 해월이 동조하면
서 영해에서 신원운동을 전개하기로 결정하였다.[28] 이런 과정을 거쳐 영해
교조신원운동이 결정되었다.

　동참을 결정한 해월은 윗대티로 돌아와 이군협, 정치겸, 장성진 등 중견

26 『최선생문집도원기서』, 신미년조.
27 『최선생문집도원기서』, 신미년조.
28 『최선생문집도원기서』, 경오년~신미년조.

지도자들과 동참할 방법을 의논하였다. 김천석은 "2월 17일 밤에 형님 백이의 의부는 지금 큰 일을 꾸미고 있다. 머지 않아 영해에서 변란이 일어날 것이다. … 이달 보름 사이에 영해 죽현의 최백이가 와서 자고 의부 장성진과 같이 나갔다."[29]라는 기록으로 보아 해월이 윗대티로 돌아온 것은 2월 14일경이었다. 해월은 이군협, 정치경, 장성진과 협의한 후 16일경부터 양자인 백이를 동원해 교인을 모으는 활동을 시작으로 영해 교조신원운동에 관여하였다.[30] 해월은 수운 재세 시 접주가 있었던 지역에 사람을 보내 3월 10일 영해에서 스승님의 신원운동을 전개할 것이니 영해 우정골 병풍바위 박사헌의 집에 빠짐없이 참여하라고 통지하였다. 해월의 명령으로 각지에서 영해에 모인 인원은 5백여 명에 이르렀다. 당시 참가한 지역은 영덕과 영해를 비롯해 경주, 안동, 청하, 연일, 울산, 평해, 대구, 상주, 칠원, 영산 등지였다. 이들 지역은 수운의 포덕한 지역과 해월이 영양 윗대티에 자리 잡고 새로 포덕한 지역을 포함한 곳이었다.

영해 교조신원운동은 이필제 계열의 인물과 해월을 정점으로 동학 교단이라는 두 조직이 참여하였다. 영해의 한상엽은 3월 10일 우정동의 병풍바위에 모인 핵심 인물은 이필제, 김진균, 최경오(해월), 박영관 4명이라고 하였다.[31] 김귀철은 여기에 강시원과 전영규, 박춘서, 남기환, 전윤경 등도 주모자라고 하였다.[32] 취조를 바탕으로 박제관은 주동으로 이필제, 김진균, 강

---

29 『嶠南公蹟』, 「罪人安東良人金千石」: "去二月十七日夜與矣兄 伯伊 捆屨矣 矣兄日義父方圖大事 將有變亂於寧海云 故矣身以爲如許危機 何以經營乎 矣兄戒以緘口是乎 所日不記 同月望間英陽 竹峴居 崔甲伊 來宿于義家時義父 成眞 屛退."

30 표영삼, 『동학 1』, 서울: 통나무, 2004, 372쪽.

31 『嶠南公蹟』, 「罪人寧海幼學權錫重」: "三月初十日在雨井洞時魁首 李濟發 與京居 金震均 英陽 崔永瑁 及窩主 朴永琯 同坐一席列書者也."

32 『嶠南公蹟』, 「罪人江原道蔚珍驛人金貴哲」: "是旀汝與 李濟發 全永奎 姜士元 朴春瑞 權日彦 南 基煥 全允慶 等素有親分同謀和應."

수, 남두병, 박영관 등 5명을 꼽았다.[33] 이들 기록을 종합하면 영해 교조신
원운동은 이필제를 필두로 한 김낙균, 김진균, 권성거 등 변혁 세력과 해
월, 강수, 박영관 등 동학 교단이 일으켰다. 이들 중 김낙균과 김진균은 이
필제와 같이 진천에서 작변을 모의했던 인물들이었다.

강수는 영해 교조신원운동이 결정된 이후에 적극적으로 가담했다. 영양
출신 이군협은 1871년 3월 초에 동학에 입도하여 참모로 활동한 인물이었
다. 그는 "도록 등 문서의 각항의 내용과 첩지는 이제발(이필제-필자 주)이 만
들었고 박한용, 강사원(姜士元, 강수-필자 주)이 배서해서 매 최경오와 함께 상
의해서 비용을 지출하고"[34]라고 하여 강수가 이필제와 함께 교조신원운동에
관한 구상과 활동 방향 등을 논의해 서류를 작성하였음을 밝혔다. 이렇게
이필제가 작성하고 강수가 배서한 내용을 교주인 해월에게 보고되었다. 즉,
강수는 이필제가 주장하는 변혁운동과 동학교단의 목적인 신원운동을 통합
해 달성하기 위한 중간자 내지 조정자 역할을 하였다.

『교남공적』에서 울산의 서군직은 이필제가 교조신원운동 최고의 우두머리
이고 강수가 그다음 우두머리라고 하였고[35] 강수와 친분이 있던 임영조도 강
수를 우두머리라고 하였다.[36] 이러한 사실로 볼 때 강수는 영해 교조신원운
동의 핵심적인 역할을 하였음을 알 수 있다. 그리고 신원운동에 들어가는
비용을 해월, 즉 동학교단이 담당하였기 때문에 중간자인 강수의 역할이 클
수 밖에 없었다. 운동에 참여했던 여러 인물들의 증언으로 볼 때 신원운동
에서 강수는 이필제 다음으로 큰 비중을 차지했음을 알 수 있다. 강수의 활

---

33 『嶠南公蹟』,「寧海府按覈使 朴 査啓」: "李濟發 金震均 姜士元 南斗柄 朴永琯 卽其渠魁也."
34 김기현,「1871년 영해 동학혁명의 사료와 자취」,『1871년 경상도 영해 동학혁명』, 서울: 모시는
　사람들, 2014, 57-59, 68쪽.
35 『嶠南公蹟』,「罪人蔚山良人徐群直」: "巨魁 李濟發 也京居 名不知 金哥 平海 全哥叔任 及 士元
　亦其次魁也."
36 『嶠南公蹟』,「罪人盈德良人林永祚」: "更推白等 姜士元 卽賊魁也."

동은 인원 동원에서도 나타난다.

영해에서 교조의 신원을 전개하기로 결정한 후 강수는 교조신원운동에 참여할 인원 동원에도 주력했다. 강수의 설득으로 병풍바위로 향한 인물은 경주 출신 박명관(朴命觀), 이병권(李秉權), 울진 출신 서군직(徐羣直), 영덕 출신 임영조(林永祚), 구일선(具一善) 등이었다.[37] 또한 강수는 동생 강계준(姜季俊)도 참가시켰다. 영해 출신 한상엽(韓相燁)은 강수의 활동에 대해 다음과 같이 답하였다.

> 3월 7일 뜻하지 않게 영덕 강차준의 집에 갔더니 차준의 형 사원이 나를 보더니 영해 우정동 유리인이 있으니 나더러 같이 가서 보자고 했다. … 강사원과 그의 동생 계준(季俊, 강문)이 와서 한쪽에 있고"[38]

강수는 동생인 차준과 황재명, 이재관, 박춘집 등과 함께 우정골을 찾았다. 이렇게 영덕에서 참여한 인물 중에는 강수의 설득으로 동참한 인원이 많았다. 강수를 비롯해 각지의 접주들의 노력으로 병풍바위에 모인 동학교도들은 약 500명에 이르렀다.

이렇게 많은 인원이 집결하자 병사의 편성과 군호도 달리하였다. 3월 10일 영해부를 공격하기 위해 시위대를 편성하면서 이필제와 강수는 동학교도는 '청', 나머지 일반 농민은 '홍'으로 군호를 정하여 병사를 동학도와 그 나머지로 분류하였다.[39] 이를 통해 영해 교조신원운동은 두 세력이 합세하였

---

37 김기현, 「1871년 영해 동학혁명의 사료와 자취」, 『1871년 경상도 영해 동학혁명』, 서울: 모시는 사람들, 2014, 57-59, 62-63쪽 참조.
38 『嶠南公蹟』, 「罪人寧海幼學韓相燁」: "三月初七日偶往 盈德 姜次俊 家則 次俊 兄 士元 對矣 身日寧海雨井洞 有理人 汝亦往見否云 故問理人 何許人也 士元 日不必言往見則可知也 是如是乎 所其日仍爲留宿于姜家 其翌日還故矣 家矣 乃於初九日 安東才山面居 黃在明 及 李在寬 朴春執 等 三人來到矣…姜士元 及其弟 季俊 亦已入來一邊."
39 『嶠南公蹟』, 「罪人蔚山良人徐群直」: "所謂軍號互稱日靑日紅故問其意於 士元 則靑是東學紅是平民區別之號也."; 연갑수, 「이필제 연구」, 『동학학보』 6, 동학학회, 2003. 12, 205쪽.

음을 알 수 있다. 그러나 일반 민중보다 동학교도가 훨씬 많아 신원운동은 동학교도 중심으로 전개되었다. 동학교도를 이끌었던 인물이 다름 아닌 강수였다.

교조신원운동을 전개하기로 결정된 3월 10일 우정동 병풍바위에 모인 시위대는 대오를 편성하였다. 이필제는 중군(中軍)에는 전인철, 참무사(參武士)에 장성진, 참모(參謀)에 이군협, 세작(細作)에 박기준, 별무사(別武士)에 김덕창, 정창학, 한상엽 등을 임명하였다.[40] 별무사들이 인솔할 인원과 규모도 배정하였다. 그리고 참가자들의 명단을 작성한 도록도 만들었다.[41] 우정동 병풍바위에서 천제(天祭)를 지낸 후 저녁 7시를 넘겨 대오가 출발했다. 병풍바위를 지나 우정동에 이르러 죽창을 들고 영해부를 향했다. 약 두 시간을 걸어 밤 9시 30분경에 영해부성에 당도했다.

영해부를 공략하는 데에도 강수는 큰 역할을 하였다. 임영조는 선봉 박동혁이 죽자 대신 강수가 선봉에 섰다고 말하였다.[42] 임영조는『신미영해부적변문축』에서 "선봉장은 경주 북면 사동에 거주하는 박동혁이었으나 도중에 총에 맞아 죽었다. 이에 중군이라는 명색은 영덕 거주 강수(姜守, 강수)가 대신 맡아 선봉에 섰다."[43]라고 강수의 활동을 상세히 진술하였다. 임영조의 진술에 따르면 강수는 처음에는 중군이 아니었으나 중군을 맡은 박동혁이 영해부를 점령하는 과정에서 죽게 되자[44] 이필제는 강수를 중군을 맡기고 선봉에 서게 하였다. 이렇게 선봉에 선 강수는 다시 영해부를 돌입하는 과정에서 부

---

40 표영삼,『동학 1』, 서울: 통나무, 2004, 375쪽.
41 『嶠南公蹟』,「罪人英陽幼學李群協」: "都錄則 濟發 與 朴永珤 金震均 崔景五 鄭致兼 輩相議 成出者也."
42 『嶠南公蹟』,「罪人盈德良人林永祚」: "濟發 謂 士元 曰 中軍 今旣中丸而死汝代之仍以印符付 與士元 所謂丸斃之 中軍 未知誰某是乎."
43 『辛未寧海府賊變文軺』: "先鋒卽慶州北面寺洞居朴東赫 而爲中丸致死 仍以中軍名色 盈德居姜守 代差先鋒."
44 『嶠南公蹟』에서 박명관은 중군을 장기의 성가가 맡았다고 하였다.

상을 입었다. "강사원은 총알을 얼굴에 맞았는데 비록 치명적이지는 않은데 중상인 것 같다."[45]라고 하여 영해부 공략에서 부상을 입었다고 하였다.

『교남공적』에는 "김창덕, 정창학, 한상엽 등이 분대를 거느리고 앞장섰으며 김천석, 이기수, 남기진 등이 먼저 군기를 탈취하고 서로 다투어 공격하였다. 그리고 신화범은 동편에서 들어가 문을 부수었고 권석두는 포청으로 달려가 동정을 살폈다. 이재관이 철창을 수집했고 최기호는 성문 밖을 돌아다니며 살폈다."[46]라고 하여 강수와 함께 영해부 점령에 앞장섰던 인물들을 적었다. 강수는 부상을 무릅쓰고 영해부를 점령하는 데 성공하였다. 그러나 이 과정에서 강수의 동생인 강문(姜汶)이 사망하였다.[47]

영해부성를 점령한 강수는 이필제, 김낙균과 함께 대청에 올랐다. 그리고 인부(印符)를 빼앗아 강수에게 넘겨주고 부사 이정(李玹)을 꿇어 앉히고 치죄하였다. 치죄의 내용은 정사를 잘못하여 세상을 어지럽혔고, 백성을 학대하고 재물을 탐하였다는 것이었다.[48] 이들을 이정이 탐관이라고 단정하였고, 이필제는 김진균에게 명하여 부사를 살해하였다.[49] 그리고 부사의 가족은 11일 오후 철수할 때 풀어주었다.[50]

이튿날인 11일 아침 이필제는 관아에 있던 공전 150냥을 털어 5개 동민에게 나누어주었다. 그러면서 이필제는 부민들에게 이번 거사는 탐학무비한 부사의 죄를 성토하는 데 있다고 하면서 자신의 기포가 제세안민에 있음

---

45 김기현, 「1871년 영해 동학혁명의 사료와 자취」, 『1871년 경상도 영해 동학혁명』, 서울: 모시는 사람들, 2014, 59쪽.

46 『嶠南公蹟』, 「寧海府按覈使 朴 査啓」: "金德昌 鄭昌鶴 韓相燁 等之分隊管領 金千石 李基秀 南基煥 之先劫軍器 申和範 之突入東軒打破窓戶 權斗錫 之卽走砲廳口探動靜 李在寬 之手執鐵槍 周察門外 崔基浩."

47 성강현, 「도차주 강수의 생애와 업적」, 『신인간』 847, 신인간사, 2021.6. 21쪽.

48 『최선생문집도원기서』, 신미년조.

49 부사 이정의 죄목에 관해서는 표영삼, 『동학 1』, 서울: 통나무, 2004, 381~382쪽 참조.

50 『辛未寧海府賊變文軐』, 3월 11일조: "結縛使主子弟 翌日午後 始爲見解."

을 밝혔다. 이필제는 이번의 거사가 교조신원보다 제세안민이라는 변혁운
동이라는 점을 강조하였다. 나아가 이필제는 영덕군 관아를 공격하자고 제
안하였다. 이필제는 영해부를 점령하고 난 이후 영양, 울진, 평해 등지를
공격할 계획을 갖고 있었다.[51] 이때 강수는 이필제와 견해를 달리했다. 강수
는 이필제의 영덕 공격을 저지하였다.[52] 동학도는 애초에 영해관아 이외에
다른 군현을 공격할 계획을 갖고 있지 않았다. 박영관의 동생 박영수는 "형
님이 무리들을 이끌고 우리집을 지나갈 때 나에게 말하기를 내일 영해읍을
떠나 태백산 황지로 가려하니 너는 식구를 거느리고 따라오라."[53]라고 한 것
으로 볼 때 이필제와 가창 친밀했던 동학교도인 박영관도 영덕 진출에 대해
알지 못했다. 동학도들은 교조신원운동 이후 영해를 떠나 태백산으로 숨으
려고 했다. 이에 반해 이필제를 위시한 변혁 세력은 영덕 진출을 꾀하다 강
수에게 저지당했다.

　강수가 이필제의 영덕 진출에 반대한 것은 세 가지 요인이 있었다. 첫
째, 이필제가 본래의 목적인 교조의 신원과 무관한 변혁운동에 주력하려
고 했기 때문이었다. 이필제는 본래의 목적인 교조신원보다는 제세안민
의 변혁을 추구하였다. 동학도 보국안민을 주장하고 있었지만, 해월은
이번 거사를 교조신원에 있었기 때문에 이필제의 의견에 동의하였다. 따
라서 거사의 본래의 목적을 벗어나자 동학교단을 대표하는 강수는 반대
하였다. 둘째, 인명의 살해가 발생하였기 때문이었다. 거사 과정에서 부
사 이정이 살해되었다. 또한 영해부를 점령하면서 이속들도 적지 않은 사
상자가 발생하였다. 관군뿐만 아니라 시위대의 사상도 발생했다. 영해부

51 윤대원, 「이필제난의 연구」, 『한국사론』 16, 서울대학교 국사학과, 1987, 168쪽.
52 성강현, 「도차주 강수의 생애와 업적」, 『신인간』 847, 신인간사, 2021. 6. 21쪽.
53 『嶠南公蹟』, 「罪人寧海幼學朴永壽」: "去三月初十日 夜矣兄率衆徒過矣家 門前時言于 矣身曰 明
　日自邑離發欲入太白山黃池 汝亦率眷隨來."

로 돌입하면서 박동혁과 강문 등 4, 5명이 관군이 쏜 포에 맞아 사망하였다. 강수는 영덕으로 진출하면 더 많은 인명 손실이 발생할 것이기에 반대하였다. 『도원기서』에서 "아아 저 필제가 억울한 인명을 해치고 상하게 하는 것이 이찌 이와 같이 심했던가"[54]라고 하여 이필제가 인명을 해치고 상하게 한 점을 비난하였다. 셋째, 개인적으로 영해부를 점령하는 과정에서 죽은 동생 강문의 장례 때문이었다. 영해부 점령에서 죽은 동생 강문의 장례를 지내는 일도 발생해 영덕으로의 진출을 막았다. 강수는 동학교단의 입장에서 영덕 진출을 반대하였음을 알 수 있다. 한편으로는 영덕 출신이라는 점도 작용했다고 할 수 있다.

이필제의 영덕 진출을 저지한 강수는 11일 정오가 지나 동학교도를 이끌고 영해부성을 빠져나왔다. 강수는 영해부를 빠져나올 때 관인을 가지고 왔다. 이에 대해서 경주의 박명관은 "11일 적도의 무리들이 읍을 해산할 때 강사원이 패부를 갖고 왔다고 하였고[55], 영덕의 임영조도 강수가 인부를 갖고 나왔다[56]고 하여 강수가 관인을 들고 영해부성을 빠져나왔다고 하였다. 강수는 각지의 동학도들은 해산하고 약 50여 명만을 데리고 이필제, 정치겸, 박영관 등과 함께 인아리 방향으로 철수하여 영양 윗대티로 향하였다. 강수와 이필제는 인천에서 비를 피하고, 관군의 추격을 피해서 14일 저녁에 윗대티에 도착했다.

당시 해월은 병풍바위에서 천제를 지내고 윗대티로 올라와서 직접 교조신원운동에 가담하지는 않았다. 해월은 신원운동을 마치고 돌아올 교도들의 쉴 곳과 먹거리를 준비하고 있었다. 15일 아침에 천제를 지낼 준비를 하는

---

54 『최선생문집도원기서』, 신미년조.
55 『嶠南公蹟』, 「罪人慶州良人朴命觀」: "自邑離發之際姜士元 之佩符持印."
56 『嶠南公蹟』, 「罪人盈德良人林永祚」: "濟發 謂 士元 曰 中軍 今旣中丸而死汝其代之仍以印符付 與 士元."

데 영양현감 서중보가 일월산 윗대티를 포위하고 공격해왔다. 서중보는 별포를 발포해 13명이 포살당하였다. 관군의 급침에 혼비백산한 동학도들은 사방으로 흩어졌다. 그러나 윗대티의 지리를 잘 알고 있는 해월과 강수는 이필제 등이 함께 피신에 성공하였다. 피신을 하지 못한 10여 명과 부녀자 등 수십 명이 사로잡혔다.

관군이 들이닥친 위급한 상황에서도 강수는 이필제와 함께 도피하자고 해월을 설득하였다.

> 우리의 형세가 이와 같이 궁한 지경에 이르렀으니, 장차 어떻게 하겠습니까? 화가 필제로부터 일어나 이렇듯 위험한 지경에 빠졌으니, 누구를 원망하고 누구에게 허물을 돌리겠습니까? 비록 일이 이 지경에 이르렀으나 같이 필제의 뒤를 따라, 일후의 진위를 보고, 또 그 사람의 거취를 보아, 이 사람을 버리지 말고 같이 도망하도록 하시지요."[57]

강수는 영해 교조신원운동이 이필제의 발의로 시작되었지만, 동참하였기 때문에 공동의 책임을 갖고 있다고 인식하였고, 그래서 이필제와 같이 피신하자고 해월에게 말했다. 강수는 이필제를 배척해야 할 인물로 보지 않고 포용해야 할 대상을 보았다. 강수는 일단 먼저 도피를 한 후 나중에 일의 전말을 살펴보자고 의견을 제시하였다. 그렇게 해서 해월과 강수, 이필제는 같이 피신하였다. 강수가 이필제와 같이 도피하자고 주장한 것은 영해 교조신원운동의 성격을 규명하는 데에도 의미 있는 단서를 제공한다. 아울러 영해 교조신원운동에 대한 강수의 태도를 볼 수 있다.

윗대티를 벗어난 해월 일행은 봉화를 거쳐 영월의 소미원으로 향하였다. 영월 소미원에는 수운의 사가가 있어 도움을 받으려 했지만 이미 수운의 부

---

57 『최선생문집도원기서』, 신미년조.

인은 도피하고 없었다. 또한 세정의 부인은 이들을 차갑게 대했다. 소미원
에서 도움을 받지 못한 일행은 이필제의 주선으로 단양 정기현의 집으로 향
하였다. 이후 해월은 정석현의 집으로, 강수는 영춘으로 각각 흩어졌다. 이
렇게 영해 교조신원운동이 일단락되었다.

안동부사 박제관이 안핵사로 임명되어 영해 교조신원운동에 관해 대대적
인 조사를 벌였다. 『교남공적』에는 강수의 활동을 다음과 같이 기록하였다.

> 강사원은 또 다른 이름이 방준이라 하는데 귀신과 여우같은 지모를 갖춘 종류이고
> 올빼미와 맹수같은 무리들을 모아 변을 일으키는 즉 이제발이 매우 요긴한 데 쓰는
> 심복이다. 무리들이 모였을 때는 우두머리 역할을 한다. 영해읍에 진입하던 밤에 사
> 원은 부사를 동여매어 묶고 차고 있던 관인을 뺏었다.[58]

위의 글을 보면 강수가 영해 교조신원운동의 핵심적인 역할을 했음을 알
수 있다. 영해 교조신원운동에 참여한 사람들은 강수가 귀신같은 지모와 여
우 같은 계략을 갖춘 인물이라고 설명하였다. 즉, 강수는 재주있는 인물로
이필제가 교조신원운동을 전개하는 데 핵심적인 역할을 하였다. 이런 점을
볼 때 이필제가 영해부에서 신원 운동을 전개할 때 강수의 도움을 많이 받았
음을 알 수 있다. 따라서 강수는 이필제와 함께 영해 교조신원운동의 가장
핵심적인 역할을 한 인물이었다.

그러나 강수는 이필제의 영덕 진출을 반대하면서 자기의 입장을 뚜렷하게
밝혔다. 그는 해월의 지시로 이필제와 함께 교조신원운동을 전개했지만, 이
필제가 변혁운동으로 운동의 방향을 바꾸자 이에 반대하였다. 특히 이필제
가 영해부사를 살해하고 영덕 진출을 꾀한 행동이 교조신원의 취지를 벗어

---

58 김기현, 「1871년 영해 동학혁명의 사료와 자취」, 『1871년 경상도 영해 동학혁명』, 서울: 모시는
　사람들, 2014, 73쪽.

난다고 강하게 반대해 변혁운동을 막았다. 이런 점에서 강수는 이필제와 달리 종교적 입장에서 교조신원운동에 참여하였다. 즉 그는 변혁운동가라기보다는 종교인으로서의 풍모를 갖고 있었고, 이러한 그의 면모는 이후 교단 활동에서도 일관되게 나타난다.

요컨대 이필제는 영해 교조신원운동의 결정 과정부터 인원 동원, 병풍바위의 천제, 영해부 장악, 해산 및 도피를 겪고 생존한 인물로 이러한 사실을 『도원기서』에 기록한 인물이다. 그는 교조신원이라는 명분을 제시한 이필제의 의견에 동조해 동참하기까지의 과정과 준비를 도맡았다. 그러면서 해월과 이필제의 의견을 조정하는 중간자 역할을 하였다. 이후 영해부를 장악하는 과정에서 박동혁이 죽자 중군을 맡아 선봉장으로 영해부성을 점령하였다. 점령 후에는 부사에 대한 치죄와 인부를 탈취하였다. 그러나 이필제와의 동행은 여기까지였다. 이후 이필제가 공금을 분배하고 영덕으로 진출하려는 것을 강력하게 저지하였다. 여기에 영덕인 강수의 시각이 크게 반영되어 있다고 할 수 있다. 그는 이필제의 영덕 진출을 무산시키고 윗대티로 돌아갔다. 관군이 윗대티를 습격한 이후 이필제를 외면하지 않고 해월에게 같이 도피할 것을 청한 점에서는 동학의 목적을 위해 변혁운동을 일으켰던 이필제를 품어야 한다는 의식을 갖고 있었다. 이러한 점에서 강수는 교조신원운동에는 찬성하였지만, 폭력적인 방법을 동원한 변혁운동에는 반대하였다. 강수는 동학교단의 입장에서 영해 교조신원운동에 가담하였고, 이필제가 그 목적에 반하자 자신의 입장을 강력히 제시하였다. 강수는 동학교단의 입장에서 영해 교조신원운동에 가담하였고, 이필제가 그 목적에 반하자 자신의 입장을 강력히 제시하였다.

4. 맺음말

이상에서 강수의 입장에서 영해 교조신원운동을 정리해보았다. 먼저 강수의 동학 입도와 초기 활동 및 영해 교조신원운동에서의 활동을 『도원기서』, 『교남공적』, 『신미영해부적변문축』 등의 사료와 기존의 연구를 바탕으로 살펴보았다. 강수는 동학에 입도하기 이전의 행적에 관해서는 알 수 없고 1861년 여름에 동학에 입도하여 수운의 가르침을 직접 받았다. 수운의 순도 이후 동학 교단의 책임자가 된 해월은 강수를 찾을 정도로 친밀했다. 1865년 해월이 영양 윗대티에 자리잡은 것을 알게 된 후 바로 윗대티로 이사해 해월의 옆에서 동학 교단의 재건에 힘썼다.

1870년 이필제가 영해로 잠입해 이수용과 박영관을 통해 경상도 북부 지방에 동학의 교세가 상당함을 인지하고 동학의 세력을 이용해 변혁운동을 일으키려고 하였다. 이필제는 수운의 신원을 강조하며 해월과 강수에게 신원에 동참하지 않으면 도를 배반하는 사람이며, 자신의 중앙의 정계와도 연락이 되는 인물이라는 점을 부각시켰다. 해월과 강수는 이필제의 황당한 주장에 처음에는 반대하였지만, 영해와 영덕의 교도들이 이필제의 의견에 찬동하자 1871년 3월 10일 영해부를 점령해 교조신원운동을 전개하기로 결정하였다. 해월은 각지에 사람을 보내 영해 우정동 병풍바위에 교도들을 집결하라고 명령했고 약 500명의 교도가 집결했다.

영해부 점령에서 동학교도의 지휘는 강수가 맡았다. 강수는 동학교도들은 청이라는 구호를 써서 이필제가 동원한 민중들과 구별하였다. 군제를 편성하고 영해부를 점령할 때 박동혁이 선봉에 섰다 총에 맞아 죽자 이필제는 강수를 중군으로 임명해 선봉에 서게 했다. 이 과정에서 강수의 동생이 희생되었고 자신도 총상을 입었다. 그러나 그의 적극적인 활동으로 영해부 점령에 성공하였다. 이필제는 부사를 잡아 탐관이라고 결정하고 김진균을 시켜 살해하였다. 이를 지켜본 강수는 교조신원과는 다른 방향으로 향하려는 이필제 등 변혁운동 세력의 본심을 파악하였다. 이필제는 이튿날 군기고를 장악하고 공전을 부민에게 나누어주면서 제세안민의 명분을 알리고 영덕으로 진출하려고 시도하였다. 이에 강수는 강력하게 반발하고 동학교도를 해산시켰다.

강수가 영덕 진출을 반대한 이유는 첫째, 교조신원운동이라는 본래의 목적이 변질되었기 때문이었다. 둘째는 인명 피해가 컸기 때문이었다. 영해부를 장악하는 과정에서 피아간의 사상자가 발생하였기 때문이었다. 셋째는 자신의 동생인 강문이 사망하여 장례를 치러야 했던 점도 작용하였다. 강수는 이필제의 변혁운동을 영해부로 한정했다는 점에서는 한계가 있지만 본래의 목적을 벗어난 이필제의 행동에 대해서는 반대를 분명히 하였다. 이런 측면에서 강수는 종교적인 성향이 더 강한 인물임을 알 수 있다.

그렇다고 해서 이필제와의 관계를 정리한 것은 아니었다. 영해부성을 나와 일월산을 갈 때 강수와 이필제는 동행하였고, 윗대티를 습격한 영양현감 서중보의 포위망을 뚫고 피신하는 과정에서 봉화와 영월을 거쳐 단양에 은거할 할 때까지 함께하였다. 이런 점에서 해월과 강수, 이필제는 노선에서는 차이가 있었지만, 세상을 변혁해야 한다는 점에서는 강한 연대감을 갖고 있었다고 할 수 있다.

영해 교조신원운동은 동학의 사상을 최초로 사회화했다는 측면에서 큰 의의를 갖는다. 또 이 운동은 동학 교단과 변혁 세력이 함께 동참해 진행했다는 점과 지역적 한계를 벗어나고 동학을 바탕으로 한 이념적 지향을 내세웠다는 점에서도 의의가 있다. 강수는 영덕 출신으로 영해 교조신원운동의 결성 과정, 인원 동원, 영해부 점령, 해산과 도피 등 일련의 과정에서 주도적인 역할을 했다. 그러나 그는 영해부 점령 과정에서 이필제의 변심을 파악하고 운동의 확산을 저지했다. 이런 점에서 강수는 변혁운동보다는 교조신원이라는 종교적 입장에 충실한 인물이었다. 따라서 강수는 시천주와 보국안민이라는 동학이 추구하는 역사의 방향을 추구한 인물로 평가할 수 있다.

참고문헌

『東經大全』
『崔先生文集道源記書』
『나암수록』
『嶠南公蹟』
『辛未寧海府賊變文軷』

이동초 편, 『동학천도교인명사전』, 서울: 모시는사람들, 2014.
표영삼, 『동학 1』, 서울: 통나무, 2004.

윤대원, 「이필제난의 연구」, 『한국사론』 16, 서울대학교 국사학과, 1987.
임형진, 「혁명가 이필제의 생애와 영해」, 『동학학보』 30, 동학학회, 2013.4.
연갑수, 「이필제 연구」, 『동학학보』 6, 동학학회, 2003.12.
김기현, 「1871년 영해 동학혁명의 사료와 자취」, 『1871년 경상도 영해 동학혁명』, 서울: 모시는사람들, 2014.
성강현, 「도차주 강수의 생애와 업적」, 『신인간』 847, 신인간사, 2021.6.

박하선·박사헌의 입장에서 본 1871년 영해와 동학

성주현(1923 제노사이드 연구소 부소장)

박하선·박사헌의 입장에서 본 1871년 영해와 동학

1. 머리말

"우리 지역에도 1930년대 이전에 영덕에서는 읍내, 식율, 장사장이 개설되었으며, 영해에서는 영해부시장, 석보시장이 개설되어 일반 백성들의 상거래와 물물교환에 있어서 중요한 역할을 하였다.

이렇게 급변하는 국내외 환경의 변화 속에 지역에서는 향촌사회에서는 변화하는 세상에 맞추어 신분상승과 향촌사회의 경제적인 이해관계에서 우선권을 주장하고자 하는 향촌 내의 갈등 관계가 발생하기 시작하였다. 이러한 사건의 대표적인 것이 신향(新鄕)과 구향(舊鄕)으로 나누어 일대 격돌을 벌인 소위 "1840년 경자영해향변(庚子寧海鄕變)"이다.

경자향변 뒤이어 경주인 최제우가 서학에 반대하여 창교(創敎)한 동학이 "인내천(人乃天)"[1]이란 이념을 갖고 이 지역 일대에 포교를 펼치자 전통적인 신분 제약에 억눌려 지내던 일반 백성들과 향변으로 세력을 잃은 일부 유생들이 이에 가입하여 동학을 신봉하기 시작하였으며, 마침내 1871년 3월 교조신원(敎祖伸寃)운동이라는 명분으로 전국 최초로 동학전쟁을 일으킨다. 이것이 1871년 3월 11[2]일의 영해 신미아변(辛未衙變)이다."[3]

위의 인용문은 좀 길지만, 1840년 '영해향전'[4]과 1871년 3월 10일 '교조

---

1 엄밀하게 표현하면 '인내천'이 아니라 '시천주'이다. '인내천'은 천도교 3세 교조인 손병희에 의해 천도교의 종지로 정해졌다.
2 교조신원운동이며 영해 신미아변이 일어난 날은 3월 10일이다. 이 날은 동학을 창명한 수운 최제우의 순도한 날이다.
3 『영덕군지(상)』, 영덕군, 2002, 185쪽.
4 1840년 영해에서 신향과 구향의 갈등 사건에 대한 명칭은 다양하다. 『영덕군지』는 '경자영해향변'과 '경자향변'을, 장영민은 '영해향전(寧海鄕戰)', 『庚子鄕變日記』의 '경자향변(庚子鄕變)' 등

신원운동'5과 밀접한 관계가 있음을 밝히고 있다.

영해는 조선후기 격동의 현장이었다. 1840년 이른바 구향과 신향의 갈등으로 영해향전이라 불리는 지역적 내홍을 겪었고, 그 연장선에서 일찍이 동학을 받아들이게 되었다. 즉 영해향전의 한 축인 신향 즉 '향변으로 세력을 잃은 일부 유생'들은 적극적으로 동학을 수용하였다.

동학은 1860년 4월 5일 수운 최제우가 창명하였으며, 누구나 한울을 모시고 있다는 시천주사상으로 교세를 확장해나갔다. 동학교단에서 1863년 12월 말경 흥해에서 처음으로 접을 조직할 때 영해지역은 박하선이 접주로 임명되었다. 이는 영해지역에 상당한 교세가 형성되었음을 확인해주고 있다. 박하선은 영해향전과 관련된 인물로 알려지고 있으며, 동학을 적극 수용하였다. 박하선은 1869년 동학을 탄압하던 시기 희생되었고, 그의 아들 박사헌이 영해지역 접주로 활동하였다. 박사헌은 1871년 영해사건의 핵심적 인물이었다.

한편 진천과 진주에서 변란을 준비하다가 실패한 이필제는 영해로 피신해 오면서 동학교단과 결합하여 1871년 3월 10일 이른바 '역사적 사건'을 전개하였다. 이 역사적 사건에 대해 명칭과 평가는 시기와 연구자의 시각, 지역에서의 인식에 따라 다양한 명칭으로 불려지고 있다.6 이에 본고에서는

으로 불리고 있다. 본고에서는 장영민의 '영해향변'을 쓰고자 한다.

5 1871년 3월 10일 이필제와 동학교단이 전개한 사건에 대해서도 명칭이 다양하다. 천도교 측에서는 초기에는 '이필제의 난'이라고 불렸지만 최초의 교조신원운동으로 평가되고 있다.(이에 대한 반대 의견도 있지만) 또한 동학혁명의 시발점으로 평가하는 새로운 시도가 없지 않다. 『도원기서』에 의하면 1871년 영해사건을 주도한 이필제에 대해 蚊將軍이라고 하였지만, 당시 동학교인 5백여 명이 동원되었고 동학의 최고 책임자인 해월 최시형이 교인들을 동원하는 데 중요한 역할을 하였다는 점에서 교조신원운동으로 볼 수 있다고 판단된다. 이에 비해 일반 연구자는 변란, 작변 등으로 평가하였으며, 영해지역에서는 변란과 혁명이라는 상당히 다른 시각이 상존하고 있다. 이에 대해서는 오늘 발표하는 조성운 선생의 「1871년 영해 동학의 연구성과와 과제」를 참조하기 바람.

6 각주 5) 참조할 것.

이를 '1871년 영해의 역사적 사건'(이하 '1871년 영해사건')으로 명명하고자 한다. 이는 당시의 사건을 좀 더 객관적으로 분석해 보기 위한 방편이다.

이와 더불어 1871년 영해의 역사적 사건에는 당시 동학의 최고 책임자 최시형, 이 사건을 기획한 이필제, 영해지역 동학 지도자 박하선과 박사헌, 동학의 차도주이며 영해의 역사적 사건의 조연 역할을 한 강수 등이 직간접적으로 연결되어 있다. 이러한 연결고리를 좀 더 미시적으로 살펴보면, 이들의 입장에서는 1871년 영해의 역사적 사건에 대한 관점을 다를 수 있을 것으로 보고 있다.

이에 따라 본고에서는 영해지역 동학의 핵심 지도자인 박하선과 1871년 역사적 사건이 일어나는 데 결정적 역할을 하였던 박사헌의 입장에서 분석해보고자 한다. 먼저 서얼 출신으로 영해향전과 관련이 있으며 동학의 접주인 박하선과 관련해서는 영해향전과 초기 영해지역 동학 조직을 살펴보고자 한다. 이어 박하선의 아들 박사헌이 1871년 역사적 사건에 참여한 배경과 역할을 살펴보고자 한다. 다만 본고를 위해 새로운 자료를 활용하기보다는 기존의 연구성과를 활용하였음을 밝혀둔다.

2. 영해지역 향촌 세력의 갈등, '영해향전'

1871년 영해의 역사적 사건은 앞에서 언급한 바와 같이, 1840년 영해향전과 밀접한 관계가 있다. 이는 영해사건을 조사한 기록에 의하면, 영해향전의 한 축인 신향은 동학을 적극적으로 수용하였다고 한 바 있으며,[7] 이를 바탕으로 한 연구성과에 의해서도 이미 밝혀진 바 있다.[8] 본절에서는 영해

---

7 『辛未衙變時日記』,『嶠南公蹟』 등에 의하면 신향이 동학을 신봉하였다고 밝히고 있다.
8 1840년 영해향전에 대해서는 장영민, 「1840년 영해향전과 그 배경에 관한 소고」, 『충남사학』

향전과 동학과의 관계에 대하여 살펴보고자 한다.

동학의 첫 포교지는 경주였다. 이후 경주를 주변으로 동학은 크게 확산되었는데, 그 주로 경주의 동북쪽이 여기에 해당된다. 이는 1862년 11월 접주를 임명한 지역을 보더라고 확인되고 있다. 당시 접주가 임명된 지역은 동학의 포교가 가장 활발하였던 곳으로 흥해, 연일, 장기, 청하, 영덕, 영해, 평해, 영양 그리고 울산 등지였다. 이들 지역은 주로 동해안은 끼고 형성되었는데, 이로 볼 때 초기 동학의 포교는 주로 경주 동북지역이었다고 할 수 있다.

해월 최시형의 동학 입도 상황을 보면 당시 동학의 포교 과정을 살펴볼 수 있다. 경주에서 태어난 해월 최제우는 17세 때인 1843년에는 흥해 신광면 기일에 있는 제지소에서 일한 바 있으며, 28세 때인 1860년 흥해 마북동에서 화전민으로 생활하였다. 이곳 산골짜기에서 생활하던 해월 최시형에게까지 '경주에서 성인이 났다'는 소문이 전해졌다. 수운이 포교를 한 지 불과 1년도 되지 않은 상황이었다. 해월 최시형은 동학의 소문을 듣고 직접

---

2. 충남대학교 사학과, 1987을 참조.
한편 영해에서는 1840년보다 앞서 한 차례 향전이 있었는데, 다음과 같다.
"이보다 앞서 영해향변이 일어나기 백여 년 전인 1744년 10월 26일에 영덕현의 신안서원을 둘러싼 사족 간의 갈등이 있었는데, 그 대략적인 내막은 영덕현에 사는 신세적(申世績) 외에 9인이 야밤에 신안서원(新安書院)의 담장을 넘어 들어가서 주부자(朱夫子)와 문정공 송시열의 진상(眞像)을 훔쳐 불태운 사건이 있었다는 상소에 따라 영조 임금이 영남어사 한광조(韓光肇)를 파견하여 진상을 조사하도록 하는 데서 부터 사건이 시작되었다. 어사 한광조는 다년간의 조사 후에 1747년 6월 15일에 영조 임금을 친히 배알하면서 이 사건을 보고하는데, 보고에 의하면 이 사건은 영덕현 내에서 대대로 내려오는 고가(故家)와 대족(大族)인 남인 계열과 새로이 신향이라 하는 서인 계열의 신안서원 간의 알력이라고 결론 짓고, 그 책임을 신안서원에 있다고 하였다. 신안서원 측에서 서원에 봉안되어 있던 상기(上記) 두 진상(眞像)이 빗물 등에 의하여 훼손되자 이의 문책을 두려워한 신안서원 측이 꾸민 자작극이었다는 것이다. 따라서 이러한 변괴를 일으킨 남용하(南龍河)를 섬으로 귀양 보내고, 나머지 연루자는 각처에 유배를 보내는 것으로 사건을 마무리 지었다고 하였다. 물론 이 과정에서 정소(呈訴) 당한 사람들은 영덕현에서 많은 고초를 당하였다고 하였다. 이 때가 1747년 8월 4일로 이 사건으로 지역 향촌 내의 갈등은 더욱 더 깊어졌다고 하겠다."(『영덕군지』, 185쪽)

용담으로 찾아가 1861년 동학에 입도하였다.[9] 흥해는 경주의 동북쪽으로 동해안과 멀지 않은 곳이었으며, 영덕과 영해로 이어지는 길목이었다. 뿐만 아니라 흥해는 1862년 11월 수운 최제우가 머물 정도로 중요한 곳이었고 11월 말에는 접소를 설치하는 한편 접주를 임명할 정도로 경주 다음으로 중요한 동학의 중심지였던 것이다. 자연스럽게 흥해를 거쳐 영덕, 영해지역으로 동학이 포교되었다고 할 수 있다.

동학이 포교되는 과정에서 지역적 특성을 가지고 있는 곳이 바로 영해지역이었다. 동학이 창명되고 포교되는 조선후기는 양란 이후 사회변동이 적지 않았다.[10] 조선후기 사회변동은 중앙뿐만 아니라 지방에서도 적지 않은 변화를 가져왔는데, 향촌 세력의 분열이었다. 특히 영해는 장기간에 걸쳐 향촌 세력의 갈등이 이어졌고, 동학이 교세를 확장하는 데도 적지 않은 영향을 미쳤다.

조선후기 영해지역의 대표적인 향반은 오대성이라 불리는 영양 남씨,[11] 대흥 백씨,[12] 안동 권씨,[13] 재령 이씨,[14] 무안 박씨[15] 등의 가문이다. 이들 향반들은 다른 지역에서 16세기를 전후하여 입향하였지만, 조선후기 들어 재지사족으로 기반을 구축하였다. 이들 집안은 1700년을 전후하여 적지 않은

---

9 이돈화, 『천도교창건사』 제2편, 천도교중앙종리원, 1934, 2쪽.
10 조선후기 향촌사회의 변동에 대해서는 김인걸, 『조선후기 향촌사회 지배구조의 변동』, 경인문화사, 2017; 김의환, 「조선후기 단양 사족의 동향과 평산 신씨의 향촌사회 활동」, 『역사와 실학』 59, 역사실학회, 2016; 정진영, 「18세기 서원건립을 둘러싼 향촌사회의 갈등관계-영조 14년(1738) 안동 김상헌서원 건립문제를 중심으로-」, 『조선시대사학보』 72, 조선시대사학회, 2015; 배향섭, 「19세기 향촌사회질서의 변화와 새로운 공론의 대두-아래로부터 형성되는 새로운 정치질서-」, 『조선시대사학보』 71, 조선시대사학회, 2014; 정진영, 「향촌사회에서 본 조선후기 신분과 신분변화」, 『역사와 현실』 48, 한국역사연구회, 2003 등을 참조할 것.
11 영양 남씨의 입향조는 南須이다.
12 대흥 백씨의 여말선초 이래 세거한 토착세력이었다.
13 안동 권씨의 입향조는 權策이다.
14 재령 이씨의 입향조는 李璦이다.
15 무안 박씨의 입향조는 朴之蒙이다.

중앙 관료들을 배출할 정도로 전성기를 이루었다. 뿐만 아니라 이들은 안동 등지의 유림세력과 혼인 또는 학맥을 연결하면서 '소안동'이라는 자부심을 가질 정도였다.[16] 이외에도 함양 박씨, 영천 이씨, 수안 김씨 등이 있었는데, 이들 역시 16세기 입향하였으며, 향반으로 지위를 구축해갔다.[17]

그러나 17세기 말부터 이들이 지배하였던 향교, 서원, 향약, 동약 등 향촌지배기구가 기존의 방식으로 운영하는데 적지 않은 한계에 다다르게 되었다. 또한 그동안 중앙으로 배출하였던 관료들도 당쟁에 의해 점차 소외되었을 뿐만 아니라 중앙 진출도 봉쇄되었다. 이처럼 중앙권력과의 단절, 향촌지배기구의 영향력 약화로 인해 기존의 향촌세력은 새로운 향촌 세력의 도전을 받을 수밖에 없었다. 그 결과 1840년 제임(祭任)과 향임(鄕任)을 둘러싼 '향전(鄕戰)'이 일어났다. 기존의 향촌세력은 '구향', 새로운 향촌세력을 '신향'이라 불렀고, 이 향전을 경자향변, 영해향변, 혹은 영해향전이라 한다.[18] 이에 대해 간략히 정리해보면 다음과 같다.

1840년 영해향전의 주역들은 서얼들이 중심이 된 신향 세력이었다. 향전의 배경은 조선후기 서얼의 신분상승운동과 밀접한 관련을 가지고 있다. 조선후기에 들어오면서 영조 48년인 1772년의 통청윤음(通淸綸音), 정조 1년인 1777년 3월의 정유절목(丁酉節目), 순조 23년인 1823년의 계미절목(癸未節目) 등에 의하여 종래의 서얼들에 대한 신분 제약이 어느 정도 완화됨에 따라 중앙 요직의 벼슬길이 열리는 등 제한적이나마 서얼 계층의 신분상승이 가능하였다.

이와 같은 조치로 인해 중앙에서는 서얼들의 신분상승이 어느 정도 가능

16 정진영, 「『경자향변일기』 해설」, 『민족문화논총』 9, 1988, 332쪽.
17 장영민, 「1840년 영해향전과 그 배경에 관한 소고」, 53~59쪽; 장영민, 『동학의 정치사상운동』, 경인출판사, 2004, 118~124쪽.
18 『영덕군지』, 185~188쪽.

하였지만, 지방의 뿌리 깊은 사회적 관습의 벽을 넘기에는 한계가 많았다. 시대의 변화에 따라 영해의 신향들은 구향들에게 누차 자신들도 사족으로 인정해 줄 것을 요구하였다. 당시 신향들이 핵심 요구사항은 향교와 향청의 임원직에 대한 참여였다. 이러한 향교와 향청의 임원직에 대한 요구는 단순한 지위 상승의 요구에만 그치는 것이 아니라, 당시 향내의 수조권을 이들 향청의 임원들이 갖고 있었기 때문에 경제적인 면에까지 요구의 수준이 미칠 수 있었다. 이러한 신향의 요구에 구향들이 당연히 반발할 수밖에 없었다. 이는 자신들의 기득권에 대한 침해를 받아들일 수 없었기 때문이었다. 이러한 갈등은 결국 '향전'으로 나타난 것이다.

영해지역 신향과 구향과의 갈등은 1839년 8월 영해부사로 최명현(崔命顯)이 부임하면서부터 본격적으로 드러나기 시작되었다. 신임 부사 최명현이 부임하자, 신향들은 적극적으로 접근하여 자신에게 유리하도록 상황을 만들어나갔다.[19] 이에 반발한 구향들도 적극적인 공세를 펼치게 되었다. 신구향의 대립이 심화됨에 따라 갈등은 향중 전체로 확산되었다. 당시의 구향은 남인 계열이었으며, 신향은 노론 계열이었다. 부사 최명현은 노론 집권기에 별장이 되어 승지에 오른 인물이었다. 따라서 최병현은 자연스레 신향의 편에 서게 되었다. 이는 당시 집권세력인 노론 역시 서얼허통에 적극적이었기 때문이었다. 이를 계기로 영해에서는 신향은 인계서원[20]을 중심으로 세력을 확장해나갔다. 인계서원이 있는 인천리에는 함양 박씨, 안동 권씨, 무안 박

---

19 정진영, 「경자향변일기」, 『민족문화논총』 9, 1988, 332쪽.
20 인계서원은 경상북도 영덕군 창수면 인천리에 있었던 서원으로 1573(선조 6)에 지방유림의 공의로 송시열(宋時烈)의 학문과 덕행을 추모하기 위해 창건하여 위패를 모셨다. 당시의 경내 건물로는 사우(祠宇)·신문(神門)·강당·동재(東齋)·전사청(奠祀廳)·주소(廚所) 등이 있었다. 선현배향과 지방교육의 일익을 담당하여 오던 중 대원군의 서원철폐령으로 1868년(고종 5)에 훼철된 뒤 복원하지 못하였다.(『한국민족문화대백과사전』)

씨, 영양 남씨, 신씨 등의 서얼들이 집단적으로 거주하고 있었다.[21]

이러한 와중에 1840년 8월 영해향교의 추계석전에 최명현은 향교의 교임을 기존의 관례를 물리치고 신향 세력의 거점인 인계서원의 유생 중에서 일부를 선임하도록 했다. 구향이 중심이 된 향교에서는 최명현의 이와 같은 조치가 이전에도 없는 무례한 것으로 전혀 이치에 맞지 않는 일로 간주하여 반발하기 시작하였다. 구향은 구향대로, 최명현은 신향으로 각각 추계석존을 추진함에 따라 갈등은 더욱 더 확대되어 갔다.

마침내 부사 최명현이 신향인 권치기(權致基)를 수별감에 임명하자 구향인 좌수 주형렬(朱亨烈)과 별감 정상희(鄭象羲)가 온당한 처사가 아니라고 하며 크게 반발하였다. 그러나 좌수 주형렬은 결국 교체되었고 신향인 박기빈(朴基邠)이 그 자리에 임명되었다. 이로 인해 신향은 일시에 위세를 떨치게 되었다. 이렇게 되자 구향들은 안동 호계서원[22]을 비롯하여 의성, 군위, 영양 등지의 서원에 이러한 사실을 알리는 한편 그동안 사건의 전말을 경상 감영에 보고하였다.

이에 분격한 최명현은 구향의 지도자격인 박영찬(朴英燦) 등 7명을 잡아들여 관문에서 소란을 피운다는 죄목으로 다스렸다. 이를 반발한 구향들은 다시 고변장을 감영에 보냈고, 감영에서는 잡힌 사람들을 영덕으로 압송했다. 영덕현령 이장우(李章愚)는 이 사건을 재차 조사하였지만 서얼들의 신분상승의 실현과 경제적인 주도권을 확보하기 위한 측면은 제외하고 단순히 신구

---

21 장민영, 「1840년 영해향전과 그 배경에 관한 소고」, 73쪽.
22 호계서원은 경상북도 안동시 임하면 임하리에 있는 서원이다. 1573년(선조 6)에 지방유림의 공의로 이황(李滉)의 학문과 덕행을 추모하기 위하여 월곡면 도곡동에 창건하여 위패를 모셨으며, 이 때에는 여강서원(廬江書院)이라고 하였다. 1620년(광해군 12)에 김성일(金誠一)과 유성룡(柳成龍)을 추가배향하였으며, 1676년(숙종 2)에 '호계(虎溪)'라 사액되었다. 그 뒤 이황은 도산서원, 김성일은 임천서원, 유성룡은 병산서원에서 주향(主享)함에 따라 호계서원은 강당만 남게 되었다. 그 뒤 1973년안동댐건설로 수몰하게 되어 현재의 위치로 이건하였다. 강당은 경상북도 유형문화재 제35호로 지정되어 있다.(『한국민족문화대백과사전』)

향 간의 '쟁임사건(爭任事件)'으로만 규정하여 감영에 보고하는 한편 남효익 (南孝翼), 박기빈, 권도익(權度益), 권치기 등을 잡아다 조사하였다.[23]

이에 따라 감사는 향전을 '쟁임지사(爭任之事)'로 규정하고, 신구향 모두를 처벌하도록 지시하였다. 향전에 관련된 인물들은 각지로 유배형을 받았으 나, 뒤이어 나온 국가 대사면령으로 모두 풀려나 고향으로 돌아왔다. 이 향 전으로 영해부사 최명현은 영덕현령에 의해 봉고 파직되어 관아에서 쫓겨나 게 되었으며, 신향과 구향 간의 감정의 골은 더욱 깊어지게 되었다.[24] 이와 같은 향전으로 영해의 신향과 구향은 '빙탄의 관계'라고 할 정도로 악화되었 다.[25]

그 후에도 신향들은 그들의 지위 확보를 위하여 부단히 노력하였지만 대 원군의 서원철폐령에 따라 인계서원이 훼철되자 그들의 근거지를 상실하게 되어 점차 그들의 세력은 줄어들게 되었다.

동학이 영해지역까지 포교되자, 향전을 치른 신향들은 동학의 신분차별 철폐 등 평등사상을 수용함에 따라 동학에 입도하였다. 신향이 동학을 수용 하게 된 것은 그동안 종래의 신분적인 제약 때문이었다. 뿐만 아니라 동학 을 창도한 수운 최제우 역시 재가녀의 출생이라는 신분적 한계를 영해지역 서얼들에게 동질성을 가지는 계기가 되었다고 본다. 자신의 출생 신분의 한 계를 극복하고 당시로서 파격적인 시천주의 평등사상은 신분상승을 지향하 는 서얼들에게는 새로운 희망이었다. 때문에 영해향전에서 피해의식을 가 지고 있던 신향들은 동학을 적극적으로 수용할 수 있었던 것이다. 동학을 신봉하게 된 신향은 종교로서 뿐만 아니라 이를 통해 사회변혁까지도 지향

---

23 장민영, 「1840년 영해향전과 그 배경에 관한 소고」, 81~82쪽.
24 『영덕군지』, 188쪽.
25 박맹수, 「교남공적 해제」, 『한국사학』 10, 한국정신문화연구원, 1989, 252~253쪽.

하게 되었다.

3. 영해지역 동학과 박하선 접주

동학이 창도된 경주의 이북에 해당하는 영해에 동학이 언제 포교되었을
까. 영해에 동학이 포교된 것은 동학을 창도한 수운 최제우 재세시였다. 즉
수운 최제우가 동학을 창도한 후 1년 뒤인 1861년경으로 추정된다. 동학
의 첫 포교는 가족이었다.[26] 그러나 본격적인 포교는 1861년 6월 이후였
다.

> 신유년 봄에 포덕문을 지었다. 그해 6월에 포덕할 마음이 있었다. 세상의 어진 사
> 람들을 얻고자 하니, 저절로 풍문을 듣고 찾아오는 사람들의 수가 많아 전부 헤아릴
> 수가 없을 정도였다. 혹은 불러서 입도하게 하고 혹은 명하여 포덕하게 하니[27]

수운 최제우는 1860년 4월 5일 동학을 창도하였지만 곧 바로 포교를 하
지 않고 거의 1년 후인 1861년 6월에 들어서야 포교를 하였다. 19세기 중
엽 성리학의 이데올로기에 따라 신분적 차별을 받던 일반 백성들에게 '누구
나가 한울을 모셨다'는 시천주라는 동학의 평등사상은 메시아였다. 이에 따
라 동학에 입도하는 사람들이 헤아릴 수 없을 정도였다.

1861년 6월 이후 동학의 포교는 경주를 중심으로 인근 군현, 좀 더 넓게
는 경상도 일대로 확산되었다. 이 시기 흥해 검곡에 머물고 있는 해월 최시
형이 동학에 입도하였는데,[28] 흥해와 멀리 떨어지지 않은 영해도 동학이 포

---

26 『최선생문집 도원기서』(이하 『도원기서』), 경신년조. 첫 포교와 관련된 내용은 다음과 같다.
  "또한 주문 두 건을 지으니, 한 건의 주문은 선생이 읽는 것이요, 다른 한 건은 아들과 조카에
  게 전수하는 것이다." 즉 첫 포교는 아들과 조카 맹륜이었다.
27 『도원기서』, 신유년조.
28 『해월선생문집』, 신유년조. 이에 비해 관변문서에는 1866년에 입도하였다고 하였다. 그러나

교되었던 것으로 추정된다. 왜냐하면 1862년 3월 수운이 남원 은적암으로 부터 경주로 돌아와 박대여의 집에 머물 때 해월 최시형과 함께 영해 출신 박하선도 참석한 바 있다.[29] 이로 볼 때 1861년 하반기에 이미 영해지역에 동학이 포교되었음을 알 수 있다.

그러나 영해지역의 본격적인 동학 포교는 1862년 6월 이후였다. 이해 6월 해월 최시형은 영해를 비롯하여 영덕, 흥해 등 동해안 일대에 적극적으로 포교를 한 바 있는데, 이로 인해 해월 최시형은 '검악포덕'이라는 별칭을 얻었다.

> (1862년) 6월 대신사(해월 최시형: 필자주)는 포덕하려는 의지가 있었지만 밑천이 없어서 걱정을 하고 있었다. 본군[30]에 살고 있는 김이서가 벼 120포대를 보내주었다. 그러자 주변 고을인 영해, 영덕, 상주, 흥해, 예천, 청도의 훌륭한 선비들이 옷을 떨치며 다투어 와서 날로 강도와 포덕에 종사했다. 이때부터 검악포덕이라는 말이 비로소 사람들의 입에서 오르내렸다.[31]

이 글에 의하면, 영해는 1862년 6월 해월 최시형에 의해 본격적으로 포교되었음을 알 수 있다. 해월 최시형에 의해 동학의 교세는 경주 이북지역으로 크게 확장될 수 있었다. 이들 지역 동학교인들은 1871년 신원운동에 적극 참여하는 지지기반이 되었다.

1861년 하반기부터 포교되기 시작한 동학은 1년도 되지 않았으나 경주를 비롯하여 경상도 일대에까지 교세가 크게 확장되었다. 이에 수운 최제우는 1862년 11월 말경 비록 관으로부터 탄압을 받는 상황이었지만 늘어나

「서헌순장계」에 의하면 적어도 1864년 이전에 동학에 입도하였음을 알 수 있다.

29 『수운행록』.

30 본군은 연일군이다. 김이서는 1862년 11월 말경 연일접주로 임명되었다.

31 『시천교종역사』, 제2편 제1장 임술년조; 『동학농민혁명국역총서』 11, 동학농민혁명기념재단, 2013, 233쪽.

는 교인들을 보다 효율적으로 관리하기 위해 접을 조직하는 한편 접주를 정하였다.

경주부서 : 백사길, 강원보
경주본부 : 이내겸
영덕 : 오명철
영해 : 박하선
대구와 청도, 경기도 : 김주서
청하 : 이민순
연일 : 김이서
안동 : 이무중
단양 : 민사엽
영양 : 황재민
영천 : 김선달
신령 : 하치욱
고성 : 성한서
울산 : 서군효
장기 : 최중희[32]

이처럼 수운 최제우는 동학을 포교한 지 1년 반 만에 동학교단의 첫 조직으로 각 지역의 교인들을 관리하기 위해 14개 지역에 접을 조직하였다. 그리고 그 책임자로 접주를 각각 선정하였다. 영해지역도 접이 조직되는 한편 접주로 박하선이 선임되었다. 박하선의 본관은 함양이고, 서얼 출신으로 알려져 있다.[33] 영해지역에 접을 조직하였다는 것은 이 일대에 동학교인이 적지 않았음을 알 수 있다. 이로써 영해는 당시 동학교단의 중요한 포교지의 하나였던 것이다.

---

32 『도원기서』, 임술년조; 윤석산 역주, 『도원기서』, 문덕사, 1991, 42쪽.
33 장영민, 「1871년 영해 동학난」, 『한국학보』 47, 일지사, 1987, 108쪽.

이와 같이 영해가 교단의 중요한 위상을 갖게 됨에 따라 수운 최제우는 영해를 특별 관리토록 하였다. 즉 수운 최제우는 수제자인 해월 최시형을 영해로 파견할 정도로 동학교단에서는 영해는 중요한 지역으로 인식되었다.

> 초엿새 일에 경상과 더불어 절하고 헤어질 때 말하기를
> "그대는 영덕과 영해의 경계[34]에 갔다가 돌아오라."[35]

수운 최제우는 접을 조직한 지 불과 얼마 지나지 않은 1863년 1월 6일 수제자인 해월 최시형을 영해로 파견하였다. 그렇다면 왜 해월 최시형을 영해에 파견하였을까 하는 것이다. 이와 관련해서 우선적으로는 영해지역에 포교를 위한 것이었다. 『천도교회사』에 의하면 "포덕케 하시다"라고 하였던 바, 동학의 포교를 위한 것이라 할 수 있다.

영해지역은 오래 전부터 신향과 구향의 갈등이 적지 않았고, 앞에서 언급한 바 있듯이 신향들은 동학에 적지 않은 관심을 가지고 있었다. 이와 같은 상황에서 영해지역은 동학을 포교하는데 최적의 조건을 갖추고 있었던 것이다. 때문에 수운 최제우는 해월 최시형을 영해로 보내 동학의 세력을 보다 확장하고자 하였던 것이다. 이와 같이 영해가 동학 교세 확장의 거점이 된 것은 훗날 1871년 영해사건의 기반이 되었다고 할 수 있다.

한편 이해 10월 영해접주 박하선이 편지를 가지고 와서 수운 최제우에게 문의한 바 있다. 이에 수운 최제우는 "나는 천주를 믿을 뿐이다. 천주께 고해 명령과 가르침을 받노라"하고 묵념을 한 후 편지의 내용을 해석해 주었다. 그 내용은 다음과 같다.

---

34 일부 기록에는 '영덕 등지'로 기록되었다.
35 『도원기서』, 계해년조: 윤석산, 위의 책, 43쪽.

얻기도 어렵고 구하기도 어려우나 실로 어렵지 않다.
마음과 기운을 화하게 하고 봄의 화창함을 기다리라.[36]

이는 '일에는 때가 있음'을 암시한 것으로 볼 수 있다. 박하선이 가지고 편지의 내용은 구체적으로 알 수 없지만 당시 동학을 믿는 교인 중에는 예언적인 요소에 관심을 가지는 경우도 적지 않았다.[37] 이와 같은 상황에 대해 많은 염려를 하였던 수운 최제우는 이를 경계하기도 하였다.[38] 그래서 수운 최제우는 참된 동학의 교리에 충실할 것을 권장하였다. 이는 어쩌면 훗날 영해에서 전개되었던 교조신원에 대한 우려였던 것으로 풀이할 수도 있지 않을까 한다.

영해지역 교인들은 수운 최제우가 관에 의해 피검되었을 때 함께 검거되기도 하였다. 『도원기서』에 의하면 수운 최제우가 피검될 때 적지 않은 교인들이 잡혔다. 그러나 이들은 대부분 정배를 가거나 방면되었으나 영해지역 교인들은 옥중에서 죽음을 맞았다. 이름을 알 수 없는 박모씨와 박명여가 그들이었다.[39] 영해접주로 임명된 박하선도 수운 최제우가 관에 검거될 때 같이 있었던 것으로 보이나 잡혀가지 않았던 것으로 보인다.[40]

이외에도 영해지역 동학교인들은 수운 최제우가 대구 감영에서 옥중생활을 하는 동안 영덕의 동학교인들과 함께 6백여 금액을 염출하여 뒷바라지

---

36 『시천교종역사』, 계해년조;『동학농민혁명국역총서』11, 221쪽. 이에 대해 『도원기서』에는 다음과 같이 기록하고 있다.
　　"그 후 영해 사람 박하선이 글을 지어 선생께 보이니, 선생께서 말하기를 "내가 반드시 명을 받고 제목을 받겠다." 하며 붓을 잡고 잠시 멈추어 쉬니, 제(題)를 내렸다. 제서에 말하기를 '얻기도 어렵고 구하기도 어려우나 실제로 이것은 어려운 것이 아니다. 마음이 화하고 기운이 화해서 봄 같이 화해지기를 기다리라' 이러한 글이었다."
37 특히 유림에서는 동학을 '直一巫史鬼呪者'라고 할 정도였다. 이에 대해서는 최승희, 「서원(유림세력)의 동학배척운동 소고」,『한우근박사정년기념사학논총』, 1981을 참조할 것.
38 『동경대전』,「수덕문」.
39 『도원기서』, 갑자년조.
40 『도원기서』, 갑자년조.

할 수 있도록 지원하였다.[41]

이상에서 살펴보았듯이 영해지역은 일찍 동학이 포교되었을 뿐만 아니라 초기 동학교단사에서 매우 중요한 위치를 차지하였다고 할 수 있다. 이와 같은 영해지역 동학의 중심인물은 영해접주로 임명된 박하선이었다. 박하선에 대해서는 잘 알려져 있지 않아 구체적으로 확인할 수 없지만 몇 가지 자료를 통해 살펴보면 다음과 같다.

우선 박하선은 함양 박씨의 문중으로 신향[42]에 속하였다. 당시 동학의 포교가 친인척을 중심으로 이루어졌는데, 박하선 역시 친인척 관계를 통해 동학을 포교하였다. 중심지역은 신향의 거점지인 창수면 인천리 일대였다. 이곳은 영해읍에서 북서쪽으로 40여 리 정도 떨어진 한적한 산골마을이었다. 인천리 일대는 함양박씨들의 집성촌으로 동학을 포교하는 데는 유리한 조건을 가지고 있었다.[43] 인천리뿐만 아니라 인근지역에도 함양 박씨 문중이 많이 살고 있어 동학 교세는 접이 생길 정도 크게 성장하였다.

교단의 기록 중 『대선생문집』[44]에는 박하선과 관련된 내용이 적지 않은데 다음과 같다.

---

41 『도원기서』, 갑자년조.

42 영해지역의 향촌세력은 기존의 향촌세력인 구향과 서얼차대업의 해제로 신분을 상승한 서얼 출신의 신향으로 구분되었다. 이러한 현상은 조선후기에 형성되었고 두 세력 간 적지 않은 갈등이 있었다.

43 이는 신분상승을 꾀하는 신향들에게 동학은 새로운 메시지였다. 더욱이 재가녀의 출신인 수운 최제우가 동학을 창도하였다는 것도 영해의 신향들에게는 적지 않은 영향을 미쳤을 것으로 판단된다. 동학의 평등사상은 그동안 신분적으로 차별을 받아왔던 신향들에게는 동학을 수용하는데 보다 적극적이었을 것이다. 이에 대해서는 다음 장에서 다루고자 한다.

44 『대선생문집』은 『수운문집』의 다른 이름이다. 수운 최제우에 대한 최초의 기록으로 추정된다. 필자 역시 확인할 수 없으나 영해접주 박하선으로 추정된다. 표영삼에 따르면 수운 최제우 처형 이후 가정리에 있는 수운 최제우의 조카 최세조의 말을 참고로 집필했다고 보고 있다. 이는 수운 최제우 체포 당시 최제우의 측근 인물들이 거의 같이 체포되어 유배되었기 때문이다. 특히 수운 최제우의 문하에 출입이 잦았던 제자는 5,6명에 정도 되었는데, 문장력은 박하선이 가장 뛰어났다. 그리고 『수운문집』에 나오는 인물 중 박하선의 이름이 언제나 최경상보다 먼저 나올 뿐만 아니라 여러 번 나오고 있으며, 일부에서는 박하선을 중심으로 서술되어 있기 때문이다.

이해 3월 신령 사람 하치욱이 박하선에게 묻기를 "혹시 선생이 있는 곳을 아는가"하니 대답하기를 "어제 밤에 꿈을 꾸었는데 박대여와 더불어 선생을 같이 보았다. 지금 가서 배알코자한다"고 했다. 두 사람은 같이 가다가 길에서 우연히 최경상(최시형; 필자주)을 만나 동행하여 뜻밖에 선생을 찾아뵙게 됐다. 선생께서 "그대들은 혹시 소식을 듣고 왔는가" 물었다. 대답하기를 "저희들이 어찌 알았겠습니까. 스스로 오고 싶은 마음이 있어 왔습니다" 했다. 선생은 웃으면서 "군은 참말로 그래 왔는가, 나는 박하선이 올 줄을 알았다"고 말씀했다.[45]

그믐날이 되어 선생께서 친히 각처의 접주를 정하였다. (중략) 영해는 박하선으로 정해주었으며[46]

8월 13일 흥비가를 지어놓고 전해 줄 곳이 없었는데, 박하선과 최경상 등 6~7인이 때마침 찾아왔다.[47]

영해 사람 박하선이 선생의 말씀을 듣고 글을 지어 선생님을 찾아가 뵈었다.[48]

상행이 자인현 서쪽 뒤의 연못이 있는 주점에 이르자 날이 이미 저물었다. 하룻밤 머물러가자 청하니 주인(최시형; 필자주)은 "어디로부터 오시는가" 물었다. 박하선이 "대구에서 온다"하니 주인은 사실을 알아차리고 시신을 방에 들이라 하고 일체 모든 손님을 금했다.[49]

위의 인용문에서 보듯이 박하선은 수운 최제우를 늘 곁에서 모셨을 뿐만 아니라 문장력이 인품이 뛰어나 접주로 임명되었다. 특히 대구 관덕정에서

45 표영삼, 「용강본 대선생사적」(하), 『신인간』 495, 1991. 6, 25쪽. "是歲三月 新寧人河致旭 問於 朴夏善曰 或知先生之居處乎 答曰 昨夜夢與朴大汝共見先生 今欲往拜也 二人偕行 路遇崔慶翔 料外訪到 先生曰 君等或聞而來耶 答曰 生等何以知之 自有欲來之志 故來之矣 先生笑曰 君可眞然而來耶"

46 표영삼, 앞의 글, 29쪽. "當期晦日 先生親定各處接主 (중략) 寧海朴夏善定授"

47 표영삼, 앞의 글, 31쪽. "八月十三日作興比 無所傳之際 夏善與慶翔等六七人"

48 표영삼, 앞의 글, 34쪽. "寧海人朴夏善 聞而作狀往見先生"

49 표영삼, 앞의 글, 37쪽. "喪行到慈仁 縣西後淵酒店 日己夕矣 請夜之止宿 主人曰 自何以來 朴夏善曰 自大邱來 店主知其事機"

수운 최제우가 처형을 당하자 시신을 모시고 경주 용담까지 함께 하였다. 뿐만 아니라 때에 따라서는 해월 최시형보다 앞서 거론되는 것을 보아 해월 최시형과 함께 적지 않은 영향을 미쳤던 지도자였다고 판단된다. 이러한 박하선의 지도력과 활동은 영해지역에 동학을 포교하는 데 가장 큰 역할을 담당하였다고 할 수 있다.

그렇다면 영해접주 박하선은 어떠한 위치에 있었을까 하는 점이다. 이에 대해서는 구체적으로 할 수 없지만 다음의 기록으로 보아 상당히 상위급 지도자에 속하지 않았을까 추정된다.

8월 13일에 경상이 생각지도 않았는데 찾아왔다. 선생께서 기뻐하며 물어 말하기를
"추석이 멀지 않았는데, 그대는 어찌 이리 급하게 왔는가?"
경상이 대답하기를
"선생님께서 홀로 추석을 보내시게 되어 모시고 같이 지낼 생각으로 이렇듯 오게 되었습니다."
선생께서 더욱 기쁜 얼굴빛이 되었다. 14일 삼경에 좌우를 물러나게 하고, 선생께서 오랫동안 묵념을 하더니, 경상을 불러 말하기를
"그대는 무릎을 걷어 올리고 바르게 앉아라."
했다. 경상이 그 말에 따라 앉으니, 선생께서 일컬어 말하기를
"그대는 손과 다리를 임의로 움직여 보아라."
경상이 마침내 대답하지 못하고 정인 있는 것 같기도 하고 없는 것 같기도 하며, 몸이 움직여지지 않았다. 선생께서 이를 보고 웃으며
"그대는 어찌하여 이와 같이 되었는가?"
하니, 그 말을 듣고서야 다시 움직이게 되었다. 선생께서 말하기를
"그대의 몸과 수족이 전에는 어찌하여 움직이지 않고, 지금은 다시 움직이게 되었으니 무엇 때문에 그런가?"
경상이 대답하여 말하기를
"그 단초를 알지 못하겠습니다."
했다. 선생께서

"이는 바로 조화의 큰 모습이다. 무엇을 근심하겠는가? 후세의 어지러움이여, 삼가
고 삼갈 지어다."[50]

이는 7월 23일 북접주인으로 임명[51]된 바 있는 해월 최시형이 수운 최제
우로부터 도를 받는 장면이다.

그런데 『도원기서』에는 박하선이 8월 13일에 참여하지 않은 것으로 되어
있지만, 『대선생사적』에는 박하선도 그 자리에 함께 있었다.[52] 즉 8월 13일
박하선은 해월 최시형과 함께 수운 최제우가 있는 용담을 찾았다. 다만 도
를 전하는 자리에는 없었지만[53] 박하선이 해월 최시형의 가까운 측근이었음
을 알 수 있다. 앞서 언급하였듯이 해월 최시형이 포덕을 하고자 하였으나
경제적으로 어렵자 박하선 등 영해지역 동학교인들이 적지 않은 비용을 염
출하여 제공한 바 있다. 이로 볼 때 박하선은 동학의 2인자인 해월 최시형
의 가장 지근거리에서 보좌하는 위치에 있었음을 알 수 있다.

그러나 박하선은 1871년 영해사건이 일어나기 전에 죽은 것으로 알려
지고 있다. 신향과 구향의 갈등은 1871년 신원운동이 일어나기 전까지 지
속되었다. 이 과정에서 구향은 신향을 탄압하였는데, 영해접주였던 박하
선을 감영에 고발하였다. 감영에서 고문을 받은 박하선은 고문의 여독으로
1869년 말경 세상을 뜬 것으로 추정된다. 이러한 점은 그의 아들 박사헌[54]
이 1871년 영해사건 당시 상제였다는 사실로 미루어 짐작할 수 있다.[55] 이

---

50 『도원기서』, 계해년조.
51 이돈화, 『천도교창건사』 제1편, 45쪽.
52 『수운행록』, 계해년조.
53 이에 대해서는 몇 가지 의문점이 든다. 종통을 전하는 자리는 공식적인 자리이고 공개적인 것
   이어야 하는데 『도원기서』에는 수운 최제우와 해월 최시형만 있다. 이는 『도원기서』가 해월 최
   시형을 중심으로 기록되었음을 알 수 있다. 이러한 점은 동학교단 내에 해월 최시형의 측근이
   었던 박하선과 강수와의 역학 관계에서 비롯되었지 않았나 생각된다.
54 다른 이름은 박영관이다.
55 표영삼, 『동학』 2, 통나무, 2004, 364쪽.

와 같이 박하선이 접주로 있는 영해는 1871년 영해사건으로 이어지는 동학 조직의 기반이 되었다.

그렇다면 1871년 영해사건의 기반이 되었던 영해지역에 동학이 일찍부터 포교되었고, 조직화되었는지 살펴볼 필요가 있다. 이는 영해지역이 가지고 있는 지역 정서가 적지 않은 영향을 미쳤기 때문이었다. 즉 신구 유림세력 간의 갈등이 영해지역에 동학이 포교되는 데 적지 않은 영향을 주었다. 이에 대해 좀 더 구체적으로 살펴보자.

4. 박사헌의 선택과 '1871년 영해사건'

앞서 살펴본 1840년 영해향전은 영해지역에 동학이 포교할 수 있는 중요한 토대가 되었다. 이는 1871년 영해사건의 경과와 수습과정에 대한 영해에 살던 양반의 기록인 『신미아변시일기』에서도 잘 나타나고 있다.

> 본향(영해 : 필자)에는 6, 7년 전에 동학의 한 무리들이 있어 여러 지역의 동학 무리들과 서로 통하고 살고 있는 궁촌에 왕왕 소굴을 만들어 무리들을 모으고 가르침을 펴기를 마음대로 행하는 것이 거리낌이 없었다. 향중에서 혹 절족한다는 글을 보내기도 하고, 혹 그 죄상을 알리도 하여 우리들 양반 대열에 발을 붙이지도 못하게 하였다. 그러나 그들은 완고하여 그만 둘 줄을 몰랐다. 마침내 관에서 잡아들어 가두게 하니 겨우 그쳤으나 구향을 원수처럼 보았으며 뼈에 사무치게 되었다. 지금 체포된 자는 대개 이 무리가 많다.[56]

이 글은 1871년 영해사건을 수습하는 과정에서 남교엄, 권만진, 백중목, 전문원, 박주한 등이 증언한 내용이다. 이에 의하면, 6, 7년 전인 1863, 4년경에 동학이 신향을 중심으로 널리 포교되었음을 알 수 있으며,

---

56 『신미아변시일기』, 3월 17일조.

신향은 구향과는 '뼈에 사무칠' 정도로 원수지간이었음을 보여주고 있다. 동학에 입도한 신향들은 다른 지역의 동학 조직과도 적극적으로 교류하였다.

또한 동학을 포교하는데도 전혀 거리낌이 없을 정도로 적극적이었다. 이러한 신향의 활동에 대해 구향은 절족 또는 양반대열에 발을 붙이지도 못하도록 하였지만 동학의 확산을 막을 수가 없었다. 마침내 신향들을 감옥에 가둠으로써 동학을 그나마 막을 수 있었다. 이와 같은 사실은 『교남공적』에도 잘 드러나고 있다.

> 동학은 본읍 신향 무리들에 많이 염습되었으며 이번 적변에 많이 참가했다. 신향들
> 은 모두 동학의 여당이다. 본읍의 신향과 구향의 사이는 빙탄의 관계로 내려온 지
> 오래이다.[57]

즉 신향은 동학의 무리였으며, 구향과는 '빙탄' 즉 얼음과 숯의 관계처럼 이질적이었음을 알 수 있다.

1862년 12월 영해접주로 임명된 박하선에 대해서는 잘 알려져 있지 않지만, 함양박씨의 서얼 출신으로 보인다.[58] 이로 볼 때 영해지역 서얼 출신의 신향은 박하선을 중심으로 동학을 독실하게 믿었다고 할 수 있다.

1871년 영해사건은 수운 최제우로부터 동학에 입도하였다는 이필제가 주도하였다.[59] 이필제는 1870년 진주에서 변란을 기도하다가 실패하고 영

---

57 『교남공적』.
58 『신미영해부적변문축』, 4월 초2일조. 여기에는 '朴河成'이 나오는데, 이는 '박하선'으로 추정된다. 족보상에서 박하선의 기록은 확인할 수 없었다. 그러나 함양박씨들이 동학을 적극적으로 수용하였던 것은 구향보다는 신향에 가까웠다. 구향의 경우 동학을 배척하였다는 점에서 박하선이 구향과는 적지 않은 갈등관계를 가지고 있었고, 구향은 동학을 중심인물이었던 박하선을 감영에 고발한 적이 있다. 이로 볼 때 박하선은 신향이었고, 그럼 점에서 서얼 출신이라고 할 수 있다.
59 이처럼 이필제가 주도하였기 때문에 '병란'으로 보는 경우도 없지 않다. 그런데 이필제가 1870년 말 영해에 와서 이듬해인 1871년 3월 10일 신원운동을 할 수 있었던 것은 그만큼 동학교인들과 신뢰 관계를 형성하였다고 할 수 있다. 이런 점에서 이필제는 동학교인이었음을 알 수 있

해로 피신하였다. 그가 영해로 피신한 것은 1866년 이미 영해의 동학교인
과 교류한 바 있었기 때문이었다. 1866년 영해에 머물던 이필제는 동학교
인 이수용과 교제하였다. 뿐만 아니라 울진의 동학교인 남두병[60]과도 알고
지내는 관계였다.[61] 이런 점으로 보아 이필제는 이 시기를 전후하여 동학에
입교한 것으로 추정된다.[62]

영해로 피신해 온 이필제는 우선 동학교인들과 관계를 맺었다. 그리고 동
학 조직을 통해 교조신원을 전개하고자 하였다. 그러나 여기에는 순수한 교
조신원 뿐만 아니라 이필제가 그동안 추진하고자 하였던 병란이 함께 내포
되었다. 이필제는 영해지역 동학교인들과 관계를 돈독하게 하는 한편 신원
운동을 준비하였다.

그런데 신원운동을 전개하기 위해서는 동학의 최고 책임자인 해월 최시형
의 동원령이 무엇보다도 필요하였다. 이를 위해 이필제는 1차적으로 이인
언(李仁彦)을 보내 해월 최시형을 설득하였다. 이인언은 해월 최시형을 만나
다음과 같이 말하였다.

> 성씨가 정(鄭)이라는 사람이 있는데, 계해년에 선생님(수운 최제우: 필자주)께 입도하
> 여 깊이 지리산에 들어거 두문불출하기를 거의 6~7년을 하였던 까닭에 갑자년 선

다. 이는 이미 1866년 영해에 왔을 때 동학교인들과 교류한 것이 크게 작용하였을 것으로 풀
이된다.

60 남두병은 처음에는 1871년 영해사건에 참여하기로 하였지만, 정작 사건이 일어났을 때 배반하
고 영해사건을 진압하기 위하여 소모문을 지었다.(장영민, 「1871년 영해 동학난」, 122쪽)

61 『나암수록』 및 『신미영해부작변문축』.

62 그러나 이필제는 해월 최시형을 만났을 때 수운 최제우에게 도를 받았다고 하였다. 이는 이필
제가 신원운동을 위한 명분과 해월 최시형보다 우위적인 지위를 내세우기 위한 것으로 보인
다. 이필제가 동학에 입교한 시기에 대해서는 여러 가지 설이 있다. 동학을 처음 접한 것은 관
에 체포된 수운 최제우가 과천까지 갔다가 다시 대구로 오는 중 문경을 거친 적이 있는데 이때
이필제가 수운 최제우를 처음 보았고, 적지 않은 감명을 받았다고 한 바 있으며(이이화, 「이필
제 홍경래와 전봉준을 잇는 탁월한 혁명가」, 『이야기 인물 한국사』 4, 한길사, 1993), 1863년
용담으로 찾아가 수운에 입도하였다(표영삼, 「동학의 신미영해교조신원에 관한 소고」, 『한국사
상』 21, 한국사상연구회, 1989)는 설이 있다.

생님의 변고를 라지 못했다가, 그 제자됨의 연분으로 분함을 이기지 못하였으나, 차일피일 미루다가 지금에 이르러서야 주인(해월 최시형: 필자주)을 만나 뵙고자 저를 보내 말씀을 전해 달라고 했습니다. 그런 까닭으로 지금 이렇듯 뜻하지 않게 오게 되었으니, 한번 몸소 가서 보심이 어떻겠습니까?[63]

이필제는 신원운동을 겸한 자신의 뜻을 이루기 위해 이인언을 해월 최시형에게 보냈지만, 해월 최시형은 이인언의 말에 "일이 이치에 맞지 않고 뜻이 맞지 않는다"[64]하고 하면서 쌀쌀하게 대하였다. 해월 최시형의 허학을 받지 못한 이인언은 그냥 돌아갈 수밖에 없었다.

이인언의 설득이 실패하자 이필제는 두 번째로 박군서(朴君瑞)를 보냈다. 박군서 역시 해월 최시형을 만나 이인언이 했던 말을 하자 역시 이를 받아들이지 않았다. 이필제는 세 번째로 다시 이인언을 보냈다. 두 번째 해월 최시형에 만난 이인언은 다음과 같이 교조신원의 뜻을 밝혔다.

저 사람(이필제:필자주)은 다만 스승님의 원한을 풀고자 바쁘게 오가며 상의하고자 하는 것뿐입니다. 이렇듯 힘써 청하니 주인께서는 사양하지 마시고 몸소 가보십시오. 저 사람의 말이 진실로 미덥지 않다고 해도 일이라는 것은 마땅히 한 번 가보아야 하는 것이 아니겠습니까? 또 하물며 우리에게 이르러 변할 여지가 있는 것인데, 이러한 일을 행하는데 어찌 믿지 못하십니까?[65]

그러나 해월 최시형은 역시 좋은 말로 타일러서 보냈다. 해월 최시형이 이인언과 박군서의 말을 듣고 이를 받아들이지 못한 것은 이필제에 대한 신뢰가 없기 때문이었다. 수운 최제우를 만나 동학에 입도하고 동학의 최고 지도자가 되는 과정에서 이필제에 대해 전혀 알려진 바가 없었던 것이다.

63 윤석산, 『초기동학의 역사 도원기서』, 139쪽.
64 윤석산, 『초기동학의 역사 도원기서』, 139쪽·141쪽.
65 윤석산, 『초기동학의 역사 도원기서』, 141쪽.

더욱이 교단이 안정되지 않은 상황에서 교조신원을 전개한다는 것은 아직은 시기가 아니라는 판단도 없지 않았을 것이다.

이필제는 이인언과 박군서를 통해 세 차례에 걸쳐 해월 최시형을 설득하는데 실패하자, 영해지역 동학 지도자인 박사헌을 네 번째로 보냈다. 어쩌면 박사헌은 자신이 해월 최시형을 직접 설득해야 한다고 판단하였을 수도 있다. 이는 자신의 위상과도 관계가 있었다. 즉 영해지역의 동학 조직의 핵심인물인 이인언과 박군서 두 사람이 해월 최시형을 만났지만 끝내 허락을 구하지 못하였다. 이러한 상황은 자신 스스로가 해결해야 한다고 생각한 것이다.

1871년 1월 박사헌은 영양 윗대치 해월 최시형을 찾아갔다. 그리고 다음과 같이 말하였다.

> 전일에 세 사람[66]이 다녀갔는데도 주인께서 끝내 오시지 않으셨기 때문에 제가 부득이 왔습니다. 주인께서 만약 구 사람을 보게 된다면, 가히 그 사람의 허실과 진위를 알 수 있을 것입니다. 그러니 잠시 가봄이 어떻겠습니까?[67]

박사헌은 만난 해월은 "노형이 그 사람과 더불어 달포를 지내면서 은근히 서로 이야기를 하였다 하니, 그 사람의 동정을 가히 알 것이라. 지난번 세 사람이 말한 바 있으나, 비록 소진의 말이라 해도 나는 믿을 수가 없다. 그러니 노형은 나를 추호도 속일 마음을 갖지 마시오."라고 다짐을 받고자 하였다.

이에 박사헌은 "제가 어찌 알 수 있는 도리가 있겠습니까? 그 사람의 말하는 바를 듣고 보건데, 일마다 수긍이 가고 또 제가 사람의 마음을 알 수 없

---

66 세 사람이라고 하였지만, 이인언의 두 번과 박군서의 한 번을 의미한다.
67 윤석산, 『초기동학의 역사 도원기서』, 141쪽.

으나 다만 스승님을 위하는 마음으로 말을 하는 까닭으로 저 역시 그럴 듯 하게 여기어 이렇듯 이렇게 오게 된 것입니다."라고 하였다. 해월 최시형은 "비록 그러하나 내가 그 형세를 보아 가도록 하겠다"고 하면서 박사헌의 말을 수용하였다. 이는 해월 최시형과 박사헌의 관계를 어느 정도 파악할 수 있다.

해월 최시형이 박사헌의 말을 신뢰한 것은 그의 아버지 박하선과의 관계로 작용하였을 것으로 본다. 앞서 살펴본 바와 있듯이 박하선은 해월 최시형과 동학 초기 핵심인물이었으며, 수운 최제우가 관에 피검될 때도 함께 있었을 정도로 수운 최제우의 신뢰가 컸던 인물이었다. 이로 볼 때 1871년 영해사건을 전개되는 과정에서 박사헌의 역할은 사실상 '키맨'이었다고 할 수 있다.[68] 즉 박사헌과 해월 최시형을 만남이 있었기 때문에 이후 1871년 영해사건은 진척될 수 있었다. 뿐만 아니라 박사헌의 영향력도 어느 정도였는지 확인할 수 있는 있는 장면이기도 하였다.

박사헌과 해월 최시형의 만남은 이후 해월 최시형과 이필제와의 직접 만남으로 이어졌다. 이필제는 "선생을 부끄러움을 설원하는 것"과 "뭇 백성의 재앙을 구제하는 것"이라 하고 신원운동의 당위성을 설명하였다.[69] 여전히 의구심을 풀지 못한 해월 최시형은 강수와 박춘서를 찾아가 그 뜻을 확인하고자 하였다. 강수와 박춘서가 찬성함에 따라 해월 최시형은 이필제의 뜻을 따르기로 하고 영해를 비롯하여 평해, 울진, 영덕 등지의 교인들에게 동원령을 내렸다. 마침내 영해 우정동에 모인 동학교인들은 3월 10일 황혼 무렵 형제봉에서 천제를 지내고 영해부를 습격하여 부사 이정을 처단하였

---

68 키맨은 기업과 같은 조직에서 문제 해결 과정이나 의사 결정 과정을 할 때, 핵심적인 역할을 할 수 있는 수준의 힘을 가진 사람을 뜻한다.
69 윤석산, 『초기동학의 역사 도원기서』, 145~149쪽.

다.[70] 해월 최시형은 천제를 지낸 후 영양 윗대치로 돌아갔다.

일단 영해부를 장악한 후 이필제와 동학교인들은 부사 이정을 처단하고, 주민들의 동향을 살폈다. 이필제는 자신들이 거사한 것은 탐학한 부사를 처단하기 위해 일어났고, 추호도 백성들은 해치지 않을 것이라고 하였지만 크게 반응이 없었다.[71] 이러한 와중에 이필제는 영덕으로 진격하고자 독려하였지만 동학교인들은 이에 따르지 않았다. 더욱이 주민들의 반응이 없고 사태가 불리함을 느끼자, 이필제와 동학교인들은 영해부를 점령한 다음날인 3월 11일 오후 일제히 관아를 빠져나왔다. 그리고 영해 신향의 본거지인 인천리로 피신하였다. 이곳에서 2일 정도 머물면서 관의 동향을 살폈다.

한편 영해부 향리들의 연락을 받은 인근 고을 군졸들은 영해로 집결하였으며, 영해부 습격에 가담한 자를 색출하기 시작하였다. 인천리에 머물던 이필제 등 일부는 해월 최시형이 있는 영양 윗대치로 피신하였다. 그러나 윗대치도 안전하지 못하였다. 『교남공적』의 최준이 신문조서에 따르면 "13일에 집으로 돌아왔으며 15일에는 많은 교인들이 윗대치에 모여 있었는데, 관군을 만나 체포되었다"한 바, 관군이 영양 윗대치까지 추격하였다.[72]

이로써 1871년 영해사건은 5일만이 막을 내리고 말았고, 동학 조직은 심대한 타격을 입었다. 해월 최시형과 이필제는 단양까지 함께 동행하였고, 이후 해월 최시형은 영월, 정선 등 강원도 태백산 산중에서 은신하며 재기를 도모하였다. 그러나 이필제는 이해 8월 문경에서 다시 작변을 일으켰다가 체포되어 1872년 1월 효수되었다.[73]

그렇다면 1871년 영해사건에 참여한 동학 조직은 어느 정도였는가? 『교

---

70 『도원기서』, 신미년조.
71 박성수 역주, 『저상일월』상, 서울신문사, 1993, 132쪽.
72 『교남공적』.
73 『고종실록』9권, 1872년 1월 18일조.

남공적』에 의하면 가담자 105명의 신문내용이 있으며, 『도원기서』에 의하면 동학교인 5백여 명이 참가하여 2백여 명이 죽거나 체포되어 정배되었다고 하였다. 그리고 나머지 3백여 명은 가혹해진 지방 수령의 탄압과 체포의 위협으로 뿔뿔이 흩어졌다.

또한 『도원기서』에 의하면, 1871년 영해사건에 참여한 동학 조직을 다음과 같이 기록하고 있다.

> 장계 문초에 원죄인 전동규의 이름이 있고, 그 나머지 억울하게 죽은 사람들이 나타나는데, 동규의 당내 서너 명, 울진 남기상·김모, 영해의 박사헌 형제·권일원 부자·박양언·박지동·권덕일·김생, 영덕의 임만조·구일선·강문·김기호, 청하의 이국필 형제·안생, 흥해의 백생·박황언, 연일의 천생·박생, 경주 북산 중의 이사인·김만춘·정치선·김생의 숙질·김경화의 백형, 영양의 장성진·김용운 형제·최준이 등이었다.
> 도망하여 살아난 사람은 영해의 박군서·이인언인데, 이들은 배도한 사람들로 이필제의 모사자들이다. 이외에 전윤오 숙질·김경화·전덕원·김계익·김양언·임근조·임덕조·박춘서·유성원·전성문·김용여·박영목·정치겸·김성길·서군효, 상주 사람 김경화·김형로·김오실·김순칙·이군강·임익서·권성옥·황재민·김대복·김치국·김윤백·백현원·김성진·신성화·배감천 형제, 영덕 사람 김생·구계원, 대구 사람 김성백·강기·정용서, 흥해 사람 김경철·손흥준, 안동 사람 김영순 등이다.[74]

이에 따르면, 신원운동에 참가한 동학 조직은 영해를 비롯하여 경주, 울진, 흥해, 영덕, 영양, 연일, 상주, 대구, 안동, 청하, 울산 등 12개 지역의 동학교인들이었다. 이들 지역은 수운 최제우가 접을 조직하고 접주가 임명된 14개 접 중에서 장기와 고성, 단양, 신령, 영천을 제외한 9개 지역에 해당한다. 이외에도 울진, 흥해, 상주 등 3개 지역의 동학교인이 참여하였다. 또한 『교남공적』을 통해 동학 조직이 참여한 지역을 살펴보면 이들 지역

---

74 『도원기서』, 신미년조: 윤석산, 앞의 책, 87~88쪽.

외에도 평해, 밀양, 진보, 안동, 영산, 칠원 등 4개 지역의 동학교인도 참
여하였다. 이로 볼 때 1871년 영해에서 전개된 신원운동에는 일부지역을
제외한 대부분의 동학 조직이 참여하였음을 알 수 있다.

또한 1871년 영해사건으로 동학교인이 1백여 명 체포되었는데, 이들 중
효수 32명, 물고 12명, 유배 6명, 그리고 경중처리 10명 등 모두 60명이
처벌되었다. 그리고 나머지는 풀려났다. 처벌받은 사람 중 영해 출신이 34
명으로 절반 이상을 차지할 정도로 1871년 영해사건은 영해지역 동학교인
들이 중심이 되었다. 그런 점에서 볼 때 영해는 동학을 창도한 경주 다음으
로 중요한 위치에 있다고 할 수 있다. 뿐만 아니라 박사헌도 『도원기서』에
의하면 목숨을 잃었다.

1871년 영해사건 이후 동학 조직은 거의 와해 지경에 이르렀다. 해월 최
시형은 영양 윗대치에서 강원도 영월의 태백산 중으로 피신하였다. 해월 최
시형은 이곳에서 "마시지 않고 먹지도 못한 지가 열흘이요, 소금 한 움큼도
다 떨어지고 장 몇 술도 비어 버렸다. 바람은 소슬히 불어 옷깃을 흔들고 아
무것도 입지 못해 헐벗은 몸으로 장차 무엇을 할 것인가?"라고 할 정도로 굶
주림과 비참한 생활을 하였다. 결국 해월 최시형은 강수와 함께 절벽으로
올라가 "두 사람 중 누가 먼저 하고 누가 두레 할고. 끌어안고 떨어져 죽는
것이 좋겠구나"할 정도로 극한 상황이었다.[75]

이와 같이 죽음을 생각할 정도로 한계에 이른 해월 최시형은 이듬해
1872년에는 1월 5일 지난 허물을 참회하는 고천제를 지내기도 하였다.[76]
뿐만 아니라 신원운동으로 대부분의 동학 조직의 지도자급 교인들은 대부분
효수를 당하거나 정배를 당하였다. 또한 신원운동으로 관의 탄압과 지목은

---

75 『도원기서』, 신미년조; 윤석산, 앞의 책, 96쪽.
76 『도원기서』, 임신년조; 윤석산, 위의 책, 99쪽.

더욱 심해졌고, 이로 인해 동학 조직은 사실상 절멸상태가 되었다. 영해지역 역시 신원운동으로 동학 조직은 와해되었고, 이후에도 크게 주목을 받지 못하는 그런 지역이 되었다. 그렇지만 영해는 초기 동학교단에서 첫 변혁운동, 첫 신원운동을 전개되었다는 지역적 중요한 의미를 내포하고 있다.

그렇다면 박사헌의 입장에서는 1871년 영해사건은 어떤 의미가 있었을까. 박사헌은 일단 당시 동학교인들과 마찬가지로 교조신원이라는 명분 우선하였다고 판단된다. 이에 대해서는 이필제와도 충분한 논의를 하였으며, 또한 해월 최시형을 만났을 때도 교조신원을 내세워 그를 설득하고자 하였다. 해월 최시형 역시 교조신원이라는 명분 때문에 박사헌의 설득에 동의하였던 것이다. 그런 점에서 1871년 영해사건 과정에서 박사헌의 선택은 교조신원이었음을 알 수 있다. 그렇기 때문에 1871년 영해사건에서 목숨을 잃을 정도로 적극 참여하였다고 할 수 있다.

5. 맺음말

이상으로 1840년 영해향전과 동학과의 관계, 영해지역 포교과정과 박하선, 그리고 1871년 영해사건에서의 박사헌의 모습과 선택에 관하여 살펴보았다. 이를 정리하는 것으로 맺음말을 대신하고자 한다.

첫째, 영해지역에 동학이 포교된 것은 1840년 영해향전이라는 독특한 사회구조가 있었기 때문이었다. 영해향전은 기존의 향촌세력과 서얼차대법 폐지로 인한 신분상승을 주도하였던 신향의 갈등에서 시작되었다. 이를 계기로 신향은 평등사상을 추구하는 동학을 자연스럽게 수용할 수 있었다. 영해향전을 계기로 영해는 동학에서 중요한 거점으로서의 역할을 할 수 있었다.

둘째, 영해에 동학이 포교된 것은 수운 최제우가 동학을 포교하기 시작한 1861년부터였다. 동하그이 첫 포교는 동학이 창도된 경주였다. 그러나 성리학적 이데올로기에 의해 차별받던 일반 민중들은 누구보다 동학을 먼저 수용하였다. 초기 동학은 경주를 중심으로 동북지역과 동남지역인 해안가로 확산되었다. 영해는 경주를 기점으로 청하-흥해-영덕-울진-삼척-강릉으로 이어지는 중요한 길목의 중요한 위치에 있었다. 이 길을 따라 자연스럽게 동학이 확산되었는데, 영해에도 동학이 포교되었던 것이다. 이에 이해 11월 박하선이 접주로 임명될 정도로 영해는 교세가 확장되었다. 뿐만 아니라 영해지역 교인들은 수운 최제우와 해월 최시형이 어려움을 겪게 되자 든든한 후원자로서 역할을 다하였다.

셋째, 이와 같은 영해지역의 동학 조직은 이필제와 결합됨으로써 새로운 변혁세력으로 성장하였다. 영해지역 동학교인의 중심은 서얼 출신이 많은 신향들이었다. 신향은 구향과 갈등에서 자신들의 지위와 영향력을 강화하려고 하였다. 이러한 분위기는 동학을 수용하면서 잠재적 변혁세력으로 성장하였고, 이필제라는 '혁명가'를 만나 변혁세력의 중심에 서게 되었다. 다만 이필제에 대한 동학교단의 기록은 '문장군'이라고 표현할 정도로 부정적으로 남아있다.[77] 이에 대해서는 앞으로 많은 연구가 필요하지 않을까 한다.

넷째, 박사헌은 1871년 영해사건을 전개하는데 중심적인 역할을 하였다. 1871년 영해사건에 참여한 동학 조직은 동학이 창도된 경주를 비롯하여 영해, 영덕 등 14개 지역이었지만 핵심세력은 영해지역의 동학교인들이었다. 그리고 핵심적인 역할을 한 것이 박사헌이었다. 박사헌은 해월 최시

---

77 이에 대해서는 『도원기서』를 지은 강수의 의중이 많이 반영된 것으로 추정된다. 강수는 이필제를 도와 신원운동에 적극 가담하였다. 이에 따라 자신의 활동에 대한 면피성으로 그러한 것이 아닌가 한다. 왜냐하면 강수가 쓴 『도원기서』와 박하선이 쓴 것으로 추정되는 『수운행록』은 해월 최시형에 대한 입장이 적지 않게 차이를 보이고 있기 때문이다.

형을 설득하는 데 큰 역할을 하였을 뿐만 아니라 참가자들을 집결하는 데도 중요한 역할을 하였다고 평가할 수 있다.

1871년 영해사건 연구 동향과 과제

조성운(역사아카이브연구소 소장)

1871년 영해사건 연구 동향과 과제

1. 머리말

1894년 동학농민혁명은 한국근대사상 3·1운동과 함께 최대의 민족운동이라 평가받고 있다. 이는 연구논문의 수에서도 확인된다. 학술연구정보서비스(RISS) 국내학술논문에서 검색하면 3·1운동은 39,428건, 동학과 동학농민혁명은 6,950건을 확인할 수 있다.(2022년 10월 18일 기준). 여기에다 갑오농민혁명(전쟁) 249건을 포함하면 7,199건이 된다. 범위를 넓혀 수운 최제우 268건, 해월 최시형 274건, 의암 손병희 296건 등과 천도교 989건을 포함하면 모두 9026건이나 된다. 이처럼 동학과 천도교에 대한 연구는 한국근대사에서 매우 중요한 위치를 점하고 있다.

그런데 1871년 영해지역에서 발생한 이필제의 난·寧海起兵·영해 동학란·寧海衙變·영해 동학농민혁명·영해동학농민의 난 등으로 그 명칭이 매우 다양한 이 사건에 대한 연구는 그리 활발한 편은 아니다. 이는 이 사건에 대한 관변 측 자료와 교단 측의 자료에 상이한 부분이 많았으며, 연구자들이 이 사건을 바라보는 관점의 차이에서 발생한 것으로 생각된다.

이 사건에 대한 최초의 연구가 1975년 발표된 이래 현재까지 필자가 파악한 연구는 27편이다. 앞에서 언급한 바와 같이 매우 다양한 명칭으로 이 사건이 불렸다는 것은 이 사건의 실체를 파악하는데 그만큼 어려움이 있으며, 다양한 관점이 있을 수 있다는 것을 의미한다. 동시에 이 사건이 아직 역사용어로 정립되지 않았다는 것을 의미하기도 한다. 그러나 영덕지역을 중심으로 영해동학혁명이라는 용어로 정착시키려는 논의가 진행되고 있음을 알 수 있다. 즉 2014년 3월 27일 영덕군이 주최하고 동학학회가 주관한 「동학혁명의 시발점, 1871년 3월 '영해동학혁명'」이란 학술회의에서 영해동학혁명이란 용어를 사용하였기 때문이다. 학술회의 후 동학학회는 발표문을 모아 단행본 『1871년 경상도 영해동학혁명』(모시는 사람들, 2014.)을 간행하였다.[1] 필자는 1871년 영해에서 발생한 사건의 명칭에 대한 다양한 논의가 있으나 본고를 작성하면서 중립적인 관점에서 '영해사건'이란 용어를 사용하기로 한다. 향후 논의를 더욱 진전시켜 이 영해사건을 지칭하는 역사용어가 정립되기를 기대한다.

본고는 1871년 영해지역에서 발생한 봉기에 대한 연구사 정리와 향후 과제를 설정하는 것을 목적으로 작성되었다. 이를 통해 영해사건을 지칭하는 용어의 적절성에 대한 논의가 진전될 수 있을 것이다. 이를 위해 본고는 '영해동학혁명'이란 용어를 본격적으로 사용한 2014년 학술회의 이전과 이후로 시기를 구분하여 연구사를 정리하겠다. 그리고 이를 토대로 맺음말을 대신해 영해사건에 대한 향후 과제를 살펴보겠다. 이 정리를 통해 영해사건 연구의 새로운 계기가 마련되기를 기대한다.

2. 2014년 이전의 연구

영해사건에 대한 연구는 2014년 영해동학혁명이라는 용어를 사용한 학계 최초의 학술회의가 열렸고, 그 발표문이 단행본으로 출간되었기 때문에

---

1 그런데 이 학술회의나 단행본에서조차도 이 사건의 명칭을 통일하지 못하고, 서명에만 '영해동학혁명'을 사용한 것으로 보아 통일된 의견이 있는 것은 아니다.

2014년 학술회의 이전과 이후 시기로 나누어 연구사를 정리하고자 한다. 먼저 2014년 이전에 이루어진 연구는 다음과 같다.

① 김의환, 「신미면(1871) 이필제난고」, 『우리나라 近代化史論攷』, 삼협출판사, 1964.
② 김의환, 「동학농민운동사연구 ; 교조신원운동의 발전을 중심으로」, 『부산여대 논문집』3, 부산여자대학교, 1975.
③ 고승제 외, 『전통시대의 민중운동』하, 풀빛, 1981.
④ 윤대원, 「이필제의 난 연구」, 서울대학교 석사학위논문, 1984.
⑤ 윤대원, 「이필제난 연구」, 『한국사론』16, 서울대학교 인문대학 국사학과, 1987.
⑥ 장영민, 「1871년 영해 동학란」, 『한국학보』13-2, 일지사, 1987.
⑦ 표영삼, 「동학의 신미 영해 교조신원운동에 관한 소고」, 『한국사상』21, 한국사상연구회, 1989.
⑧ 박맹수, 『최시형연구』, 한국정신문화연구원 한국학대학원 박사학위논문, 1995.
⑨ 편집부, 「신미년 영해아변에 대한 고찰」, 『영덕문화』9, 영덕문화원, 1998.
⑩ 표영삼, 「영해 교조신원운동」, 『한국사상』24, 한국사상연구회, 1998.
⑪ 영덕군, 『영덕군지』(상), 영덕군, 2002.
⑫ 연갑수, 「이필제 연구」, 『동학학보』6, 동학학회, 2003.
⑬ 배항섭, 『조선후기 민중운동과 동학농민전쟁의 발발』, 경인문화사, 2004.
⑭ 장영민, 『동학의 정치사회운동』, 경인문화사, 2004.
⑮ 윤대원, 「이필제, 때 이른 민중운동의 지도자」, 『내일을 여는 역사』21, 내일을 여는 역사, 2005.
⑯ 김기현 편저, 『최초의 동학혁명』, 황금알, 2005.
⑰ 김탁, 「조선후기의 예언사상」, 『한국종교』34, 원광대학교 종교문제연구소, 2010.

①은 김의환의 단행본에 수록된 영해사건에 관한 연구이다. 『우리나라 근대화사론고』라는 제목에서 볼 수 있듯이 그는 이필제의 난을 한국 근대화운

동의 중요한 부분으로 상정하고 있는 것 같다. 그는 이필제의 난을 "철종말 산발적인 농민란(반봉건적)에서 어느 정도 조직성을 가진 갑오년 동학농민란 (반제적·반봉건적)으로 발전하는 과도기에 일어난 난"[2]으로 규정하여 조선후기 농민봉기가 반봉건 투쟁에서 반봉건·반제투쟁으로 이행하는 과도기적 성격 의 농민봉기로 규정하였다. 이는 다음의 이 책의 목차에서도 분명하게 드러 난다.

제1편 초기동학사상에 관한 연구
제2편 신미년(1871) 이필제난고
제3편 신미(1871) 양요를 둘러싼 미·일 관계고
제4편 우리나라 개화운동고
제5편 한말 의병운동의 분석

이 목차를 통해 보면 그는 동학을 한국 근대화의 한 축으로 상정하고 있으 며, 앞에서 언급한 바와 같이 이필제의 난을 전근대사회에서 근대사회로 이 행하는 과도기 정도로 생각하고 있음을 알 수 있다. 그는 이필제의 난이라 불렀으나 교조신원운동의 성격을 인정하고 있다. 이로 보아 그는 이필제가 동학교도이며, 동학의 종교조직이 영해사건에 어떠한 형태로든 관여했다는 점을 인정한 것이다. 다만 최시형의 용담문도 중에서 이필제를 기억하지 못 하였다는 『천도교창건사』의 기록을 어떻게 이해할 것인가는 앞으로의 과제 라 하겠다.

그런데 김의환은 ②의 연구에서 영해사건을 이필제의 난이라 규정한 기존 연구의 주장을 철회하고 이 사건을 1892~1893년에 걸쳐 전개되었던 교 조신원운동과 연결하여 교조신원운동의 일환으로 파악하면서 寧海起兵이라

---

2 김의환, 『우리나라 近代化史論攷』, 삼협출판사, 1964, 72쪽.

칭하였다. 그 이유를 그는 다음과 같이 썼다.

> 영해기병은 동학교문의 연락조직망을 이용하여 교조신원이라는 이름 아래 지금까지
> 의 농민봉기에서는 찾아볼 수 없는 광범한 지역(문경 일대)의 인원을 夜半을 기하여
> 동원하여 영해부사를 죽이고 관아까지 일시 점령하였다. 관헌에서는 이들에 대하여
> 「此未知何樣賊徒」라고 하여 그 정체를 파악하지 못하였다. 또 이들은 작전방법으로
> 야간기습작전법을 썼던 것이니 이는 종래 지방관의 貪虐虐政에 대한 懲治에서 일어
> 난 농민봉기와는 그 양상이 크게 달랐던 것이다. 따라서 정부는 농민봉기가 일어나
> 면 지방관을 罷黜하고 新官을 임명하는 것이 보통인데 영해부사에게는 충절로서 吏
> 判을 特贈하고 있다.[3]

즉 영해사건이 동학의 종교조직을 활용하였고, 야간기습의 방식, 영해부
사의 살해와 관아 점령을 목적으로 한 봉기였다는 점에서 기존의 농민봉기
와 차별성이 있기 때문에 이를 교조신원운동의 일환으로 파악할 필요가 있
다는 것이다.

③의 연구는 김의환의 ①의 연구의 한문 사료를 한글로 번역하여 기술하
는 는 등 독자들이 쉽게 읽을 수 있도록 편집한 것으로 새로운 연구는 아니
다. 그러므로 영해사건에 연구는 김의환의 연구에서 비롯되는 것이다.

④의 연구는 영해사건에 대한 최초의 학위논문이라는 의의를 지니며, ⑤
의 연구는 이를 수정, 보완하여 연구 논문으로 제출한 것이다. 이를 ⑤의
연구를 통해 살펴보면 그는 영해사건이 발생하게 된 시대적 배경을 살핀 후
영해사건을 진천작변, 진주작변, 영해란, 조령란의 과정으로 살피면서 이
를 이필제의 난이라 규정하였다. 이러한 관점은 앞의 ①의 연구에서 이미
제기된 것이었으며, 현재까지도 영해사건을 이해하는데 기본적인 관점이

---

3 김의환, 「동학농민운동사연구 ; 교조신원운동의 발전을 중심으로」, 『논문집』 3, 신라대학교,
   1975, 323~324쪽.

되고 있다. 단지 ①, ②의 연구에서는 조령란을 각각 문경란과 문경봉기로 칭하고 있을 뿐이다. 그런데 ⑤의 연구에서 주목되는 것은 영해사건에 참여한 계층을 주도층과 이들과 제휴 내지 동조한 계층, 즉 행동대원층을 중심으로 분석하였다. 그는 앞의 ①, ②의 연구에서 단초를 밝힌 진천작변, 진주작변, 영해란, 조령란으로 구분하여 계층을 분석하였다. 먼저 진천작변을 주도한 인물들은 빈곤한 지식층이었고, 자금을 제공한 인물들은 부농이나 의업, 매약업에 종사한 인물들로 파악하여 지방사회의 몰락양반과 부민들이 참여하였음을 밝혔다. 진주작변의 주도층은 몰락양반, 자발적으로 참여한 행동대원층은 주도층과 마찬가지로 몰락양반이었으며, 그 외 참여자들은 빈농층이었다고 파악하였다. 영해란 역시 몰락양반층이 주도하고 빈농층이 참여했다고 파악했으며, 조령란은 몰락양반층이 주도하였으나 행동대원층은 신분 파악이 어렵다고 하였다. 그리고 주도층이 행동지침의 사상으로 이용했던 것이 『정감록』이라 파악하여 동학과의 관련성을 부인하고 있다.[4] 이러한 그의 주장은 "진주·영해·문경란은 이필제, 정기현 등 잔반계층이 讖書에 가탁하여 당여를 모아 稱兵召亂(兵亂)을 획책하였던 것"이라는 한우근의 주장을 계승한 것이었다. 여기에서 참서란 『정감록』과 같은 류의 서적을 의미한다. 이러한 그의 주장을 쉽게 풀어 대중용으로 서술한 것이 ⑭의 연구이다.

⑥의 연구는 영해사건이 교조신원운동의 일환이었다는 기존 연구와 천도교단의 시각을 부인하고 민중사회변혁운동의 연장선에서 이를 파악해야 한다고 주장하면서 이를 영해동학란이라 규정하였다. 나아가 동학을 당시 잡

---

4 이필제의 난이 동학과 관련이 없다는 주장은 동학이 아닌 『정감록』을 이용한 병란적 성격을 띤 난(한우근, 『동학란 기인에 관한 연구』, 한국문화연구소, 1971, 69쪽.)이라고 하였으므로 윤대원은 한우근의 주장을 계승, 발전시킨 것이라 할 수 있다.

술 내지 민중신앙과 진인 출현에 대한 염원이 결합, 승화된 종교로 이해할
때 병란에 해월을 비롯한 동학교도들이 대거 가담하였던 이유를 밝힐 수 있
을 것이라 주장하였다.[5] 그리하여 그는 초기 동학의 교리와 교단, 향촌사회
의 신분상승운동을 영해사건의 배경으로 설명하였다. 특히 신향과 구향의
대립과 갈등을 영해사건의 중요한 요인으로 파악하였다. 그리고 이필제는
동학교도로 가장한 인물로 파악하였다.[6] 이는 영해사건을 교조신원운동의
일환으로 파악하는 기존 연구에서 이필제를 동학교도로 파악하고 있는 것과
는 다른 판단이다. 다만 영해의 동학 조직이 해월에게 거사에 참여할 것을
촉구하였다는 점은 인정하고 있다. 그런데 장영민의 이러한 주장은『崔先生
文集道源記書』(이하『도원기서』)에 근거하였다. 해월의 도통 전수 과정에서 해
월에게 정통성을 부여하려 한 것이『도원기서』이므로 이 책을 이용할 때는
적절한 사료비판이 있어야 하지만 이 주장은 기존 연구와 다른 관점에서 이
필제와 영해사건을 파악하는 관점을 제공한다고 할 수 있다. 또『도원기서』
에 최시형의 영해사건 참여가 타의에 의해서 이루어진 것처럼 되도록 책임
회피적 입장에서 서술된 것은 이 사건에 대해 해월과 동학교단의 책임을 회
피할 목적 때문이었을 것이라 생각된다. 그렇기 때문에 1930년 간행된『천
도교총서』와 1933년 간행된『천도교창건사』등은 이필제의 꼬임에 의해 동
학도가 참가한 영해변란으로 규정하였던 것이다. 더욱이 이 연구에서는 신
원은 상소 등의 합법적인 절차를 통해 왕에게 죄를 사면받는 것임에도 불구
하고 관아를 습격하여 부사를 살해하고 부사의 印符를 제단에 꽂아 놓은 깃
대에 매달로 천제를 지내기 위해 소를 잡았다는 점을 들어 이필제 등이 신원

---

5 장영민,「1871년 영해 동학란」,『한국학보』13-2, 일지사, 1987, 100쪽.
6 장영민, 앞의 논문, 117쪽.

을 바라지 않았다고 주장하였다.[7] 결국 ⑥의 연구는 영해 동학란이라는 용
어를 사용하였으면서도 영해사건은 정형적인 병란이었다는 점을 강조하였
다. 이 연구는 그의 저서인 ⑬의 연구에 수정, 보완하여 수록되었다.

⑦과 ⑩의 연구의 필자는 천도교 상주선도사인 표영삼이다. 이 때문에 이
연구는 천도교의 시각이 크게 반영된 연구라 할 수 있다. ⑩의 연구는 ⑦의
연구를 수정, 정리한 수준으로 보인다. 특히 ⑦의 연구는 최시형이 이필제
로부터 영해사건에 대한 제안을 받고 응낙한 경위와 실행 과정, 영해읍에서
철수한 경위, 철수 이후의 행적, 희생자 수, 이필제와 동학과의 관계 등을
살폈다. 특히 주목되는 것은 이필제 등이 영해관아에서 철수할 때 최시형에
관한 언급이 일체 없는 것으로 보아 최시형은 영해관아 습격 당시 참가하지
않았다고 보아야 한다고 점이다. 이에 대해서는 연구가 진행되어야 한다.
이 연구에서 주의해서 보아야 할 것은 이필제와 동학과의 관계를 서술한 부
분이다. 그에 따르면 이필제는 영해에 와서 '동학도 행세'를 하였고, 결국에
는 최시형 등 동학지도부의 신임까지 얻게 되었다고 하였다. 이는 이필제가
동학 교도가 아니라는 것을 의미한다. 그럼에도 이필제는 동학과 마찬가지
로 서양세력에 대한 위기의식을 갖고 輔國에 대한 열정이 충만하여 동학교
도와 뜻을 같이하였다고 한다. 다만 동학은 장기적인 안목 하에 이를 실현
하고자 하였으나 이필제는 자기 스스로 실현하려 한 것에 차이가 있다는 것
이다. 이는 결국 이필제가 동학조직을 이용하고자 하였다는 고백으로 해석
할 수 있다. 그러하였기 때문에 그는 이필제가 수운 최제우의 설원을 목적
으로 한 것이었다고 서술하고 이를 교조신원운동이었다고 규정하였다. 그
러나 이는 잘못된 해석이라 하겠다. 오히려 이필제가 동학을 이용하려 했다

---

7 장영민, 앞의 논문, 126~127쪽.

는 것이 훨씬 자유스럽다. 후술하겠지만 이러한 생각을 정리한 것이 ⑩의
연구라 할 수 있다.

⑧의 연구는 박맹수의 박사학위논문이다. 이 연구에서는 영해사건을 동
학 조직과 조선후기 변란세력이 결합하여 일으킨 사건이라 규정하면서 이
사건을 영해민란이라 칭하였다. 그가 이러한 결론에 도달하게 된 배경에는
〈嶠南公蹟〉[8], 〈寧海賊變文軸〉, 〈辛未衙變時日記〉 등과 교단 측 기록인 『도
원기서』, 〈大先生事蹟 附海月先生文集〉 등의 새로운 자료가 발굴이 있었
다. 그는 영해지역의 신향세력이 최시형과 결합하여 일으켰다고 주장하였
다. 그리고 최제우를 異人 또는 眞人이라 이해하는 경향이 있던 초기 동학
교도의 인식, 즉 『정감록』적 인식의 영향을 배제하지 않았다. 특히 〈嶠南公
蹟〉은 영해작변 관련자들을 체포하여 문초처벌한 전말을 기록한 관변자료
로서 천도교 측 자교인 『도원기서』와 함께 영해사건의 진상을 밝히는데 큰
기여를 하였다.

⑨의 연구는 영해사건을 '寧海衙變'·'辛未衙變'·'寧海辛未作變' 등이라 칭
하였다. 이 연구는 「교남공적해제」(박맹수, 『한국사학』10, 한국정신문화연구원,
1989)를 참고로 작성한 것으로 영해동학혁명의 경과와 결과를 서술하였다.
특히 영해사건 가담자의 이름과 신분, 출신지 및 거주지 등을 표기한 표를
작성하여 영해사건 가담자의 성격을 분석하는데 도움을 준다.

⑪의 연구는 ⑨의 연구와 마찬가지로 영해사건을 신미아변으로 파악하였
다. 이 사건에 참여한 인물들을 동학교도 및 향인들이라 하여 영해사건에는
동학교인만이 아니라 향민들이 참여한 사건으로 파악하였다. 이는 ⑨의 연
구와 마찬가지로 관변 측의 시각이 그대로 반영된 것이라 할 수 있다. 다만

---

8 이 문서는 한국학중앙연구원 장서각에 유일본이 소장되어 있으며, 이 문서의 전문과 해제가
   박맹수(「교남공적 해제」, 『한국사학』 10, 한국정신문화연구원, 1989)에 의해 소개되었다.

조선후기 민란의 연장선에서 파악하고 있으며, 나아 1894년 동학농민혁명에 심대한 영향을 끼쳤다고 서술하였다. 그러함에도 영해지역에서 동학농민혁명이 발발하지 못한 이유는 설명하지 못한다는 한계를 갖는다고 할 수있다.

⑫의 연구는 영해사건의 지도자인 이필제의 생애와 행적, 이필제의 북벌의지와 정감론적 사유방식의 결합, 그리고 영해사건(필자인 연갑수는 영해란이라 칭함)에서 동학교문과의 관계에 대해 살펴보았다. 이 연구에서 유의해야할 것은 이필제가 몰락양반이라 판단하기 곤란하다고 하며, 그가 각종 변란을 꾸미게 된 계기를 그의 열악한 사회경제적 처지에서 곧바로 도출하는 것은 무리라고 한 점이다.[9] 또 그는 북벌을 주장하면서 단군→漢→明→이필제로 이어지는 역사인식, 즉 단군을 매개로 명의 역사적 정통성이 이필제에게계승된다는 것이다. 이는 중국의 역사마저도 단군의 후예라는 독특한 인식이었다. 이러한 인식은 소중화사상에 가깝거나 그에 기반한 것이었다고 할수 있다. 이는 곧 조선후기 지배층의 역사인식을 계승한 것임과 동시에 북벌론이 정감록 및 단군신앙과 결합되면서 또 다른 양상을 갖는 역사인식을보이는 것이었다. 그리고 이 연구에서는 이필제가 정부 측의 심문을 받으면서 단 한 번도 자신이 동학교인이라 한 적이 없다는 점에 주목하면서 그가'가탁도인'이었다고 주장하였다. 그러함에도 그가 동학의 종교조직을 끌어들인 것은 자신이 가탁해야 할 만큼 동학의 역할이 컸다는 것을 반증하는 것이라 주장하였다.

⑬의 연구는 자신의 박사학위논문을 수정, 보완한 저서이며, 이 책의 제2장 4절에 이필제난을 서술하였다. 이 연구에서도 이필제난은 진천과 남

---

9 연갑수, 「이필제 연구」, 『동학학보』 6, 동학학회, 2003, 189쪽.

해·진주작변으로 이어지는 일련의 변란기도와 동일한 맥락에서 파악하였다. 그리하여 이필제가 모의과정에서는 교조신원을 내세웠으나 영해사건 과정에서는 동학과 관련한 어떠한 주장이나 행동도 취한 바가 없으며, 오히려 그는 자신이 천명을 받은 사람이라는 주장을 강조하였다는 점을 지적하였다. 또 영해사건이 발생한 영해지역에서 신구향의 갈등이 심하였고, 신향 가운데 동학교도가 많았다는 점을 지적하면서 영해사건이 정감록을 이념적 무기로 한 변란의 한 흐름이었다고 주장하였다.

⑯의 연구는 전문역사학자가 아닌 역사에 관심이 있는 일반인이 저술한 것이다. 이 책은 저자인 김기현이 자신의 홈페이지에 '병풍바위의 영웅들'이라는 제목으로 올리고, 그 줄거리를 『고향신문』에 기고한 후 책으로 엮은 것이라 한다. 그가 이와 같이 영해사건에 관심을 갖게 된 것은 "동학혁명의 영웅들을 민란의 역적이란 이름으로 왜곡"시켜 놓은 기존 역사서에 대한 반감과 그러한 인식을 바로잡기 위한 것이었다고 한다. 그리하여 그는 1871년 영해에서 발생한 이필제의 난을 '한반도에서 처음 성공한 시민혁명'이라고 하면서 이를 영해사건이라 칭하였다. 이러한 평가는 지나치다고 할 수 있다. 특히 '시민혁명'이라는 것은 어불성설이다. 이 사건은 그가 평가한 것처럼 '성공'[10]하지도 않았고, 1871년 당시 조선에 '시민'이라는 계급이 존재하지 않았기 때문이다. 다만 그가 이러한 민중의 저항을 높게 평가하려 한 점은 높이 살만하다고 할 것이다.

⑰의 연구는 이필제에 대한 기존 연구 대부분이 변란과 관련된 것이었고, 영해사건을 분석하여 주로 동학 조직과의 연계문제를 다루었다고 비판하면서, 기존 연구는 변란을 도모하고 일으키기까지의 과정에서 결정적인 영향

---

10 물론 '성공'을 영해 관아를 일시적으로 점령한 것으로 본다면 '성공'이라 할 수 있다.

을 끼쳤던 예언사상에 대한 논의는 없었거나 미진했다며, '이필제사건'을 중심으로 조선후기의 예언사상을 살펴보았다. 이러한 시각에서 그는 '이필제사건'의 전개과정을 진천사건, 진주사건, 영해사건, 조령사건으로 구분하여 각 사건의 전개과정과 결말을 천착한 후 이를 통해 각 사건에 보이는 예언사상을 살폈다. 그리고 그 특징을 ① 인물 중심으로 예언을 해석한 점, ② 진인출현설에 대한 새로운 해석을 시도한 점, ③ 특정지역의 중요성에 대한 예언을 강조하고, 거사 장소로 선정한 결정적 이유로 설명한 점, ④ 진천사건의 「許野翁의 遺書」, 진주사건의 「古山子祕記」·「四柱編年」·「尙州新都錄」·「巢鶴山祕記」·「堪錄」과 같은 새로운 예언서가 다수 등장한 점, ⑤ 현전하는 예언서에는 보이지 않는 예언이 많이 나오는 점, ⑥ 사건이 일어나는 장소와 전개 과정에 따라 각각 새로운 비결과 예언을 제시한 점 등으로 정리하여 거사의 명분을 보장받고자 하였다고 정리하였다.

이렇게 보면 이 시기 영해사건에 대한 연구는 이필제의 난→교조신원운동→병란→민중사회변혁운동의 성격을 지닌 것으로 그 성격규정이 변화하였음을 알 수 있다. 또한 동학과의 관련성 여부에 대해서도 한쪽에서는 동학조직과 직접적으로 연결되어 있다는 점을 강조하는 한편 다른 한편에서는 이를 부정하고 『정감록』과 같은 예언사상과 관련이 있다는 점을 강조하는 연구자도 있다. 다른 한편에서는 이 둘을 절충하는 시각도 있어 아직 영해동학혁명이 어떠한 성격의 사건인지에 대한 통설이 성립하지 않았음을 알 수 있다.

3. 2014년 이후의 연구

앞장과 같이 이루어진 연구의 과정은 2014년 학술회의를 통해 영해동학
혁명으로 정리하려는 시도가 지역과 학계에서 출현한 것 같다. 그런데 이
학술회의는 영덕군에서 주최하고 영해동학혁명을 최초로(?) 주장한 김기현
이 발표자로 참여하였다. 그러므로 이 학술회의에는 영덕군의 입장이 반영
된 것으로 보인다. 2014년 이후 제출된 연구는 다음과 같다.

ⓐ 임상욱, 「이필제와 최시형 : 영해동학'혁명'의 선도적 근대성」, 『동학학보』 30,
   동학학회, 2014.
ⓑ 성주현, 「초기 동학교단과 영해지역의 동학」, 『동학학보』 30, 동학학회, 2014.
ⓒ 김기현, 「1871년 영해동학혁명의 사료와 자취」, 『동학학보』 30, 동학학회,
   2014
ⓓ 임형진, 「혁명가 이필제의 생애와 영해」, 『동학학보』 30, 동학학회, 2014.
ⓔ 김영철, 「'영해동학혁명'과 해월의 삶에 나타난 사인여천사상」, 『동학학보』 30,
   동학학회, 2014.
ⓕ 조극훈, 「동학 문화콘텐츠 개발을 위한 인문학적 기반 연구」, 『동학학보』 30, 동
   학학회, 2014.
ⓖ 김기현, 『자유를 향한 영웅들』, 한국지방세연구회(주), 2015.
ⓗ 신진희, 『경상도 북부지역 '반동학농민군' 연구』, 안동대학교 박사학위논문,
   2016.
ⓘ 최종성, 「초기 동학의 천제」, 『종교문화』 37, 서울대학교 종교문제연구소,
   2019.
ⓙ 권대웅 외, 『영덕의 독립운동사』, 영덕군·영덕문화원, 2019.
ⓚ 권호기 역, 『신미동학시 영덕 수호에 관찬 시첩』, 영덕문화원, 2020.
ⓛ 박세준, 「종교사회학의 관점에서 바라본 1871년 영해사건 연구」, 『동학학보』
   60, 동학학회, 2021.
ⓜ 권호기 역, 『신미아변시일기』, 영덕문화원, 2022.

❶의 연구는 영해사건의 근대성 여부 고찰, 즉 봉기를 주도한 핵심인물인 이필제의 행적을 추적하여 그의 동학 관련 정체성을 살피고, 이 봉기는 동학적·혁명적 특성을 수반하는지를 검토하여 그로부터 도출 가능한 근대성의 단초를 살핀 것이다. 이 연구에서 필자는 영해사건이 동학과 비동학 사이, 혁명과 봉기 사이의 아주 넓은 중간지대의 어딘가에 위치하고 있는 듯하다는 의견을 제출하여 동학혁명으로서의 가능성을 부정하지는 않았으나 동학혁명이라고 명확히 규정하지 않았다. 오히려 농민봉기에서 동학농민혁명으로의 과도기적인 위상을 갖는다고 주장한 것으로 보인다. 그리고 영해사건의 근대적 특성의 단초를 개인 권리의 신장과 사회계약을 통한 성장이라는 틀로 설명하였다. 그는 다양한 지역의 연계와 다양한 계층의 사람들이 참가했다는 것이 근대성의 단초를 제공하는 것이며, 전주화약의 폐정 27개조와 폐정개혁안 12개조 등 동학의 요구 사항에서 근대적 의식을 찾을 수 있다고 하였다. 그러나 이는 필자의 말대로 단초일뿐이며 그것이 근대성을 의미하지는 않는다. 기본적으로 근대사회는 시민사회이기 때문이다. 역사연구는 사실에 기반한 것이라는 점에 주목하여 과도한 해석을 하는 것은 무리가 있다고 생각한다. 또한 기존 연구에도 이 사건이 정감록적인 예언사상의 영향을 받고 있다는 점을 강조한 것은 이 사건에 참여한 인물들이 정치·사회·문화·경제적인 측면에서 받고 있는 불이익과 불만을 예언사상에 의탁하여 해결하려 한 것으로도 볼 수 있기 때문이다.

❷의 연구는 영해사건을 교조신원운동의 일환으로 이해하였다. 그는 영해지역에 동학이 전파된 시기를 1861년 6월 무렵으로 추정한 후 본격적인 포교는 최시형이 영해, 영덕, 흥해 등 동해안에 적극적으로 포교한 시기로 보았다. 그리고 1862년 접 조직을 설치하면서 영해에 박하선을 임명하였던 사실에서 영해에 상당한 포교가 이루어졌다고 파악하였다. 박하선은 신향

출신으로서 이후 영해지역 동학이 신향을 중심으로 포교된 하나의 근거로 보았다. 그리고 영해에서 신구향 간의 갈등이 폭발하였으며, 신향은 자신들의 뜻을 이루지 못하자 동학에 입도한 경우가 많았다며, 『교남공적』을 근거로 제시하였다. 그런데 이 연구의 필자는 『교남공적』의 원문이 아니라 김기현의 앞의 책(2005)의 번역문을 근거로 동학과의 관계를 밝히려 하였다. 특히 필자 자신도 "대부분의 참여자들이 참여 사실을 부정하거나 회피하는 경우가 적지 않았다."고 썼으면서 권석중의 사례만으로 동학교도가 "신원운동에 참여한 일반교인들은 '스승님의 설원'이라는 목적으로 참여"하였다고 정리하였다.[11] 이렇게 서술하려면 보다 많은 근거를 제시해야 할 것으로 판단된다.

❸의 연구는 앞장의 ⑭의 연구와 마찬가지로 영해사건에 대한 역사의 진실을 밝혀 당시 혁명에 참가한 사람과 후손들의 명예를 회복시키는데 연구의 목적을 두었다. 이러한 필자의 문제의식에는 공감하지만 이러한 목적으로 위해 그는 과거의 기사를 나열하는 식으로 서술하여 자신의 주장만을 하여 연구사적으로 의미가 없다고 생각한다. 필자의 목적을 달성하기 위해서는 이 사건의 서술을 보다 객관적으로 할 필요가 있다.

❹의 연구는 이필제의 생애를 정리한 후 영해의 동학 조직과의 관계에 대해 서술하였다. 이 연구의 필자는 1장의 제목에서 '영해동학농민의 난'이라 명명하였고, '영해변란'이라 써서 이 사건의 성격이 변란이었음을 은연중에 밝히면서도 필자는 이 사건의 주모자는 이필제지만 주역은 탄압받던 영해지역을 중심으로 한 동학도들과 민중이었다고 하여 '영해동학농민의 난'으로 규정하였다. 이렇게 규정하기 위해서는 동학의 종교조직과 신도들의 활

---

11 성주현, 「초기 동학교단과 영해지역의 동학」, 『동학학보』 30, 동학학회, 2014, 100쪽.

동을 구체적으로 밝혀야 하는데 이에는 미치지 못하였다. 향후 연구가 진행 되어야 한다고 생각한다. 그리고 이필제는 홍주의 양반 가문인 전의 이씨의 일족이었음을 밝히고, 기존 연구를 수용하여 이필제의 사상에 『정감록』적인 세계관의 영향이 상당하였음을 인정하였다. 이러한 사상에 근거하여 그는 진천과 진주에서 작변을 주도하였고, '영해동학농민의 난'을 '성공'시켰다는 것이다. 그런데 '성공'이란 영해관아를 습격, 점령하였다는 것을 의미하는 것이므로 이는 '성공'이라 할 수 없는 것이다. 왜냐하면 그가 내걸었던 목적 중 '북벌'이 있기 때문이다. '성공'이라 평가하려면 '북벌'이 성공했어야 한다 고 생각한다.

ⓔ의 연구는 영해사건을 영해동학혁명이라 칭하며, 영해사건을 통해 해월 최시형이 수운 최제우의 시천주사상을 수용하고 발전시켜 사인여천사상에 도달하는 과정을 탐색하는 것을 목적으로 하였다. 그러나 이 연구는 영해사 건에 대한 천착 없이 영해사건 이전의 해월의 삶을 사인여천의 삶을 준비하 는 것으로, 영해사건 이후를 사인여천의 삶을 실천하는 시기로 구분하여 설 명하였다. 사인여천사상이 성립과정에서 영해사건이 어떠한 역할이나 계기 가 되는지를 구체적인 사례를 통해 증명해야 하는 문제점이 있다.

ⓕ의 연구는 영해사건을 '동학농민혁명의 시발점을 이루고 있는 근대적 혁 명'이라 규정하면서 '동학혁명을 기억하고 현대적으로 전승하기 위한 방법 중의 하나는 동학의 정신과 문화적 유산을 문화기술 및 인문학적 사유와 접 목하여 동학 문화콘텐츠를 개발'하는 데에 목적을 두었다. 그리고 김기현의 『최초의 동학혁명』을 인용하여 영해사건이 "불평등한 신분사회를 타파하기 위해 동학의 기본이념인 인내천을 기치로 만인평등과 인간의 존엄과 가치를 찾고, 인류의 보편적인 행복추구로 각자의 능력에 따라 평등하게 사는 것이 우주만물의 이치인 무극이라는 동학의 가르침을 이행하기 위한 노력의 결

과"라고 하였다. 그런데 영해사건이 신분제 타파, 만인평등을 추구하였는가에 대해서는 아직 결론이 나지 않았다. 그것이 앞에서 언급했듯이 이 사건에 대한 다양한 명칭에서 찾을 수 있는 것이다. 더욱이 이 사건에 깊숙이 개입한 신향은 신분상승운동을 주장하였지 평등을 주장한 것으로 보이지는 않는다. 영해사건에 대한 기억과 계승이라는 점에서 보면 이 사건을 문화콘텐츠로 개발하여 대중에게 보급하는 것은 대단히 시급한 일이라 할 수 있다. 다만 문화콘텐츠를 문화콘텐츠로 인식하지 않고 '역사'로 인식하려는 대중들의 인식을 고려하면서 문화콘텐츠를 제작하여야 한다는 점을 먼저 지적하지 않을 수 없다. 이를 '역사'로 인식한다면 오히려 문화콘텐츠 제작이 역사를 오도하거나 왜곡하는 결과를 낼 수 있기 때문이다. 결국 문화콘텐츠를 제작하기 전에는 이 연구의 필자가 지적하고 있듯이 반드시 역사·문화 등 관련 자료, 즉 원천자료를 정리해야 한다는 점을 강조하고 싶다. 그리고 원천자료에는 영해사건 이후 현재까지 이 사건에 대한 후대인들의 기억과 계승을 위한 활동도 포함되어야 한다는 점도 기억해주시길 바란다.

❷의 연구는 머리말에서 저자인 김기현이 쓴 『후천개벽의 횃불』(현우사, 2008)이 "역사에 관하여 중요 부분을 선별하는 과정에서 취사선택한 결과에 자칫 독자들에게 오해를 불러일으킬 수 있는 위험성이 있"다고 생각하여 영해사건 당시 "공문서로 쓰였던 순한문을 현대문으로 고치면서 한문의 원문을 아래에 빠짐없이 옮기고 이를 한글로 독음을 달아 한자를 익히는데 도움이 되고 의미를 되새겨 볼 수 있도록" 편집하여 발행한 것이다. 그러므로 영해사건에 대한 원사료에 대한 접근을 보다 쉽게 하였다는 점은 이 책의 장점이라 할 수 있다. 아쉬운 점은 저자가 밝힌대로 "혁명의 영웅들이 질문에 대한 진술을 했음이 분명함에도 기록하지 않은 부분은 당시 상황을 감안하여 재생해 넣게 되었다"는 점이다. 이는 마치 재생한 진술을 역사적 사실과 저

자의 상상력을 혼동하고 오인하게 할 수 있기 때문이다. 사료를 취급하는데 이러한 자세는 문제가 있다고 본다. 그러나 『최초의 동학혁명』이래 영해사건에 대한 그의 일관된 관심과 노력, 그리고 실천하는 자세는 연구자의 입장에서 높이 평가하고자 한다.

❶의 연구는 경상도 북부지역을 중심으로 한 '반동학농민군'에 대한 박사학위논문이다. 이 연구에서 영해사건은 '제2장 경상도 북부지역의 동학농민군의 확산'의 '2. 1871년 이필제의 '영해란'과 관군의 진압'에서 다루고 있으나 독창적인 연구라기보다는 경상도 북부지역에서 동학이 확산하는 과정에서 발생한 영해사건을 개괄적으로 다루고 있다. 이는 동학의 확산 과정에서 영해사건이 발생했다는 점을 전제로 하고 있기 때문에 향후 영해사건에 대한 논의 과정에서 참고해야 한다고 생각한다.

❶의 연구는 수운 최제우와 해월 최시형이 동학을 이끌던 시기를 '초기 동학'이라 하면서 이 시기 동학의 천제의식을 영해사건을 중심으로 살폈다. 이 글의 필자인 최종성은 이 연구의 의의를 조선후기 반란 및 저항 주체들이 거행했던 山間祭天의 전통을 연구하는 과정에서 영해와 영양의 지역사례를 검토한 것으로 파악하였다. 이 연구에서 영해와 영양의 천제는 각각 영해사건과 조령사건을 앞두고 행해졌다는 점을 주목하면서 동학 교단 외부자들은 천제를 제물을 갖춘 제사행위(祭天)였다는 데 초점을 둔 반면 내부자들은 천주를 향한 기도의식(禱千, 祈天)이라는 데 방점을 두었다고 하면서 전자는 의례의 형식에, 후자는 의례의 내용에 주목한 것이라 결론지었다. 그리고 이러한 천제를 통해 영적 각성을 이끌어냄과 동시에 정치적인 행동이 필요할 때는 천의를 환기시키고 결연한 의지를 되새기는 계기로 활용하였다고 주장하였다. 결국 이필제는 영해사건을 준비하면서 이와 같은 동학의 천제의식을 통해 동학교도들을 끌어들이고자 한 것이라 판단된다.

ⓙ의 연구는 영덕지역의 독립운동사를 정리한 것이다. 이 연구는 영덕지역 독립운동의 역사적 배경으로 영덕사건을 가장 먼저 서술하여 영해사건을 영덕 독립운동사의 중요한 배경으로 이해하였다. 여기에서 조선후기 민중봉기 혹은 사회변혁운동의 연장선상에서 독립운동을 이해하려는 필자들의 역사관을 엿볼 수 있다. 이러한 관점은 다른 지역, 나아가 우리나라의 독립운동사 연구에서도 의미있다고 할 수 있다. 특히 이 연구는 기존 연구를 계승하면서도 이 사건과 영해지역 혹은 영해 출신 인물과의 연관성을 밝히려는 시도를 하였으나 자료의 한계로 기존 연구의 틀을 벗어나지 못하였다. 다만 다른 연구에서 행해진 영해사건 참여자의 신분 분석을 출신지 분석이라는 관점에서 보려 한 것은 이 연구의 기본적인 특성에 근거한 것으로 보인다. 그리고 1894년 동학농민혁명이 영해와 영덕에서 보이지 않는 것은 영해사건의 실패로 말미암아 영해지역 동학세력이 완전히 몰락하였기 때문이라고 파악하여 영해사건과 동학농민혁명의 연관성을 지적하였고, 동학농민혁명 과정에서 최시형이 보여준 일관된 정책적 노선은 영해사건에서 결정된 것[12]이라 하여 영해사건이 동학농민혁명 과정에서 최시형의 판단에 크게 영향을 주었음을 주장하였다.

ⓚ의 연구는 1871년 영해사건을 관민합동으로 격퇴한 이후 향내 인사를 불러 관아에서 축하 연회를 개최하고 이 사실을 후세에 전하기 위해 향내 선비들과 지은 시를 모아 놓은『詩帖』을 한글로 번역하여 영덕문화원에서 간행한 것이다. 시와 함께 읍성을 수호하는 모습을 그린 읍성도도 수록되어 있어 당시 영해성의 모습과 규모, 건물 배치 등을 알 수 있다. 이 책에는 현령 鄭仲愚의 서문과 申弘轍을 비롯한 52명의 작자가 쓴 54편의 칠언율시가 수

---

12 권대웅 외, 『영덕의 독립운동사』, 영덕군, 2003, 35쪽.

록되었다. 현령 정중우는 이 책의 서문에서 다음과 같이 말하였다.

> 신미년(1871) 3월 11일 영해에서 적변이 일어났을 때 군사를 출동시켜 성을 지키던 날, 한 고을 여섯 개 면의 장보들이 다 관아에 들어와서 관아를 지켰는데, 관리와 백성들이 서로 믿고 합심해서 적을 토벌하며 밤낮으로 관아를 떠나지 않았다. 그렇게 한 지 7일에 이르러 적을 사로잡아 죽이기도 하고 내쫓아 흩어지게 하기도 하였다. 그리하여 한 고을이 평정되어 만인이 기뻐하였다. 이 때문에 한 수의 율시를 지어 이 사실을 서술하고 이를 향중에 말하였다. 그러자 향중에서 기뻐하고 율시에 화답하였으니 이 또한 훌륭한 일이다. 그래서 이 시를 첩으로 만들어 후일에 감계하는 자료로 삼는다.

이 서문에서 이 시첩을 발간하게 된 배경을 알 수 있으며, 영해사건에 대한 관측과 영해사건에 반대하는 양반과 민측의 대응과 인식 등도 개략적으로 파악할 수 있다. 특히 신홍철의 시는 영해사건 발생 이후의 모습을 "의병 깃발 한 부대는 바닷가 영해부로 달려가고/ 급한 보고 두 통은 한경으로 내달렸네/ 나리들은 창 휘두르며 요로에서 매복하고/ 농부들은 삽 던지고 외론 성에서 항거했네/ 흉도들 투항하니 군사의 환호소리 진동하고/ 현명한 수령 덕에 우리 영덕 집압했네"라고 썼다. 이 시를 통해 영해사건 당시 '의병'이 있었으며, 농부들도 반란군에 대항하여 싸웠다는 사실을 확인할 수 있다. 이는 현령 정중우가 '관민합심'하였다고 한 것과 申裕錫이 '사람들이 화합하니 철옹성인들 부러우랴'라고 한 것과도 일맥상통한다고 볼 수 있다. 그리고 영해사건 관련자들을 林鼎興은 '凶徒邪術東來學', 즉 '흉도의 사술은 동쪽에서 온 학문' 즉 '동학'이라고 하여 동학과 영해사건이 관련이 있다고 인식하였다. 이처럼 이 책에 수록된 시들은 단순히 경관을 읊은 시가 아니라 영해사건과 관련된 사실과 인식을 담고 있어 향후 영해사건 연구에 활용될 수 있을 것이라 생각된다.

❶의 연구는 기존의 연구가 주로 이필제와 동학에 집중해서 바라보았다고 하면서 이 연구는 영해사건을 이필제가 기획하였던 진천·진주·조령작변과의 비교를 통해 영해사건의 특수성을 파악하고자 하였다. 이를 위해 이 글의 필자는 종교와 사회변동과의 관계, 이필제의 생애와 1871년 영해사건을 살핀 후 종교사회학적 관점에서 영해사건을 평가하였다. 특히 그는 종교를 사회변동의 독립변수로 파악하면서 이를 사회통제 요인으로서의 종교와 사회변동의 촉진요인으로서의 종교라는 두 개의 틀로 설명하였다. 여기에서 성리학적 지배체제는 사회변동에 대한 반동, 즉 사회통제 요인으로 보았고, 동학은 사회변동의 촉진요인으로 설정하였다. 이 연구에서는 진천·진주·문경작변의 종교 이데올로기로는 정감록을 대표로 하는 조선후기 예언사상을 들었고, 영해사건의 종교 이데올로기로는 동학을 들었다. 이를 그는 더 이상 진인을 기다리는 미륵신앙이 아니라 개인 수련을 통한 개벽사상이 영해사건을 성공시킨 동력으로 파악하였다. 나아가 동학의 평화지향성과 만물, 만인평등주의가 심화되었고, 교조신원운동을 거쳐 동학혁명과 독립운동으로 이어진다고 파악하였다. 그리하여 그는 영해사건을 조선사회를 변혁하려 한 사회변혁운동인 동시에 동학을 변혁한 종교변혁운동으로 평가하였다. 이러한 평가는 한편으로는 수긍되지만 다른 한편으로는 일제말기 천도교의 친일행적을 설명할 수는 없다. 이에 대한 연구도 진행되어야 한다고 생각한다.

❿은 1871년 영해사건의 전말을 자세히 기록한 일기로서 2022년 영덕문화원에서 번역, 출판하여 향후 영해사건 연구에 크게 활용될 것으로 보인다. 이 일기는 표지에 鄕會中이라 표기되어 있는 것으로 보아 향중 인사들이 향회에서 기록했다는 의미로 보이기 때문에 개인의 기록이 아니라 향중에서 공적으로 기록한 것이라 판단된다. 그리고 이 일기는 사변의 전말을

기록한 부분과 부사 李政이 살해당한 이후 그의 영구가 고향으로 돌아가기까지의 일들을 기록한 부분으로 나누어 볼 수 있다. 그동안 『신미아변시일기』는 일부 학자들에 의해 영해사건 연구에 활용되기는 하였으나 연구에 활용할만큼 접근성이 뛰어나지 않아 연구에 크게 활용되지 못한 형편이었다. 이러한 때에 원문과 번역문이 함께 책으로 출판되어 향후 영해사건 연구에 크게 도움이 될 것이라 생각된다.

4. 맺음말-향후 과제와 관련하여

본고는 영해사건에 대한 2014년 학술회의를 기준으로 그 이전과 그 이후의 연구사를 정리하였다. 이를 통해 1871년 영해사건의 연구 흐름을 파악할 수 있었으나 다른 한편으로는 이 사건에 대한 연구가 연구 수준이나 연구 편수에 비해 매우 다양한 시각에서 진행되었음을 확인하였다.

이와 관련하여 영해사건의 명칭 혹은 성격을 기존 연구가 어떻게 규정하였는가에 대해 먼저 살펴보면 영해사건을 교조신원운동이라 규정한 연구는 ②와 ⑦의 연구, 이필제의 난이라 규정한 연구는 ①, ④, ⑫, ❺의 연구, 민중변혁운동 혹은 사회변혁운동이라 규정한 연구는 ⑥, ❿의 연구, 영해민란 혹은 영해란이라 규정한 연구는 ⑧, ⑪, ❽, ⓚ의 연구, 영해아변이라 규정한 연구는 ⑨의 연구, 영해동학혁명이라 규정한 연구는 ⑮, ❸, ❺, ❻, ❼의 연구, 이필제사건이라 규정한 연구는 ⑯와 ❶의 연구, 영해동학란·영해동학농민의 난이라 규정한 연구는 ⑥, ❹의 연구, 영해사건이라 규정한 연구는 ❶의 연구이다. 교조신원운동이라 보는 연구는 동학·천도교단의 입장을 반영한 연구라 할 수 있으며, 이필제의 난·영해민란·영해란 등으로 규정한 연구는 전통적인 민란의 형태로 보거나 변란의 의미로 파악한 연구라 할 수 있다. 특히 영해아변이라 한 것은 당대의 기록을 그대로 따온 것이므로 당대에 영해사건을 어떻게 바라보고 있었는가를 확인할 수 있다. 이는 ⓚ의 시첩에서 볼 수 있는 당대 양반층의 시각을 대변하는 것이라 할 수 있다. 2014년 이전 영해동학혁명이라 규정한 연구는 ⑮의 연구밖에 없었으나 2014년 학술회의에서 ⓒ, ⓔ, ⓕ, ⓖ의 4편의 연구가 제출되었다. 이로 보아 영해동학혁명이란 용어의 사용은 2014년 학술회의가 계기가 되었음을 알 수 있다.

다만 영해동학혁명이라 하면 영해사건에 동학 조직이 어떠한 형태로 참여하였으며, 그것이 혁명적 성격을 띠고 있는가를 확인해야 한다. 그러함에도 불구하고 동학 조직의 참여는 어느 정도 밝혀졌지만 그 성격이 혁명성을 띠고 있는가에 대해서는 전혀 밝히지 못한 형편이다. 즉 영해사건 주도층과 참여자들이 주장한 내용이 무엇인지, 그리고 그 주장이 어떠한 의미를 갖는가에 대한 연구가 이루어지지 않은 채 평가만 '혁명'이라 '선언'한 것으로 보인다. 아직까지 이들 연구에서 이러한 분석이 이루어지지 않고 있음에도 '혁명'이라는 평가를 할 수 있을지 의문이다.

그러한 의미에서 영해동학농민의 난이라 한 ⓓ의 연구는 타당성이 있어 보인다. 영해동학농민의 난이라 규정한 이유는 주모자는 이필제였지만 주역은 탄압받던 영해지역을 중심으로 한 동학도들과 민중들이었기 때문이라는 것이다. 다만 이필제가 주모자이며, 최시형은 次魁라 한 관변 측 기록을 통해 이필제와 최시형의 역할과 이들의 주장을 정치하게 규명해야 할 필요가 있다. 특히 영해 관아 철수 시점에 최시형이 없었다는 점은 어떻게 이해해야 할 것인지 규명해야 한다. 이는 결국 동학조직이 영해사건에 어떠한 형태로 관여하였는가를 파악해야 하는 이유이기 때문이다. 영해동학농민의 난이라 한 용어는 사실 ⑥의 연구에서 동학란이라 한 것에 기인하고 있는지도 모른다. 다만 ⑥의 연구는 영해사건을 사회변혁운동의 과정에서 파악한 것임에 비해 ❶의 연구는 동학 사상과 조직에 영향을 받은 것이라는 점을 보다 명확히 한 것으로 보인다. 그리고 영해사건이라 한 연구는 이 사건에 대한 자신의 입장을 유보한 것으로 보인다.

이렇게 보면 영해사건에 대한 연구는 다양한 용어로 지칭되었음을 알 수 있다. 특히 ⑭의 연구에서 영해사건을 영해동학혁명, 시민혁명 등의 용어를 사용한 이래 2014년 학술회의에서 영해동학혁명이라 지칭한 연구가 4편이나 발표된 것이다. 그러나 이 학술회의에서도 영해사건을 영해동학농민의 난, 교조신원운동 등과 같이 성격을 규정한 연구가 제출된 것으로 보아도 여전히 영해사건에 대한 성격 규정이 어렵다는 것을 보여준다. 그리고 2019년 영덕군·영덕문화원에서 간행한 ❶에서도 영해사건을 사회변혁운동 혹은 민중변혁운동으로 성격 규정하여 영덕지역에서도 영해사건에 대한 성격 규정이 통일되지 않았음을 알 수 있다. 향후 영해사건에 대한 용어 통일을 위한 학술적 논의가 심도있게 진행되어야 한다고 생각한다.

다른 한편 이러한 논의는 조선후기 영해지역사 연구가 진척되어야 정리될 수 있다고 생각한다. 이는 역사가 계기적으로 발전한다고 믿기 때문이다. 예를 들면 1840년 영해향전[13]은 분명히 신향의 신분상승운동이라는 성격을 갖는다. 그러나 1871년 영해사건에 동학교도로서의 다수의 신향이 참여하였다는 것은 1840년 향전 당시의 신향이 지향하였던 바와 분명히 차별성이 있다. 즉 1871년 영해사건에 참여한 신향들은 동학의 평등사상을 수용하였다고 판단할 수도 있기 때문이다. 이 점이 분명해진다면 영해사건의 '동학'과 '동학 조직'은 영해지역에 평등사상을 전파한 사상과 조직이 되며, 동

---

13 장영민, 「1840년 영해향전과 그 배경에 관한 소고」, 『충남사학』 30, 충남대학교사학회, 1987.

학을 표방하거나 신앙하던 이필제는 어떠한 형태로든 동학의 평등사상을 시인했을 것이기 때문이다. 이를 위해서는 조선후기 영해지역의 사회경제적 연구도 필요하다. 이는 신향과 구향의 대립과 갈등이라는 향전이 단순히 지방권력을 차지하기 위한 것이 아니라 사회경제적 변동에 따른 신향의 대응이라는 측면이 없지 않기 때문이다.

그리고 영해사건과 관련한 〈嶠南公蹟〉, 〈寧海賊變文輗〉, 〈辛未衙變時日記〉 등 관변 측 자료는 물론이고 『崔先生文集道源記書』, 〈大先生事蹟 附海月先生文集〉 등의 동학교단 측 자료의 번역과 자료집을 간행함은 물론 이를 디지털로 서비스하는 방안도 강구해야 한다. 이 방안이 실현된다면 1871년 영해사건에 대한 연구가 촉진됨은 물론 대중적으로도 활용할 수 있을 것이라 생각한다. 즉 대중이 쉽게 활용할 수 있는 영해사건 관련 안내표지판·지도·스토리 북의 제작과 설치, 영해사건 해설사의 교육과 양성, 영해사건을 포함한 지역사 아카데미의 운영, 영해사건 인식 확산 사업의 추진, 영해사건 관련 메타버스와 게임의 제작 등 다양한 콘텐츠를 만들 수 있는 기초가 되기 때문이다. 그리고 영해사건 이후 영해지역민의 동향, 개항 이후의 사회 변화, 독립운동의 전개 등 영해지역사 연구와 연관된 연구에도 크게 기여할 것으로 믿는다.

이러한 때에 영덕문화원이 『신미동학시 영덕 수호에 관찬 시첩』과 『신미아변시일기』를 번역, 출간하여 영해사건 연구에 크게 기여하였다고 믿는다. 이 두 책은 관변 측의 시각을 반영하는 것이므로 동학·천도교 측 자료와 비교, 연구한다면 영해사건의 진실에 보다 가까이 접근할 수 있을 것이다. 나아가 관련 자료를 망라한 가칭 『영해사건관련자료집』을 간행할 것을 제안한다.

영해사건 연구의 다른 과제로는 소모문을 작성한 남두병과 무기를 제공한

전의철과 같이 영해사건에 깊숙이 관련한 인물에 대한 연구가 필요하다. 앞의 영덕문화원이 간행한 두 책은 그러한 의미에서 매우 의미가 깊다. 동시에 이필제와 최시형 외의 동학 측 인물들에 대한 연구도 진전되어야 한다. 이필제와 최시형이 어떠한 의도로 영해사건을 주도하였는지에 대해서는 대체로 밝혀졌으나 이외의 동학교도들이 어떠한 의도로 참여하였는가에 대해서는 막연히 추측하고만 있는 형편이다. 뿐만 아니라 동학교도가 아닌 일반 민중은 어떠한 의도로 참여하였는지는 전혀 알 수 없다. 그러므로 영해사건에 참여한 인물들에 대한 개인 연구, 집단 연구 등이 이루어져야 한다고 생각한다. 이를 통해 영해사건의 진실이 입체적으로 파악될 수 있을 것이다.

참고문헌

김의환, 「신미년(1871) 이필제난고」, 『우리나라 近代化史論攷』, 삼협출판사, 1964.
_____, 「동학농민운동사연구 ; 교조신원운동의 발전을 중심으로」, 『부산여대 논문집』 3, 부산여자대학교, 1975.
고승제 외, 『전통시대의 민중운동』 하, 풀빛, 1981.
윤대원, 「이필제의 난 연구」, 서울대학교 석사학위논문, 1984.
_____, 「이필제난 연구」, 『한국사론』 16, 서울대학교 인문대학 국사학과, 1987.
장영민, 「1871년 영해 동학란」, 『한국학보』 13-2, 일지사, 1987.
표영삼, 「동학의 신미 영해 교조신원운동에 관한 소고」, 『한국사상』 21, 한국사상연구회, 1989.
박맹수, 『최시형연구』, 한국정신문화연구원 한국학대학원 박사학위논문, 1995.
편집부, 「신미년 영해아변에 대한 고찰」, 『영덕문화』 9, 영덕문화원, 1998.
표영삼, 「영해 교조신원운동」, 『한국사상』 24, 한국사상연구회, 1998.
영덕군, 『영덕군지』(상), 영덕군, 2002.
연갑수, 「이필제 연구」, 『동학학보』 6, 동학학회, 2003.
배항섭, 『조선후기 민중운동과 동학농민전쟁의 발발』, 경인문화사, 2004.
장영민, 『동학의 정치사회운동』, 경인문화사, 2004.
윤대원, 「이필제, 때 이른 민중운동의 지도자」, 『내일을 여는 역사』 21, 내일을 여는 역사, 2005.
김기현 편저, 『최초의 동학혁명』, 황금알, 2005.
김 탁, 「조선후기의 예언사상」, 『한국종교』 34, 원광대학교 종교문제연구소, 2010.
임상욱, 「이필제와 최시형 : 영해동학'혁명'의 선도적 근대성」, 『동학학보』 30, 동학학회, 2014.
성주현, 「초기 동학교단과 영해지역의 동학」, 『동학학보』 30, 동학학회, 2014.
김기현, 「1871년 영해동학혁명의 사료와 자취」, 『동학학보』 30, 동학학회, 2014
임형진, 「혁명가 이필제의 생애와 영해」, 『동학학보』 30, 동학학회, 2014.
김영철, 「'영해동학혁명'과 해월의 삶에 나타난 사인여천사상」, 『동학학보』 30, 동학학회, 2014.
조극훈, 「동학 문화콘텐츠 개발을 위한 인문학적 기반 연구」, 『동학학보』 30, 동학학회, 2014.
김기현, 『자유를 향한 영웅들』, 한국지방세연구회(주), 2015.
신진희, 「경상도 북부지역 '반동학농민군' 연구」, 안동대학교 박사학위논문, 2016.
최종성, 「초기 동학의 천제」, 『종교문화』 37, 서울대학교 종교문제연구소, 2019.
권대웅 외, 『영덕의 독립운동사』, 영덕군·영덕문화원, 2019.

권호기 역, 『신미동학시 영덕 수호에 관찬 시첩』, 영덕문화원, 2020.
박세준, 「종교사회학의 관점에서 바라본 1871년 영해사건 연구」, 『동학학보』 60, 동학학
　　회, 2021.
권호기 역, 『신미아변시일기』, 영덕문화원, 2022.

이필제와 전봉준의 혁명정신

임형진(경희대학교 후마니타스칼리지 교수)

이필제와 전봉준의 혁명정신

1. 머리말

1876년 개항 이후 조선사회는 기존의 왕조사회에 대한 새로운 도전으로 커다란 변화의 길목에 들어섰다. 안으로는 봉건적 사회모순의 심화였으며, 밖으로는 서세동점에 대한 대응이 그것이었다. 19세기 중엽 이후 동북아의 국제정치적 위상은 전통적인 중국 중심의 화이 관념을 기조로 하는 세계관이 해체되면서, 구미제국 중심의 이른바 근대적인 국제체계[1] 속에 강제로 편입해 가는 과정이라고 할 수 있다. 이러한 서세동점의 충격은 국제관계의 변화에서만 그치지 않고, 전통적인 동양문명에 전혀 새로운 서구문명의 침투를 수반하였다.

이러한 서구문명은 당시 전근대적 미몽에서 헤어 나오지 못하던 조선으로서는 도저히 수용하기 어려운 이질문명이었으나, 근대화의 과정에서 피할 수 없는 거대한 파고였다고 할 수 있다. 즉, 조선에 있어서의 '개항'과 '근대화'란 의미는 서구의 충격에 대응하여 성립한 역사적 개념이라 할 수 있다. 따라서 근대화는 종래에 지속되어 오던 폐쇄사회의 고수를 포기하고, 점차

---

1 이 시기는 세계사에 있어서 가장 치열한 제국주의 시대였다. 1840년대에 영국을 시작으로 1880년대에는 프랑스와 독일이 식민지 쟁탈전에 뛰어 들었고, 1890년대에서 1900년까지는 이탈리아와 미국이 식민지 확보를 위해 아시아와 아프리카로 진출하였다. 이에 따라 1880년대에서 1890년대에 걸쳐 대부분의 아프리카대륙이 서구 제국주의 국가에 흡수되어 갔고, 아시아에서도 버마, 말레이시아, 파키스탄, 인도, 필리핀 등이 영국, 프랑스, 미국 등의 서구 열강의 식민지로 전락했다.

정치, 경제, 문화, 사상 등의 제 측면에서 서구세계를 향하여 국가를 개방한다는 이른바 개방사회에로의 전환을 의미하는 것이었다.

이러한 서구 제국주의의 침략에 맞선 조선으로서는 한편으로는 국내의 봉건질서를 변혁해야 하는 과제와 함께, 다른 한편으로는 군사력과 경제력을 배경으로 하는 구미 열강에 대항하여 자국의 대외적인 독립과 부강을 추구해야만 하는 이중적인 전략적 과제를 수립해야 했다. 즉, 개항기의 조선 사회는 대외적으로 제국주의 외세의 유입에 대응하여 자주권을 유지 강화하고, 대내적으로는 정치·경제·사회·문화 등 제 분야에서 봉건적 잔재를 해소하여 근대적 발전을 이룩해야 하는 역사적 과제를 안고 있는 시기였다.

그러나 조선의 상황은 어느 것 하나도 제대로 대응할 수 없을 정도로 심각했다. 특히 전근대적인 사회모순으로의 토지문제와 조세문제가 가장 극심하였다. 양반지주의 토지소유의 확대와 관리들의 탐학은 국가재정의 파탄으로 이어졌고, 결국 조세수탈의 가중으로 민중들은 고통에 시달리고 있었다. 이와 함께 서구열강들의 서세동점으로 주권이 유린되는 현실이 구체적으로 드러나고 있었다. 더욱이 청과 일본의 경제적 침탈은 더욱 두드러져 농민층의 분화도 더욱 가속화되었다. 이러한 왕조 말기의 모순을 극복하기 위해 창도된 동학은 민중들에게 희망의 메시지를 전해주었다. 그러나 현실은 그와 달랐다. 동학도들의 최소한의 요구인 교조신원도 부인되는 상황에서 어느 것도 하나 해결될 수 없었다. 결국 조선 말기는 민중들의 혁명을 부르는 시기였다. 그 시작이 이필제였고 마무리가 전봉준이었다. 본 연구는 이들 두 사람의 혁명성을 규명해 보고자 하는 의도에서 작성되었음을 미리 밝힌다.

2. 동학의 창도정신

수운 최제우에 의해 창도된 동학은 조선봉건사회의 해체기에 발생한 민족 이념으로서 그것은 특히 당시의 피폐화된 민중의 힘을 하나로 결집시키어 반봉건 반외세운동의 구심적 역할을 완수해 지상에서의 군자국가 건설을 목표했다. 개벽의 이름으로 동학은 그때까지의 민중적 사고의 총결산이자 그들의 이상적 세계관이 수운 최제우를 통하여 구체적인 이상사회의 건설로 완결된 것이다. 동학에서 주장하는 시천주, 인시천, 인내천의 사상은 우리 민족이 아득한 옛날부터 생각하여온 천신숭배의 신앙이 동학에 이르러 창조적인 모습으로 승화한 것이다. 인간의 존엄성을 하늘과 관련시켜 생각해 오던 우리 민족의 전통사상이 동학에 이르러 '사람이 곧 한울'이라고 대담하게 주장하기에 이르렀고[2] 나아가 그들 이상적인 인간들의 세계를 지향했다고 볼 수 있다.

이러한 수운의 구상은 대인 관계의 윤리에 커다란 변혁을 가져왔다. 동학이 등장하기 전까지의 유교적 인간관계는 상하주종의 관계로 대표된다. 봉건적 양반 질서에서 나와 타인의 관계는 재상자냐 재하자냐, 내가 군림해서 지배할 것인가 내가 그의 하인이 되어 복종할 것인가 등을 먼저 따지는 주종관계만이 주류를 이루고 있었다. 그런데 바로 동학은 그런 신분 차등의 인간관계의 근본에 변혁을 몰고 왔다. 사람이면 상하귀천을 불구하고 시천주자로서 모두 대등하므로 서로 존중하고 서로 한울님으로 대해야 한다는 인간 평등의 윤리를 개척한 것이다.

이처럼 새로운 인간관계의 근본은 이후 수운의 후계자인 해월 최시형의

---

2 오익제, "동학혁명운동의 현대적 재조명", 이현희 엮음, 『동학사상과 동학혁명』, 청아출판사, 1984, 517쪽.

나와 다른 사람과의 대인 관계가 '사람을 섬기되 한울같이 하라'는 사인여천의 근대적 시민 윤리로 귀결되었다.[3] 해월의 사인여천의 윤리에서는 어린이나 당시 천대받던 상민·천민, 남존여비 시대의 아녀자 등이 모두 시천주이므로, 나는 그들을 한울처럼 섬겨야 한다는 '경천·경인'의 인간존중주의가 나오게 된다.[4] 그리고 그러한 관계는 인간이 대하는 모든 물질에도 똑같이 적용되는 경물사상으로 확대됨으로써 만물공동체의 완성을 지향한다. 그러나 동학은 이러한 공동체의 운영주체를 인간 그 자체로 확고히 설정하고 최종적으로는 그들 개개인간의 도성덕립(道成德立)이 이루어지는 단계를 설정한다.

따라서 수운 최제우에게서 추구되는 동학적 이상국가의 구상은 종교적 차원의 비현실적인 가상의 세계가 아니라 구체적인 현실세계에서의 인간들의 삶의 변화를 목표로 한다는데 그 특징이 있다. 그것은 후천개벽의 단계를 통하여 내부적으로는 구성원들의 도성덕립이 이루어지는 새로운 인간(新人間)들의 세상, 이른바 군자공동체의 실현을 목표로 한다. 수운의 이상적 사회질서는 종교적 영성의 세계에 머무는 것이 아니라 실생활 속에서 구현될 수 있는 가능성을 증명하는 것이라고 할 수 있다.

천도의 실현을 현실세계에서 추구하려 했던 수운 최제우의 구상은 우리 민족의 근대적 자각을 넘어선 이상적 공동체를 구상하고 그것의 완성을 위한 지난한 노력의 도정이라고 할 수 있다. 수운의 정신을 계승하고자 하는 모든 이들의 거듭되는 노력은 개인의 동귀일체가 이웃과 이웃의 동귀일체로 나아가 사회전체의 동귀일체로까지 확대될 수 있다고 믿고 있다. 수운의 이

---

3 사인여천을 처음 사용한 해월의 삶 자체가 사인여천의 삶이었다. 그의 사인여천적 실천이 동학을 하나의 사상으로 자리하게 하는 결정적 요인이 되고 있다.

4 신일철, "해월 최시형의 侍와 敬의 철학", 부산예술문화대 동학연구소 엮음, 『해월 최시형과 동학사상』, 예문서원, 1999, 103쪽 참조.

상적 사회 구상은 그러한 과정속에서 점진적으로 실현의 단계를 축적하고 있다고 볼 수 있다.

그러나 성리학적 통치이념의 한계에 부닥친 조선 왕조의 부패와 타락은 그 말기로 갈수록 더욱 심화되었다. 특히 1800년 정조의 죽음 이후의 사회 는 과거 부패 세력의 복귀였으며 새로운 희망보다는 절망에 이르게 하는 사 회였다. 전국 각지에는 탐관오리가 들끓고 백성들은 오갈 데를 잃고 있었 다. 당시의 가렴주구에 대항하는 백성들의 봉기가 전국에서 일어나 19세기 는 민란의 시대라고 불릴 정도였다. 대표적으로는 1811년의 홍경래의 난 에서부터 1862년의 진주민란(임술민란)을 들 수 있다. 진주민란이 발생한 1862년 한 해에만도 경상도에서 17회, 전라도 9회, 충청도 9회, 경기도 와 황해도, 함경도 등지에서는 1회 등 총 37회의 농민봉기가 발생하였다.

이들 민란은 죽창과 몽둥이를 든 농민들 중심으로 전개되었는데 대부분 고을 수령의 폭압적 행위에 대항하는 최후의 수단이었다. 동헌을 점령한 농 민들은 수령을 쫓아내거나 인부를 탈취하여 억울한 옥살이를 하는 사람들을 풀어주었다. 그리고 관아의 문서를 불태우고 수탈을 일삼았던 향리들을 죽 이고 그들의 집을 불태우는 등의 과격성을 띄기도 했다. 특히 철종 대에서 고종 대까지 이어진 삼정의 문란은 농민봉기에 불을 끼얹었을 역할을 하였 다.

이처럼 조선후기시대는 봉건적인 사회체제가 해체되어가던 시기로서 민 중들은 점차 체제의 모순에 대한 저항을 계속하면서 반봉건의식을 키워나간 시대였다. 19세기 이후에 빈발했던 민중항쟁은 그동안 조선에 누적되어 왔 었던 여러 모순점들에 대한 총체적인 표현이며 이는 더욱더 봉건적인 체제 를 해체시키게 된다. 특히 1871년 영해에서 발생한 문경의 이필제의 의거 는 갑오년의 동학혁명이 일어나는 데 결정적인 역할을 하게 되는 사건이었

다. 전봉준 역시 이러한 이필제의 의거에 주목해 있었을 것이다,

3. 혁명을 부르는 조선 말기

19세기 조선사회는 농업, 수공업, 상업, 공업 등 모든 경제분야에서 서서히 자본주의적 생산관계가 발생·발전하면서, 그 사회를 지탱해 왔던 봉건적 질서가 해체되는 시기였다. 봉건사회의 해체과정은 모든 사회부문에서 진행되었지만, 이를 가능케 한 기본적 동력은 17세기 이래 나타난 농업생산력의 발전이었다.[5] 농업생산력의 발전에 따라 사회적 분업이 진전되었으며, 그 결과 상품화폐경제가 크게 발달하였을 뿐 아니라, 그 성격도 변하였다. 즉 18세기 이후에는 농민들의 농업생산에 필요한 농기구, 면화, 면포, 미곡 등이 주요한 상품으로 등장하여 농민적 상품화폐경제로 발전하였다. 이러한 상품들은 농촌 주위의 시장에서 교환되었고, 이를 토대로 상업적 농업을 영위하는 농민들은 농업경영의 이윤추구로 부를 축적할 수 있었다.

이와 같은 농민적 상품화폐경제의 성장은 봉건적 생산관계를 자본주의적인 것으로 변화시키는 계기가 되었으며, 나아가 상업, 수공업, 광업 등에서도 이러한 생산관계를 발전시켰다. 그러나 19세기 전반기까지는 여전히 봉건적 사회관계가 모든 사회부문을 지배하였고, 이는 역사발전의 장애물로서 기능하고 있었다. 따라서 19세기의 조선 봉건사회는 자본주의적 생산관계를 지향하는 토대의 발전으로 인하여 봉건적 지배질서의 위기를 맞을 수밖에 없었다.

---

5 한국력사연구회 편, 『한국사강의』 제2판 색인 증보판(서울:한울아카데미, 1989), 203~208쪽 참조.

조선 봉건사회의 위기는 일차적으로 신분제의 변동에 따른 봉건적 신분질
서의 동요, 지주제의 확대에 따른 지주와 전호농민의 계급대립의 심화, 그
리고 농업생산력의 발전으로 인한 농민층의 분해를 초래하였다. 결국 농민
층의 분해는 부농의 대두와 소농민의 몰락으로 이어졌다.

18세기 이후 소수의 농민들은 소작지를 넓혀가면서 상업적 농업을 통해
부농이나 서민지주로 성장할 수 있었던 반면, 대다수 농민들은 부농들에게
소작지마저 빼앗겨 빈농으로 전락함으로써 농민층 내부에는 중간계층이 없
는 부농과 빈농만이 존재하였다. 이 결과 대량으로 창출된 빈농층은 농업경
영만으로 생계가 어려웠으므로 부농의 경영확대에 따른 노동력 부족을 보충
하는 품팔이 노동에 전락하였다. 한편 양반층의 경우도 오랫동안 관직에 진
출하지 못하면 경제적으로 몰락하여 평민·천민과 전혀 다를 바 없는 소작농
민으로 전락 하였으며, 평민·천민도 부를 축적하기만 하면 소작지를 대여
하는 지주가 될 수 있었다.

이와 같은 변화는 농촌사회내의 계층구성의 재편으로 이어졌다. 즉 지주
계급은 구래의 양반특권지주와 새롭게 성장한 서민지주로 분화되었고, 농
민층도 부농, 빈농, 농촌노동자로 분화되었다. 이러한 것들은 농촌사회내
의 계층간· 계급간의 대립을 첨예화시켰을 뿐 아니라, 그 자체가 봉건사회
의 위기를 조성하는 객관적 조건이 되었다.[6] 더구나 상품화폐경제의 발전에
따라 토지의 상품화가 진전되었으며, 그 결과 토지에 대한 지배권이 강화되
어 지주제가 훨씬 확대·강화되었다. 이러한 지주와 전호농민의 토지 소유
관계를 둘러싼 대립은 19세기 조선봉건사회를 위기로 몰고 간 가장 중요한
원인이 되었다.

6 민중사상연구소 편, 『한국근대민중사』(서울: 참한, 1988), 16~20쪽 참조.

19세기 이래 조선사회의 위기는 정치적인 면에서도 드러났다. 토지와 생산자에 대한 봉건국가의 지배와 통제력이 약화되면서 광범위한 양반세력의 참여가 보장되었던 기존의 정치질서는 붕괴 되었다. 즉 정권을 잡은 세도가들은 자신들의 권력을 이용하여 매관매직으로 부를 축적하였다. 따라서 벼슬자리가 중요한 치부의 수단이 되었기 때문에, 정권을 잡은 자들은 관직의 임기를 단축시켜 자주 교체함으로써 축재하였다.[7] 이러한 관직의 불안정한 상태는 관리들에 의한 탐학행위의 증가로, 결국은 농민수탈로 이어졌다.

이와 더불어 상품화폐경제의 발전은 지배층의 사치욕구를 자극하여 국가재정의 지출을 증대시켰으며 이는 세도정권하에서 국가재정의 위기가 만성화되는 하나의 계기가 되었다. 이러한 국가재정의 위기를 극복하기 위하여 세도정권은 새로운 재원의 확보방법으로 대동미의 중앙상납분을 늘리는 조치나 환곡의 총액을 늘리는 방법, 심지어 주화의 질을 떨어뜨려 화폐발행에서 생기는 이익을 늘리는 것도 상습적으로 자행되었다. 이처럼 중앙정부에 의해 재정이 감액된 지방관청에서는 각종 잡세의 부과나 환곡, 고리대 등을 통하여 재정부족을 보충할 수밖에 없었다. 따라서 자연히 봉건권력에 의한 농민수탈은 더욱 강화되었고, 이는 19세기의 만성적인 삼정수탈의 계기로 작용하였다.

한편 면세특권이 부여되는 궁방전[8]과 아문둔전[9]이 전 경작지에 차지하는

---

7 당시 사회상을 황현의 『매천야록』에 의하면 '10만냥이 있어야 과거급제하고 감사자리 하나에도 2만냥이 있어야 하는데 그나마 안동김씨만 가능하다.'고 적고 있다. 황현, 『매천야록』(국사편찬위원회, 1996).

8 왕족에게 주는 절수나 사여에 의해 궁방전이 창설된 것은 1600년(선조 33년)부터라고 할 수 있다. 임진란 이후 왕자, 공주 등이 결혼하자 이미 직전제가 붕괴되어 이들의 생계를 유지시켜 줄 방도가 없는 상태에서 토지를 직접주는 변통책을 취하게 된 것이다. 안병태, 『한국근대경제와 일본제국주의』(서울: 백산서당, 1982), 49쪽.

9 아문이 황무지를 전수받은 뒤, 여기에서 농민이 개간의 성과를 이룩하면 그로부터 결세 혹은 그 이하의 수취를 행했던 땅을 말한다. 기본적으로 전시의 부족한 군량을 보충하기 위하여 성립한 둔전이기에 면세지였다.

비중은 대략적으로 1894년경에 당시 전경지의 6%정도였다. 1776년 정조에 의해 3만 여결의 대대적인 면세결의 혁파가 있은 직후 각 궁방·아문의 면세결 합은 7만 9,043결로서, 당시 총 시기결 104만결 2,851결의 7.6%로 면세결 혁파 이전의 10.5%에 해당한다. 약간의 출세결을 합하면 적게 잡아 12% 정도가 궁방전·아문둔전이 전경지에서 차지하는 비중이 될 것이다. 그리고 17세기까지 올라가 그 무제한의 팽창에 아무런 제약이 없었던 때라면, 궁방전·아문둔전의 전경지에 대한 비중이 최대한 15% 정도는 되었을 것이다. 둔전은 확대되어 순조 7년(1807)에는 총 46,102결로서 당시 전국 총결수 1,456,592결의 3.2%에 달하였으며, 총 면세결 204,635결의 약 23%에 해당하였다. 이같이 둔전과 궁방전 기타 면세전의 확대로 인해 왕실, 귀족, 지방호족 등의 사유지가 점점 확대되는데 비해 국가 공전은 점차 감소되어 갔다. 이 결과 토지에 대한 국가의 통제력이 약화되고 국가 세입이 격감되게 되었다.

조선후기에는 면세전 중에서도 진황전의 증가가 두드러져 전체 면세전의 2/3정도에 달하였다. 이러한 진황전의 증가는 지배계층의 수탈로 농민이 이농하거나 또는 흉작과 재난으로 시달린 농민이 전작이나 개간을 포기하고 유랑하였기 때문이다. 이에 따라 국고수입의 감소와 농민의 빈곤이 가속화되자 정조 9년(1785)에는 진황전의 개간을 촉진하기 위하여 정책적으로 지원하였으나[10] 진황전은 순조 이후까지도 계속 증가[11]한 것으로 보아 그러한 정책은 별로 실효가 없었던 것으로 볼 수 있다.

---

10 버려져 거칠어진 땅을 개간한 진황전은 3년간의 면세혜택을 주고 진황전의 개간에 전주가 나타나면 수확의 3분의 1을 전주에게 지급하게 하고 개간 경작한지 10년이 되면 비로서 그 전주와 전호가 병작반수하도록 하였다. 김혜승, 『한국의 민족주의-발생양식과 전개과정-』(서울: 비봉출판사, 1997), 102쪽 재인용.

11 위의 책, 101~102 쪽.

봉건제 위기의 심화는 봉건국가의 조세수취 과정에서도 반영되었는데, 봉건적 조세수취는 원칙적으로 국가가 개별국민과 토지를 통일적으로 지배하면서 실현되는 것으로, 신분제를 근간으로 운영되면서 그 자체가 개별국민 들에게 신분제를 강제하는 제도였다. 이러한 조세수취제도는 17세기 이후 크게 변화되어 대동법, 균역법의 실시, 환곡의 부세적 성격의 강화에 따라 19세기 조세수취제도는 전정, 군정, 환정이라는 삼정체제로 확립되었다.

대동법은 지방에서 특산물로 바치던 전통적 조세체제가 미곡으로 통일되고 그 대동세는 대전납부를 허용함으로써 현물경제체제가 화폐경제체제로 변화되는 계기가 된다는 점에서 조선조 경제체제를 획기적으로 변화시켰다. 대동법은 조선전기 토공제도 자체의 모순과 공물의 부과 및 징수과정에 있어서의 공리의 대납제를 통한 농민착취로 인해서 선조 때부터 그 개편론이 제기되어 광해군 때부터 점차 실시되었다. 이는 종래의 토공과 용역에 대해 징수함으로써 조세체제를 일원화시킨 것이다. 또한 토지소유에 비례하여 과세함으로써 공정한 조세체계를 이룩하고 고정된 세률을 부과케 한 것으로 공물의 미납화로 인한 중간착취를 제거하였다. 대동법은 18세기 중엽 이후 정치기강의 문란으로 정상적 운영이 저해되기도 하였으나 그 력사적 의의는 컸다. 특히 수세체제를 미·포·목 등 현물체제로부터 현물 및 전 2원체제로 전환시켜 금납일원체제가 되기 위한 기초를 마련하였을 뿐만 아니라 상품생산과 교환경제의 발달을 촉진시키는데 기여 하였으나[12] 지방에서는 여전히 특산물을 공물로 받아 국민의 부담에는 변한 것이 없었다.

군역은 국민개병제와 병농일치였으나 16세기 이후 모병제로 바뀌면서 군

---

12 김운태, 『조선왕조행정사』 근세편, 251~252쪽.

역대신 포를 거두는 수포대역제가 실시되면서 1년에 포 2필을 내게 되었다.[13] 결국 군역은 국방의 의무보다는 군포징수의 의미가 커지면서 전세나 공납보다도 더 힘겨운 부담으로 그에 대한 폐단만 증가하였다. 따라서 균역법의 실시는 초기의 농민부담을 어느 정도 덜어 주었으나 시일이 지나면서 군정의 문란으로 확대 부패되어 갔다. 그러나 삼정은 조선의 국가재정의 원천이었다. 즉 전정은 전세, 대동미, 삼수미, 결작[14] 등을 포함한 토지에 부과되는 모든 부세를 일괄하여 거두는 전결세 수취행정이었고, 군정은 양인과 농민을 대상으로 한 군포징수행정[15]이었으며, 환정은 환곡의 분배와 수납행정[16]이었다.

결국 조선조 말기 경제상황의 총체적 부패는 삼정의 문란으로 귀결된다. 즉, 전정의 경우는 토지대장이 정리되어 있지 않아 관리의 작위적 기재에 희비가 갈렸으며 전세의 삼수미세는 호조에서, 대동미는 선혜청에서, 결작은 균역청에서 각각 출납케 되어 혼란만을 야기했다.[17] 특히 군정의 경우는 호적이 정비되어 있지 않아 관리에 의도대로 군역의 부담이 편중되어 가장 큰 혼란을 야기했으며[18] 환곡의 경우도 본래의 빈민구제의 의미를 상실하고 일종의 고리대 성격으로 변하여 국민을 착취했다.[19]

---

13 집안의 장정마다 바치므로 이것은 인두세나 마찬가지 였다.
14 전세는 매결 4두, 삼수미는 사, 살, 포의 삼수병의 급료를 위한 세로 매결 2두 2승, 대동미는 매결 12두, 결작은 균역세의 일종이었다.
15 균역법을 말한다.
16 환곡은 일종의 국가적 사회사업제도였다. 즉, 가난한 백성에 봄에 관곡을 빌려주고 가을에 약간의 리자(15두 당 10분의 1인 1두 5승)를 더해 거두었다.
17 전정의 문란은 은결(대장에 실리지 않은 전답에 징세하는 것), 진결(진황전에 징세하는 것), 전세 문란에 따른 면세지의 증가 등이다.
18 군정의 문란은 족징(도망자, 사망자의 체납분을 친족에게 물리는 것), 동징(동리사람에게 공동부담시키는 것), 강년채(60이 넘은 자에게도 고의로 나이를 줄여 군포징수), 마감채(병역 의무자에게 일시불로 받는 면역군포), 황구첨정(유아를 장정으로 기재해 부과하는 것), 백골징포(죽은 자에게 부과하는 것) 등이 있었다.
19 환곡의 문란은 반작(허위 작부로 출납을 속이는 것), 가분(저축하여야 할 부분을 대출하는 것), 허류(창고에 없는 실물을 있는 듯이 함), 입본(풍년과 흉년 등을 미리 예견하고 미곡시세

이러한 삼정수탈의 강화는 19세기 중엽 조세수취체제를 와해의 위기로 몰고 갔으며, 이는 또한 수취체제 뿐만 아니라 봉건사회 전반을 해체시키는 농민항쟁의 원인이 되었다.

이처럼 19세기는 봉건제의 위기가 심화되면서 사회모순이 격화되는 시기 였다. 따라서 사회를 구성하는 각 계층들은 각자의 위치에서 봉건사회 모순 에 대해 일정한 대응을 하지 않을 수 없었다. 즉, 19세기 농민항쟁은 바로 이러한 조건하에서 봉건적 사회관계를 변혁하고자 하는 하층농민들의 반봉 건항쟁이라고 할수있다.

4. 혁명가 이필제

이필제의 탄생과 가계에 대한 자세한 기록은 없으나 그가 1825년(순조 25, 乙酉年) 충청도 홍주에서 태어난 것은 확실하게 전해지고 있다. 그는 어린 시 절부터 학문을 열심히 하였고 독서를 많이 하였다. 그랬기에 뛰어난 문장 솜씨를 보였고 시도 잘 지었다고 한다.

그의 본래 이름은 근수(根洙)였으나 처음에는 필제(弼濟)로 바꾸고 그후 급 제하였을 때는 이홍(李弘)으로 행세하였다. 또 주지(朱趾)로 성명을 바꾸기도 했고 문경에서 잡혔을 때는 진명숙(秦明蕭)이라고 하였는데 이처럼 성명을 10여 차례나 바꾼 것은 추적을 피하기 위해서였다고 한다. 그 외에도 그는 진천에서 김창정(金滄艇) 또는 창석(滄石)으로 진주·거창 등지에서는 주성칠 (朱成七) 또는 주성필(朱性必)로 영해에서는 이제발(李濟潑)로 성명을 바꾸어 행 세하기도 하였다. 그러나 필제라는 이름으로 경상도, 충청도 지역에서는 모

를 정해 대전으로 사취하는 것), 증고(상사가 명한 공정액보다 고가로 매출하는 것), 탄정(흉 년에 무리로 징수하여 연말 증가의 분을 사취하는 것) 등이다.

르는 사람이 없을 정도였다.

이필제의 외모는 문장에 재능이 있다고 하여 그가 단아한 선비형의 외모를 갖고 있었던 것은 아니었다. 그는 키가 크지는 않지만 특히 상체가 커서 전반적으로 큰 느낌을 주는 잘생긴 헌헌장부라고도 하고, 얼굴과 온몸에 털이 많이 있었던 매우 이국적인 풍모를 갖춘 사람이었다.[20] 그 모습이 표호 같고 눈은 유성 같으며 골격도 비범하다고 하고[21] 최종 판결문인 결안에도 그의 얼굴을 보니 산돼지와 같이 흉물스런 꼴이요, 그의 목소리를 들으니 이리와 같은 모진 독이 배어 있었다고 했다.[22] 특히 그의 수염은 특이하게 생긴 듯하여 후에 조령작변을 함께 모의했던 정기현은 이필제의 턱에는 용수(龍鬚)가 있다고 하였다. 한편 그의 손바닥에 '王' 자 혹은 '天王' 자가 새겨져 있었으며 등에는 일곱 개의 점(七星)이 있었다고 한다.[23]

이러한 이필제의 특이한 외모는 그가 후에 여러 차례에 걸쳐서 민란을 주도할 때마다 많은 동조자들을 규합하는데 주효했을 것이다. 더욱이 그에 대한 풍설은 특이한 외모에 더하여 그가 도술을 부린다는 등의 요설로 확대되기까지 했다. 이필제가 역사의 전면에 등장한 것은 진천작변에서부터 이지만 그 이전의 삶도 순탄치만은 않은 듯했다.

이필제의 일생에 가장 크게 영향을 미친 인물은 그의 나이 25세 때인 1850년(철종1)에 만난 경상도 풍기의 선비이자 유명한 의사였던 허선(許璇)이었다. 풍기 지역에서는 허생원 또는 야옹(野翁)선생으로 유명한 선비인 허선에게 외삼촌들은 조카인 이필제를 소개하고 그가 지은 시 "남정록(南征

---

20 『慶尙監營啓錄』, 庚午 5월 19일, 鄭晩植 供招.
21 『慶尙監營啓錄』, 庚午 5월 12일, 崔鳳儀 供招.
22 이이화「이필제 홍경래와 전봉준을 잇는 탁월한 혁명가」, 『이야기인물한국사』 4, 한길사, 1993, 142~143쪽 참조.
23 『忠淸道監營狀啓謄錄』, 辛未 12월18일 狀啓後錄 林健永 供招;『右捕廳謄錄』, 辛未 8월 29일, 鄭岐鉉 供招.

錄)" 10여 수를 보여주었다. 남정록의 내용은 전해지지 않지만 이필제가 젊은 시절부터 북벌에 대한 의지를 갖고 있었다는 점,[24] 그리고 이필제가 북벌호(北伐胡)와 함께 남벌왜(南伐倭)를 주장했던 것을[25] 상기한다면 '남정록' 역시 이필제의 북벌의지를 보여주는 시였던 것으로 보인다.

허선은 남정록을 읽고 감탄해 하며 이필제에게 절세의 시재가 있다고 극찬했다. 이때 이필제는 허선을 통해서 그가 평소에 갖고 있던 북벌에 대한 의지를 확신하게 된다. 그는 이후 허선의 집을 사흘 연속으로 방문하며 그에게 많은 이야기를 들었다. 내용은 아마도 이필제가 진인이므로 자중하여 큰일을 도모하라는 것이었을 것이다. 그것은 후에 이필제가 체포된 뒤에 만들어진 공초 기록에 다음과 같이 허선이 이필제에게 말했다고 한다.[26]

> "나라를 위하여 충성을 다하기를 당의 郭汾陽처럼 하고 韓을 위하여 원수를 갚기를 진나라를 멸망시킨 張子房과 같이 하라. 大洋國은 오래지 않아서 천하를 어지럽힐 것인데 우리나라에 끼질 해독이 심할 것이다. 서쪽으로는 大洋을 다스리고 북쪽으로는 흉노에 이를 것인데 그대가 아니면 해결하기 어렵다. 그대는 스스로를 소중하게 여기고 늙은이의 이야기를 혼몽하다고 여기지 말고 충성을 다하고 나라를 도와서 큰공을 세우도록 하라. 그러나 중간에 허다한 풍상을 겪을 것이고 머리가 하얗게 셀 때쯤 되어서 성공 할 것이다.

이러한 허선의 말에 고무된 이필제는 비로소 자신의 역할이 도탄에 빠진 백성과 어지러운 나라를 구하고 서양의 침범을 막아내며 나아가 중국까지를 북벌한다는 꿈을 가지게 된다. 마치 예언가처럼 이필제의 삶을 예언한 허선

---

24 이필제가 언제부터 북벌에의 의지를 가졌는지는 정확히 알 수 없다. 다만 그가 25세 이전에 남정록을 썼다는 사실로 미루어 보아 그의 청년기에 이미 북벌에 대한 강한 의지가 완성되었을 것으로 사료된다.

25 林(德裕)·崔(應奎)兩人 答曰 李弘, (中略) 今雖亡命 意在南伐倭 北伐胡 其志大矣 必須7善待(『右捕廳謄錄』, 辛未 8월 29일, 鄭岐鉉 供招.

26 『右捕廳謄錄』, 辛未 8월 29일, 李弼濟 供招.

은 이후 평생 이필제의 스승인자 정신적 멘토로서 때로는 경제적 후원자로서의 역할을 마다하지 않았다.

한편 이필제는 정감록에도 심취하여 스스로 정감록에서 예언한 진인임을 자처하기 시작하였다. 이필제의 북벌의지는 정감록과 결합하여 메시아적 사명감으로 확대 재생산되었다고 할 수 있다. 그리고 이러한 메시아적 사명감이 추적을 받는 어려운 상황임에도 불구하고 끊임없이 전국각지를 돌아다니며 변란을 모의할 수 있는 원동력이 되었던 것으로 보인다.[27] 사회 불만세력을 중심으로 이필제는 자신의 논리를 가지고 그들을 설득해 나갔다. 이필제가 만난 대부분 사람들이 쉽게 이필제의 논리에 제압되고 그와 더불어 함께 하기를 결정하게 된 원인 역시 이와 같은 북벌의 논리와 정감록적 메시아 논리가 주효했을 것이다.

특히 그의 논리는 중원의 주인을 우리 민족이라는 독특한 구조 속에 있다. 즉 중원의 원래 주인을 우리의 국조 단군으로 주장하며 그 단군의 맥이 한나라와 명나라 그리고 이필제 자신으로 이어지고 있다는 논리이다. 따라서 지금 중원을 정복하러 가는 자신의 명분은 확실하다는 것이다. 그러한 구체성은 이후 영해에서 만난 해월 최시형과의 대화에서도 드러난다. 즉, 이필제는 해월에게 "단군의 영이 유방(劉邦)에게서 화생하고 유방의 영이 주원장(朱元章)에게서 화생하였는데 지금 세상에 단군의 영이 다시 세상에 나왔는데 하루에도 아홉 번이나 변화하는 바로 이필제 자신이라는 것"이라고 말했다.[28]

허황되기도 하면서 한편으로는 누구도 꿈꾸지 못한 중원의 주인으로서의 자신의 모습을 그리고 있다는 것은 그가 한갓 몽상가의 수준이거나 아니면

27 연갑수, 「이필제 연구」, 『동학학보』 제6호, 2003. 12. 197쪽.
28 『道源記書』, 145쪽.

그 이상의 이상 세계를 그리던 메시아적 모습이라고 할 수 있다. 당시 지배
층에서는 일정 정도 북벌의식이 있었던 것은 사실이었다. 그러나 민중층에
서도 이런 의식이 존재했다는 것은 매우 독특한 것으로 이필제는 자신은 단
군의 영이 화생한 존재로서 진인이고 곧이어 중국의 중원을 장악한 천자가
될 인물이라는 것이었다. 그리고 이필제와 함께 했던 대부분의 사람들은 이
필제의 말에 동의하고 그와 함께 뜻을 같이 했다.

　이필제는 영해에서 민란을 일으키기 전에 몇 차례의 거사를 주도했다. 그
것이 진천작변과 진주작변이었다. 모두 이필제로 시작해 그로 귀결되는 거
사였다. 어쩌면 이와 같은 시행착오를 거친 끝에 영해의 거사가 가능했는지
도 모른다.

　두 차례의 작변이 실패한 이후 이필제는 태백산을 중심으로 경상도와 강
원도 일대에서 숨어 지냈다. 그러나 이렇게 숨어 지내는 동안에도 이필제는
끊임없이 자신의 꿈을 실현하기 위해 노력했다. 그래서 가는 곳곳마다 동지
들을 규합하거나 아니면 최소한 민중들의 자각을 위한 역설 등을 하고 있었
다. 1870년 7월에는 영해로 잠입하여 당시 동학의 지도자였던 창수면 우
정(雨井)골 형제봉 중턱 '평풍(병풍)바위'[29] 산중에 사는 박사헌(朴士憲, 永璜)을
찾아갔다. 박사헌은 영해접주 박하선(朴夏善)이 아들이었다. 박사헌은 부친
박하선이 관에 체포되어 심한 고문을 받다 풀려났으나 장독(杖毒)으로 사망
하였다고 했다. 그리고 영해 동학도들이 구향배(舊鄕輩)들에게 탄압받아 온
사실도 털어놓았다.[30] 이런 사실을 알게 된 이필제는 동학도를 선동하면 변

29　평풍바위는 형제봉(兄弟峰, 703.8m)에서 동쪽으로 800m 정도 떨어진 해발 490m 산중 고지
　　대에 있는 골짜기로, 이곳은 마을에서 10리나 떨어진 곳이라 여기서 어떤 일을 꾸며도 알 수
　　없는 곳이다.
30　영해지역에서는 1840년대 이후 향청의 자리를 놓고 유림간의 다툼이 있었는데 토박이 중심의
　　구향층이 서얼 중심의 신향층을 공격하고 있었다. 당시 많은 신향층이 동학에 입도하기도 했
　　다. 특히 동학도들은 구향층의 고발로 탄압을 받았는데 박사헌의 부친 박하선도 이때 죽임을

란을 꾸밀 수 있다는 생각을 하게 되었다. 그리하여 억울한 죄명으로 순도한 수운대신사의 신원을 내세웠다. 결국 박사헌을 위시하여 이수용, 권일언, 박군서 등이 호응해 주었다.

이필제는 지면이 있는 동학도들을 찾아다녔다. 그해 9월까지 이필제에 뜻에 동의를 한 인원은 50명 내외에 이르렀다. 이 소수 인원으로 영해 읍성을 공격하기는 불가능했다. 많은 동학도를 모을 수 있는 방안을 찾던 중 동학 도주인 해월 최시형을 움직여야 한다는 것이 영해도인들의 한결같은 의견이었다. 마침 해월 최시형은 일월산의 윗대치에 은거하고 있었다. 그래서 1870년 10월 어느 날 해월신사와 잘 아는 이인언(李仁彦)을 해월에게 보냈다. 그는 이필제라는 인물을 소개하고 수운대신사의 신원운동에 나서자고 권하였다.[31] 그러나 해월은 움직이지 않았고 이후 박군서(朴君瑞), 다시 이인언 그리고 박사헌을 보내 역시 같은 권유를 하였다.[32] 마지막 다섯 번째로 권일원(權一元, 日彦)이 옴에 해월은 더이상 거절할 명분이 없었다.[33] 더욱이 영해 도인들이 이필제와 동조하고 있으므로 어찌할 도리가 없었다. 그들의 의견을 들어보지 않을 수 없어 해월은 권일원과 같이 평풍바위 박사헌의 집으로 찾아갔다. 이필제는 당시 47세(1825년생)였고 해월신사는 두 살 아래인 45세(1827년생)였다. 이필제는 최시형을 만나 최제우 순교일인 3월10일 봉

당했다.
31 이하의 내용은 『도원기서』를 중심으로 정리 작성함.
32 이때 해월은 "노형은 그 사람과 몇 달 간 은담(隱談)을 나누어 보아 잘 알 것이다. 앞서 왔던 세 사람은 비록 소진(蘇秦)의 언변을 하였으나 하나도 미덥지 않았다. 노형은 추호인들 나를 속이겠는가."라며 이필제의 인간 됨됨이를 물었다. 박사헌은 "전들 어찌 알 수 있겠는가. 다만 그의 행동을 보고 말을 들어보면 모두가 옳은 것으로 여기고 있지만 사람의 속마음은 모를 일이다. 오로지 스승님을 위하는 말만 하니 저도 역시 그렇게 여겨 왔다."고 하였다.
33 이필제가 이렇게 집요하게 해월을 설득하려고 한 이유는 그가 영해지방의 동학도들을 규합하는 데는 성공했지만 그 숫자로는 부족하고 한편 보다 넓은 지역에서의 참여를 유도하기 위해 이웃인 울진, 평해 등지를 돌아다니며 동지들을 모았지만 이에 동조하는 사람들이 별로 없었기 때문에 확실한 동학 조직의 지도자인 해월에 집착한 것이다.

기에 나설 것을 제안했다.

해월을 만난 이필제는 첫째로 스승님의 치욕을 씻어 주기 위해 영해부성을 쳐들어가 관을 징계해야 한다는 것이며, 둘째로 관재(官災)로부터 창생을 건져야 한다는 것이며, 셋째로 자신은 장차 중국을 창업하려는 뜻을 가지고 있다고 하였다. 해월은 이필제의 말을 듣고 나서 허황된 사람임을 알게 되었다. 그래서 일은 서두르면 실패하기 쉬우니 신중해야 한다고 타이르고 물러나왔지만[34] 이내 영해 사람들로부터 교조신원운동의 필요성을 인식하고 나서기로 결심하였다.

3월 6일부터 3월 10일까지 본부 격인 박사헌의 집에 모인 인원은 약 5백 명이었다. 영해지방의 유생인 남유진(南有鎭)이 기록한 『신미아변시일기(辛未衙變時日記)』에 5~6백 명이라 하였고 『최선생문집도원기서』에는 5백 명이라 하였다. 참가 지역은 영해, 평해, 울진, 진보, 영양, 안동, 영덕, 청하, 흥해, 연일, 경주 북산중(경주 북쪽 산중), 울산, 장기, 상주, 대구 등지였다. 『교남공적(嶠南公蹟)』에는 경남의 영산과 칠원(柒原, 固城接 산하) 등지에서도 온 것으로 되어 있다. 당시 동학 조직이 있는 곳이면 거의 참여하였다.[35]

이렇게 지역적으로 광범위하게 사람들이 동원될 수 있었던 것은 전적으로 해월의 리더십과 함께 이필제의 그동안의 노력의 결과였다. 대부분 그의 뜻에 동감하고 그 취지에 동의한 사람들이었다. 별무사들은 푸른색 반소매 덧저고리에 허리띠를 둘렀고 일반 도인들은 각각 유건을 쓰고 청주의를 입어 복장을 통일하였다. 평풍(병풍)바위에 모였던 이들 동학도 5백 명은 저녁 7시 반경에 출동하였다. 20리를 달려간 동학도는 영해부성에 이르자 서문과 남문 앞으로 나누어 포진했고 그때가 저녁 9시 반경이었다. 갑작스러운 군

---

34 『天道教會史草稿』
35 표영삼, 『해월의 고난 역정 동학』2, 통나무, 2005 참조.

중의 침입에 당황한 포졸들이 발포를 하자 1명이 죽고 1명이 부상을 당하고 흥분한 동학도들이 달려가 관아를 점령했다.[36] 반시간도 못되어 영해관아는 동학도에 의해 완전히 장악되고 말았다.

비로소 이필제가 구상한 거사가 처음으로 성공하는 순간이었다. 동헌을 불태운 동학도들은 달아나던 부사 이정을 붙잡아 앞뜰에 꿇어앉혀 살해하였다. 명분은 탐관오리이므로 처형했다지만 후과는 엄청났다. 11일 아침이 밝아오자 이필제는 영덕군 관아를 공격하자고 제안하였다. 그러나 많은 사람들이 날이 이미 밝았으며 영덕까지는 50리나 떨어져 있어 상당한 시간이 걸리며 이미 이곳 소식을 듣고 대비하고 있을 것이라고 우려했다.[37] 이에 이필제는 그들의 뜻을 고려하고 전술적으로 이곳을 지키기 보다는 깊은 산속으로 들어가 쳐들어오는 관군을 맞는 것이 유리하다고 판단해 영해 관아를 떠나기로 작정했다.

그러나 14일에 이필제가 해월이 은거하고 있던 영양 일월산의 윗대치에 도착했을 때의 숫자는 40여명에 불과했다. 해월은 이들을 위해 음식과 잠자리를 제공해 주었지만 곧 들이닥칠 관군에 대한 대비가 절박했다. 정부는 이 소식을 접하자 14일자로 흥해군수 김홍관(金弘灌)을 영해부에 겸관으로 임명하는 한편 영덕현령 정중우(鄭仲愚)로 하여금 영해부에 병력을 출동시키

---

36 『신미영해부적변문축(辛未寧海府賊變文軸)』에는 "선봉장은 경주 북면에 사는 박동혁(朴東赫)이었으나 총에 맞아 죽게 되자 영덕에 사는 강수(姜洙)가 중군(中軍)을 맡아 선봉에 나섰다."고 했다. 별무사인 "김창덕(金昌德), 정창학(鄭昌鶴), 한상엽(韓相燁) 등은 분대를 거느리고 따랐으며 김천석(金千石), 이기수(李基秀), 남기진(南基鎭) 등은 서로 다투어 군기를 탈취하였다. 그리고 신화범(申和範)은 동헌으로 들어가 문을 부수었고 권석두(權石斗)는 포청으로 달려가 동정을 살폈다." 동학의 신미 영해 교조신원운동에 관한 소고」, 『한국사상』 제21집, 1989, 130쪽.

37 동학도들은 당초부터 다른 군·현을 공격할 계획이 없었던 것으로 보인다. 『嶠南公蹟』 박영수 문초에는 "형님(박영관)이 무리들을 이끌고 우리 집을 지나갈 때 나에게 말하기를 내일 영해읍을 떠나 태백산 황지(潢池)로 가려 하니 너는 식구를 거느리고 따라오라."고 하였다. 거사 전에 이미 영해읍성만 점령한 다음 철수하기로 약속되어 있었던 것이다. 결국 동학도들은 영해 관아만을 습격하는 것으로 계획되었던 것으로 보인다.

게 했다. 그리고 인근의 연일(延日), 장기(長鬐), 청하(淸河) 세 고을의 현감도
출동시켰다. 16일에는 안동진영과 경주진영에서도 병력을 이끌고 왔다.[38]

결국 해월은 이필제, 강사원, 전성문을 대동하고 일월산의 윗대치를 탈
출해 대치(竹峴)를 넘어 봉화로 피신하였다. 주동자를 놓쳐버린 관군은 일월
산에 숨어들었으리라 믿고 연일 샅샅이 뒤지게 하였다. 영양의 산골은 원래
험한 곳으로 이름이 나 있었다. 이필제는 해월과 함께 피신하면서 단양으로
갈 것을 제의했다. 단양에는 정기현(鄭岐鉉)이 있었기 때문이었다. 정기현은
그해 8월의 문경 거사를 일으킬 때 주동인물로 참여한 자로 이미 이필제와
뜻이 통했던 인물이었다. 한밤중에 찾아온 이필제와 해월 일행을 맞이한 정
기현은 그들을 각기 분산 은신할 수 있도록 도와주었다.[39]

이필제는 조령에서 다시 또 거사를 준비했다. 그러나 8월2일 거사일에
집합장소인 조령의 주막에 예정된 인원이 모이지 않고 더욱이 억수같은 비
가 쏟아지자 이필제는 후일을 도모하고 현장을 떠났다. 그러나 수상한 사람
들이 모인다는 정보를 얻은 관군이 들이 닥치고 정기현 등이 체포되었다.[40]
간신히 체포망을 벗어난 이필제는 산속에서 비를 맞으며 헤매다가 3일에 다

---

38 『영해부적변문축』에는 경주진영 영장은 별포(別砲)와 이교 120여 명을, 장기 현감은 별포 및
   이교 110여 명을 이끌고 당일(15일) 당도하였다고 하였다. 또한 안동진영에서도 상당수의 병
   력을 보내왔다고 하였다. 한편 안동진영의 명령을 받은 영양(英陽) 현감 서중보(徐中輔)는 15
   일 아침에 별포를 이끌고 동학도가 모여 있다는 일월산 윗대치로 출동하였다. 표영삼, 앞의 글
   130~140쪽 참조.
39 표영삼, 『해월의 고난 역정 동학』 2, 통나무, 2005, 16쪽 참조.
40 이 일에 대해 조령별장은 이렇게 보고했다. "초 2일 수상한 사람 50-60명이 본동 점막에 와
   서 머문다고 하기에 교졸을 보내 어두운 속에 포를 쏘며 군기를 지키게 했다. 밤중에 위의 과
   한들이 소리를 질러대며 군기고로 달려들었는데, 김태일이란 자가 다리에 떨어져 동민들이 붙
   잡았다. 태일을 붙잡아 와 문초하였더니 당초 작당한 자가 수천 명이었는데 조령에 모여서 군
   가를 탈취하여 기병을 도모한 자가 오래였다고 말했다. 또 귀 걱정거리를 물었더니 매복한 자
   가 천여 명이라 하기에 곧바로 군사를 보내 매복한 것을 뒤져 군기고를 엿보던 도둑놈들을 계
   속 잡아들인 것이 44명이었다." 『일성록』, 고종8년 11일 조. 확실히 별장의 과장된 보고임이
   확실하나 이필제가 꾸민 조령에서의 거사에도 상당한 수의 참여자들이 있음을 반증한다고 하
   겠다.

시 문경 읍내로 나왔다가 포졸들에게 체포되었다.

드디어 체포된 이필제는 처음에는 진명숙(秦明肅)이라고 변명했지만 다른 연루자들의 실토로 곧 그가 이필제임이 들어났다. 당시 이필제의 이름은 워낙 유명해 어린 아이들까지 다 알 정도였기에 문경관아는 매우 놀랐다. 지난 20여년 동안 충청도와 전라도 그리고 경상도와 강원도 일대를 누비며 신출귀몰한 수법으로 관의 포위망을 벗어나 곳곳에서 민란은 주도하고 또 일으킨 거물 중의 거물이었던 셈이다. 이필제는 곧 의금부로 압송되어 1871년 12월 24일 군기시(軍器寺) 앞길(현재 무교동)에서 모반대역부도죄(謀反大逆不道罪)로 능지처사(陵遲處死) 됨으로써 47년간의 파란만장한 생을 마쳤다.

5. 혁명적 지도자 전봉준

전봉준 1855년 12월 3일 출생하였다. 그의 출생지에 관해서는 고창군 죽림리 당촌 마을에서 출생하였다는 설과 전주태생으로 어려서 태인현 감산면으로 이주하였다는 설, 정읍 이평면 소조리 태생이라는 설 등이 있었으니 학계에서는 대체로 고창군의 당촌 마을 출생으로 의견이 모여졌다.[41] 본관은 천안(天安). 자는 명좌(明佐), 명숙(明淑). 초명은 전철로(全鐵爐). 별명은 전영준(全永準). 호는 해몽(海夢)이다. 몸이 왜소하였기 때문에 흔히 녹두(綠豆)라 불렸고, 뒷날 녹두장군이란 별명이 생겼다.

5세 때에 한문 공부를 시작하여 13세 때에는 〈백구시 白驅詩〉라는 한시를 짓기도 했다. 그의 20, 30대에 조선사회는 극히 어수선했다. 개항을 계

---

41 고창설은 오지영의 동학사에 근거하고, 전주설은 장봉선의 『전봉준 실기』에 의거하며, 정읍설은 김상기와 신복룡의 주장이다. 자세한 내용은 조광한, 「전봉준의 생애 연구」, 『동학연구』 12, 한국동학학회, 2009, 9, 84쪽 참조.

기로 하여 외세는 물밀듯이 밀려들어왔고, 봉건 말기의 위기적 상황은 날이 갈수록 가중되었다. 이러한 상황 속에서 전봉준 역시 나라의 장래에 대해 고민했으며, 그러한 고민의 과정에서 1888년(고종 25) 무렵 손화중(孫和中)과 접촉했다.

1890년 무렵에는 "그의 용무지지로서 동학 교문이 있음을 발견하고", 서장옥(徐璋玉)의 막료인 황하일(黃河一)의 소개로 동학에 입교했다. 뒷날 그는 제2차 재판에서 "동학은 수심하여 충효로써 근본을 삼고 보국안민하려는 것이었다. 동학은 수심경천의 도(道)였다. 때문에 나는 동학을 극히 좋아했다"고 하여 동학에 입교하게 된 동기를 밝혔다.

1892년 무렵에는 교주 해월 최시형에 의하여 고부지방의 접주로 임명되었다. 1893년 2월 무렵 서울로 올라가 대원군을 방문하여 "나의 뜻은 나라와 인민을 위하여 한번 죽고자 하는 바"라고 말했다고 한다. 이로부터 세간에는 전봉준과 대원군 사이에 무슨 밀약이 있었을 것이라는 말이 돌았다.[42]

1892년 서장옥과 서병학 등의 주도로 공주와 삼례에서 동학도들이 모여, 억울하게 죽은 교조 최제우의 명예를 회복(교조신원)시키고 동학포교를 인정해줄 것을 요구하는 집회를 열었다. 1893년부터는 본격적으로 동학도들은 교조신원운동을 전개하니 1월 달의 광화문 복합상소를 거쳐 3월에는 보은 장내리에서 약 3만 명이 모여서 억울하게 죽은 교조 수운 최제우의 죽음을 풀어 달라는 운동을 전개하였다. 그러나 그들의 요구는 관의 회유와 탄압으로 실패하고 말았지만 언제고 다시 모일 수 있다는 자신감을 준 사건이었다. 당시 보은에 가지 못한 전라도 지방의 동학도들은 금구에서 집회를 열었는데 이 집회의 중심인물이 전봉준이었다. 그는 이처럼 동학 입도 후에

---

42 후일 전봉준은 재판 과정에서 흥선대원군과의 관계를 완강히 부인했는데 흥선대원군을 보호하려고 한 건지는 알 수 없지만 그가 한때 대원군의 식객으로 있었던 것은 틀림없어 보인다.

는 누구보다도 열심히 동학을 실천했다.

그러나 전봉준의 진가는 1894년 1월 10일의 고부기포에서부터 였다. 1월 8일 말목장터에서 고부군수 조병학의 학정과 탐학을 성토하여 민중들의 이끌고 고부관아로 갔다. 전봉준이 주도한 전라도 고부에서의 항쟁은 동학혁명의 신호탄이었다. 그것은 고부군수 조병갑의 학정에 대한 저항이었지만 오랜 압제와 수탈을 거부한다는 농민들의 항거였다. 1월 8일 말목장터에서 시작된 전봉준의 의거는 일거에 고부관아를 점령해 옥을 부수어 억울한 죄수를 방면하고 창고를 열어 그동안 백성의 고혈로 채워졌던 곡식들을 농민들에게 나누어 주었다. 그리고는 수세미 1,400여 석이 쌓여있는 창곡을 풀어 원주민에게 돌려주었으며 군기창과 화약고를 격파하고 무기를 확보하였다. 이는 곧 있을 관군의 대대적인 공격에 대비하는 전봉준의 구상이었으며 이 기포가 단순한 고부민란의 수준을 넘어설 것임을 예고하는 것과 다름없었다. 한편 전봉준은 원성의 대상이었던 만석보를 파괴하였다. 이 만석보 파괴로 고부기포의 의의가 실현되었다고 할 수 있다.

만석보는 조병갑이 농민들을 강제로 동원해 동진강 상류에 쌓은 것으로 완공 후에는 고부백성이 모두 무료로 사용하게 하겠다고 해 놓고는 정작 추수기가 되자 수세로 700여석을 착복한 곳이었다. 기포 당시 고부 백성의 원성이 가장 큰 것이 만석보였고 가장 먼저 부셔진 것이 그래서 만석보였다.

그리고 전국에 "우리가 의를 들어 이에 이르름은 그 본의가 결코 다른 데에 있지 아니하고 창생을 도탄 속에서 건지고 국가를 반석 위에다 두고자 함이다."는 취지의 격문을 날렸다. 탐학한 관리들을 처단하고 중앙의 무능한 정치를 바로 잡는다는 투쟁 목표를 밝힌 것이다. 이에 고무되어 수많은 농민들이 죽창을 쥐고 몰려왔다.

그러나 곧바로 진입한 관군은 동학군을 회유하고 또 협박하여 해산시켰다. 전봉준은 다시 보다 큰 조직과 전열 정비가 필요해 졌고 이웃 고을인 무장의 대접주 손화중을 찾아가 함께 일어설 것을 설득하였다. 드디어 전라도 무장(3월 20일)에서 기포한 농민군은 백산(3월 26-29일)에서 대오를 형성했다. 그들이 띠은 포고문에 동감한 전라도 각 지역의 동학군들이 일거에 집결하고 모이니 이른바 백산대회가 열린 것이다. 백산에서 동학군은 대오를 형성해 총대장에 전봉준, 총관령에는 손화중과 김개남을 정하고 4대 명의와 12개 군율을 발표했다. 당시 동학군이 발표한 4대명의는

"첫째 사람을 함부로 죽이지 말고 가축을 잡아먹지 마라.
둘째 충효를 다하여 세상을 구하고 백성을 편안케 하라.
셋째 일본 오랑캐를 몰아내고 나라의 정치를 바로잡는다.
넷째 군사를 몰아 서울로 쳐들어가 권귀를 모두 없앤다"

12개조의 군율은 동학농민군이 이제는 본격적인 혁명군으로서의 위치에 섬으로써 갖추어야 할 군사행동의 원칙이었다. 12개조의 군율은 다음과 같다.

1. 항복하는 자는 따뜻하게 대한다.
2. 곤궁한 자는 구제한다.
3. 탐학한 자는 추방한다.
4. 순종하는 자에게는 경복한다.
5. 도주하는 자는 쫓지 않는다.
6. 굶주린 자는 먹인다.
7. 간사하고 교활한 자는 없앤다.
8. 가난한 자는 진휼한다.
9. 불충한 자는 제거한다.
10. 거역하는 자는 효유한다.
11. 병든 자에게는 약을 준다.
12. 불효자는 형벌한다.

이로써 동학군은 비로소 혁명군으로서의 면모를 갖추고 본격적인 혁명에 뛰어들었다. 이들은 고부 황토현(4월 7일)에서 관군을 물리치고, 장성 황룡촌(4월 23일)에서 경군을 격파한 뒤 전주성(4월 27일)에 입성하는 초기 성과는 눈부셨다. 동학군에 대항한 관군은 동학군의 위세에 눌리어 연전연패를 거듭해야 했다. 전주성에 입성한 동학군은 대대적인 개혁을 요구했다.

그러나 무능한 정부에 의해 불려 들인 일본과 청나라 간의 전쟁터가 된 조선을 두고는 동학군은 퇴진을 해야 할 수밖에 없었다. 자신들의 거사가 외세를 끌어들이는 역효과를 낸 것에 대한 자각이었다. 부득이 전주화약으로 폐정개혁안 12개조[43]를 합의하고 퇴진을 한 동학군들은 호남의 53개 군에 집강소를 설치해 관과 민이 함께 행정사무를 보는 우리나라 최초의 지방자치를 실시하였다.

무능한 집권 민씨정권은 대신들의 반대에도 불구하고 청과의 전통적 사대관계 속에서 청의 군사를 불러 농민들을 진압하고자 했다. 이는 과거 임진왜란 때 명나라의 군사가 파병되어 왜군을 물리친 것과 같은 논리였다. 조선에 대한 종주권을 내세우고 있던 청은 당연하다는 듯 군사를 파병했고, 이런 낌새를 눈치 챈 일본은 청과의 보합 국면을 일거에 뒤바꾸고 조선침략을 본격적으로 시도할 수 있는 다시없는 기회라고 보고 청군보다 먼저 조선에 상륙하였다. 상륙의 명분은 양국 중 어느 한쪽이라도 군사를 파견하면 상대국가도 군대를 파견한다는 천진조약의 항복으로 이미 확보하고 있었다.

전주화약 이후 집강소를 통하여 폐정개혁에 주력하면서 날로 변해가는 청

---

43 폐정 개혁 12개조 1. 동학도는 정부와의 원한을 씻고 서정에 협력한다. 2. 탐관 오리는 그 죄상을 조사하여 엄징한다. 3. 횡포한 부호를 엄징한다. 4. 불량한 유림과 양반의 무리를 징벌한다. 5. 노비 문서를 소각한다. 6. 7종의 천인 차별을 개선 폐지한다. 7. 청상 과부의 개가를 허용한다. 8. 무명의 잡세는 일체 폐지한다. 9. 관리 채용에 지벌을 타파하고 인재를 등용한다. 10. 왜와 통하는 자는 엄징한다. 11. 공사채를 막론하고 기왕의 것을 무효로 한다. 12. 토지는 평균하여 분작한다.

과 일본의 국제관계를 관망하여 오던 전봉준은 일본의 전쟁도발과 청군의 대패로 조선이 완전히 일본의 독점적인 강점 하에 들어가는 현실을 경계하였다. 특히 일본이 일찍이 개화를 말하고 자주와 독립으로 조선을 유인하다 갑자기 대군으로 왕궁을 점령하여 친일정권을 수립하고 청일전쟁을 도발하면서 개혁이라는 미명아래 조선의 정치·경제·사회 모든 면에 걸쳐 파괴와 침략을 자행한 것에 통탄해 마지않았다.

9월 들어서 전봉준은 일본군의 침략이 노골화 되자 전라도 삼례지역에서 국가와 운명을 같이할 생각으로 항일구국의 대열을 갖추기로 결심하였다. 그리고 1차 혁명과는 달리 교주인 해월 최시형의 적극적인 동의를 요청했다. 이때까지 동학의 불씨를 살리고 지켜왔던 해월 최시형은 더 이상 동학이 종교 이상의 민족적 역할을 해야 때가 다가옴을 절감하지 않을 수 없게 되었다. 그에게는 기본적으로 동학의 조직을 확대 발전시켜야 하는 동학의 창도주 수운 최제우의 유훈을 지켜야 할 의무가 있었지만 시기가 그런 편안한 포덕의 여유를 주지 않았다. 여전히 유화적 입장을 고수한다는 것은 이미 기포한 남쪽 동학도들에게는 치명적 실망을 주게 될 뿐이었다. 결국 전국의 동학조직을 총동원하라는 총기포령을 내리고 남쪽의 지휘자 전봉준을 정식으로 인정하고 북쪽의 지휘자로 의암 손병희를 지명했다. 비로소 남북쪽의 동학도들이 갈등을 극복하고 하나가 되어 본격적인 공동전선을 수립하고 보국안민의 동학이상을 실천하는 길로 나가가게 된 것이다. 이때가 9월 18일로 그동안 호남지방에 국한되었던 동학혁명이 경상도와 충청도, 강원도와 경기도 그리고 황해도까지 확대되는 전국적인 혁명이 된 것이다.

동학군은 일본군을 몰아내려면 조선의 모든 관리나 시장잡배까지도 손을 잡아야 한다고 호소하였다. 이제 동학농민군의 안목은 민족 전역량을 결집시키자는 단계에까지 이르고 있었다. 여기에 호응하는 수많은 애국지사들이 총집결지인 논산으로 달려와 호응했다. 10월 9일 논산에서 합류한 남북의 동학군은 10월 16일 충청도 관찰사에게 격문을 띄워 농민군과 협력하여 항일전선을 공동으로 펼칠 것을 촉구하면서 다시한번 농민군의 대의를 천명하였다.

이렇게 재봉기한 동학농민군의 주력은 논산을 거쳐 공주까지 진격하였으나 공주에서 정부군과 일본군의 연합군에 의해 더이상 진격하지 못하고 그들의 화력과 신형 무기 앞에 수많은 희생자를 내고서 후퇴하게 되었다. 특히 공주 우금치 전투에서 동학농민군의 피해가 가장 컸다. 후퇴하는 동학농민군은 논산, 원평전투에서 전기를 회복하지 못하고 연합군에 패하고 마지막 전투인 보은 복실전투에서도 많은 희생자를 내고 말았다.

전봉준, 김개남, 손화중 등은 모두 체포되었고 김개남은 전라감사 이도재의 신문을 받고 정식 재판도 없이 처형되었고, 전봉준은 일본 영사관에서 신문을 받고 일본관리의 입회, 감시 아래 손화중과 함께 재판을 받아 처형되었다. 그리고 동학혁명의 괴수로 지명 수배되었던 해월 최시형도 1898년 4월 6일 원주에서 체포되어 그해 6월에 처형됨으로써 조선의 근대를 열었던 역사적 사건은 이렇게 종결되었다. 끝까지 살아남은 동학군의 주요지도자는 북접의 통령이었던 의암 손병희였다. 이제 살아남은 자들에게 동학혁명의 위업이 계승되었고 그들은 그것을 지켜내야 할 의무에 놓여졌다.

6. 이필제와 전봉준

시대의 풍운아였던 이필제는 민란을 주도했던 이전의 지도자와는 완전 다른 사고방식을 하고 있었던 인물이다. 그는 조선 사회의 모순을 올바르게 분석하고 그 바탕 위에서 구제책을 제시했다. 물론 그가 제시한 구제책이

278 · 1871 최초의 동학혁명 영해 동학의거

민중들의 힘을 통한 민란이라는 방법뿐이 없었는지에 대해서는 논란이 있
겠지만 힘없는 백성들이 할 수 있는 방법으로는 그 외에 방법이 없었을지도
모른다. 더욱이 그는 당시까지는 그 누구도 생각지 않았던 중국정벌이라는
거대한 구상을 하고 자신은 단군의 후손으로 천자가 될 것이라는 주장을 했
다. 물론 이전 시대의 일부 지배층에게 이러한 북벌의 의지가 보이기는 했
지만 19세기 중반에는 어느 누구도 감히 하지 못했던 생각이었다. 오히려
모화사상에 젖어 소중화를 외치고 일신의 영달만을 위해 온갖 부정부패를
일삼던 지배층에 대한 각성을 주는 진취적 기상의 인물이었다.

한편 그는 탁월한 리더십을 보였던 인물이기도 했다. 그는 우선 한 지방
에 잠입을 하면 언제나 자신과 뜻을 함께 할 인물을 찾았고 그 지방에서 가
장 덕망이 높고 인품이 훌륭한 인물을 알아내어 기어코 그를 자신의 동조자
로 만들었다. 그리고 그는 상대를 설득할 때면 자신의 높은 학식을 바탕으
로 나라의 현실과 도탄에 빠진 백성을 구제해야 한다는 명분을 들어 상대방
의 마음을 휘어잡았다. 그러기 위해서 때로는 비분강개하기도 하고 또 때
로는 눈물을 흘리며 민중의 아픔을 함께 하기도 했다. 그리고 그는 항상 일
의 선두에 서있었고 스스로 전면에 나서서 이름을 내는 일에는 관심이 적었
다.[44]

이필제가 이상으로 삼았던 인물은 홍경래가 아닐까 생각된다. 서북지방
의 아전들과 농민들을 이끌며 평안도, 황해도, 함경도 일대를 석권하고 봉
건 왕조에 도전했던 홍경래는 분명 이필제가 모범으로 삼기에 충분했던 이
물이었다. 비록 홍경래는 실패하고 말았지만 이후 민란의 지도자들에게 홍

---

44 이필제는 정감록에 바탕한 민란을 준비해서인지 늘 정씨 성을 가진 자가 조선의 주인이 되어
야 한다고 생각했다. 그래서 자신은 정씨 성을 가진 자의 뒤에 있었으며 스스로는 북벌에 나설
것임을 주장했다. 이는 그가 민란을 준비한 곳마다 다른 이름을 사용했다는 점에서도 그는 매
명보다는 일의 성취에 더 관심이 많았던 지도자였음이 틀림없다.

경래는 저항정신의 표본이 되기에 충분했다. 특히 이필제가 주목한 것은 서북지방의 저항정신이었을 수도 있다. 그래서 그는 무모하리만큼 북벌을 주장했고 또 자신했을 것이다. 즉 남쪽에서 거사에 성공하고 북벌을 단행하기 위해 중국으로 향할 때는 서북지방의 민중이 동참해 줄 것이라고 믿었을 수도 있다.[45]

한편 이필제는 조선 사회의 봉건적 모순 극복을 위해 관리들의 부정을 징치하고 묵은 조선 왕조를 뒤집는 것만이 목적은 아니었다. 그는 왜구와 서양 세력을 막고 중국을 정벌한다는 커다란 포부를 드러내고 있었다.[46] 이는 종래의 민란의 목표와는 사뭇 다른 것으로 매우 자주적인 성격임이 발견된다. 실제로 이필제의 거사에는 반드시 북벌이라는 최종 목표가 제시되는데 그 논리가 단군으로부터 시작한 우리 민족의 정통성이 중국의 한나라와 명나라를 이어 자신에게 이어졌다는 것을 강조했다. 그의 논리는 단군의 후손으로서의 우리 민족의 자긍심을 중국의 역대 왕조까지로 확대해 놓은 것이었다. 특히 중국의 한나라 명나라와 같이 명확한 정통성 있는 왕조만을 단군의 후예로 지칭한데는 지금의 청나라는 오랑캐들의 나라라는 인식이 강하게 있기에 그들을 정벌해야 한다는 것이었다.

당시 이미 청나라의 속국이 되어 있는 조선은 스스로 소중화라는 자의식에 사로잡혀 자기 위안들을 하고 있었고 누구도 감히 청나라에 대항할 엄두

---

45 이러한 해석에 대해서는 이이화의 분석을 참조바람. 「이필제 홍경래와 전봉준을 잇는 탁월한 혁명가」, 『이야기인물한국사』 4, 한길사 1993, 164~165쪽.
46 이필제의 서양 인식에 대해서는 다소 혼돈스럽다. 그는 거사의 명분으로 외세의 침입으로 인한 국가의 위기를 체포된 뒤에 다음과 같이 거론하기도 하였다. 지금의 시세는 양요가 자주 발생하고, 북쪽 국경이 소란스러워 아침저녁으로 강을 건널까 우려되며 왜구가 빈틈을 엿보고 있으며 섬의 여러 곳에는 또한 도적이 많아 국세가 위태로우므로 나의 거사는 나라를 위한 일이다.(『慶尙監營啓錄』, 庚午 6월 14일 楊永烈 供招) 그러나 이필제가 파악하고 있는 서양세력은 동양 전체를 압살할 수도 있는 새롭고 커다란 적이 아니라 중화질서를 어지럽히는 수준의 적 일뿐이었다. 따라서 이필제가 파악하기에는 서양세력은 북벌을 성사시킬 수 있는 좋은 기회를 제공하는 존재일 수도 있었다.

도 못내고 있는 상황이었다. 이런 분위기 속에서 이필제는 한민족의 기상을 우뚝 세워 북벌이라는 자주정신을 발휘한 것으로 그 의의는 매우 크다고 할 수 있다. 그럼에도 불구하고 이필제의 거사는 실패하고 말았다. 그러나 그의 높은 뜻은 이후 동학농민혁명으로 계승되었다. 즉, 직업 봉기꾼 또는 직업 혁명가로 평가되는 이필제의 거사가 동학농민혁명과 연계되어야 하는 이유는 그의 애민의 정신과 자주성 그리고 개벽된 세상을 향한 끊임없는 열정 등이 그대로 이어지고 있기 때문이다.

1871년 12월 한양에는 이필제를 문초하기 위한 추국청이 설치되었다.[47] 그에 대한 문초는 이렇게 시작하였다.

> "성명을 이리저리 바꾸고 종적을 날려 숨겨서 도당을 긁어모아 난을 일으키려 한 것은 무슨 심보인가? 한 번 굴러서 호중(충청북도)을 선동했고, 두 번 굴러서 영남에서 옥을 일으켰고, 영해에까지 손을 뻗쳐 작변하였으니 지극히 끔찍하다. 또 독한 말은 간담을 흔들어 놓는다. 이미 오래 전에 도마 위에 오른 고기였는데 그물을 빠져나간 고기가 아직도 목숨을 붙이고 있으니 오래 신인이 다 같이 분을 참지 못하는 바이다. 또 조령에서 도둑 무리를 매복시켜 흉측한 계획을 품었다가 죄악이 꽉 차서 저절로 잡혀온 것이라, 밝은 천도 아래 어찌 감히 속이랴. 지금 엄한 심문 아래 앞뒤 역적질한 사정을 사실대로 아뢰어라."[48]

이에 대해 이필제는 이렇게 답했다.

> "천하에 진정이 없는 일이 없고 또 일이 없는 죄가 없다. 나의 정실에는 죄가 세 가지인데 조목에 따라 하나하나 물어보라."[49]

---

47 이필제를 심문한 문사낭청(問事郎廳)은 후일 친일파가 되는 박정양과 김규식이었고 기록을 담당한 자가 동학농민혁명의 불씨를 제공한 고부 군수 조병갑이었다.
48 『推案及鞫案』권9, 「逆賊弼濟岐鉉等鞫案」.
49 위의 글.

그는 당당하게 자기가 했던 일을 말했다. 그리고 그가 비록 군신·부자의 의리를 안다거나, 충과 역을 모르겠느냐는 말을 때로는 늘어놓기는 했으나, 중국을 친다든가 문경의 무기를 빼앗아 청주에 갇혀 있는 김낙균의 어머니를 구해 금병도로 들어가려 했다는 따위, 자기가 한 일을 서슴없이 토해냈다.[50] 끝까지 자신의 거사는 스스로가 제세안민(濟世安民)이라고 할 정도로 명확한 구호로써 봉기의 뜻이 사회 불만세력의 일시적인 폭행이 아니라는 것을 강조하였다. 그는 당당하게 최후를 맞이한 것이다.

동학혁명의 좌절이후 전봉준은 거액의 현상금과 군수자리에 눈이 먼 배신자의 밀고로 붙잡히게 되고 모진 고문으로 부상 당한 몸으로 서울로 압송되어 일제가 장악한 대한제국 사법부의 재판에 회부되었다. 전봉준의 최후는 장렬한 모습이었다. 교수형 당시 집행총순이었던 일본인이 동학 간부 오지영에게 전한 증언에서도 잘 드러난다.

> 나는 전봉준이 처음 잡혀오던 날부터 끝내 형을 받던 날까지 그의 전후 행동을 잘 살펴보았다. 그는 과연 보기 전 풍문으로 듣던 말보다 훨씬 돋보이는 감이 있었다. 그는 외모로부터 천인만인의 특으로 뛰어난 인물이었다. 그는 청소한 얼굴과 정채로운 미목으로 엄정한 기상과 강장한 심지는 세상을 한번 놀랠 만한 대위인, 대영걸이었다. 과연 그는 평지돌출로 일어서서 조선의 민중운동을 대규모로 대창작으로 한 자이니 그는 죽을 때까지라도 그의 뜻을 굴치 아니하고 본심 그대로 태연히 간 자이다.(『동학사』)

상한 다리를 일본군 군의에게서 치료받았다. 이때 일본 유력인사가 전봉준에게 은밀히 손을 내밀었다. 일본인 변호사를 대어 생명을 구해주겠다는 제안이었다. "그대의 죄상은 일본 법률로 보면 중대한 국사범이기는 하나 사형까지는 이르게 하지 않을 수도 있으니 일본인 변호사에게 위탁하여 재

---

50 이이화. 앞의 글, 162~163쪽.

판하여 보는 것이 좋을 것이다. 또 일본 정부의 양해를 얻어 활로를 구함이 어떠냐?" 이에 대해 전봉준은 한마디로 거절했다. "척왜척양의 깃발을 들고 거사한 내가 너희에게 활로를 구함은 내 본의가 아니다."

이런 말을 들은 일본인 유력자는 움찔했다. "조선에 이런 인물이 있었던 가," 한편으로 놀랍고 두려웠을 것이다. 전봉준은 붙잡혀서 재판을 받을 때 나 사형이 선고되었을 때나 일관되게 의연한 모습을 보였다. 취재하던 일본 기자들도 모두 놀랐다고 전한다.

일본은 전봉준을 이용하기 위해 온갖 간교한 음모를 꾸몄다. 살려서 이 용하고자 하는 속셈이었다. 일본 극우계열인 천우협 인사들이 본격적으로 전봉준을 이용하려는 공작을 꾸몄다. 전날에 전봉준을 만나 적이 있는 다나 카 지로가 일본 영사관의 동의 아래 죄인으로 가장하고 감옥으로 들어가 전 봉준과 접촉하였다.

다나카는 전봉준에게 천우협의 역할을 설명하고 청일전쟁을 비롯하여 조 선의 정세 등을 자세히 설명한 다음 일본으로 탈출할 것을 권고하였다. 이 때 전봉준이 살길을 찾아 다나카의 설득에 동의하였다면 생명을 건질 수도 있었을 것이다. 당시 서울은 이미 일본군이 장악하다시피 하고 있어서 얼마 든지 일본으로 탈출이 가능했던 정황이었다.

"내 형편이 여기에 이른 것은 필경 천명이니 굳이 천명을 거슬러 일본으 로 탈출하려는 뜻은 추호도 갖고 있지 않다." 전봉준은 단호하고 결연했다.

전봉준은 자신이 징벌하고자 했던 '반봉건'과 '반외세', 그 중에서도 더욱 척결의 대상이었던 외세, 그 일본의 힘을 빌어 구차하게 목숨을 연장할 수 는 없는 일이었다. 혁명가답게 전봉준의 의지는 단호하고 결기는 확고했다. 비굴한 자세로 구차하게 생명을 구하지 않았다. 전봉준은 한치도 흔들리지 않았다. 그리고 결연하게 죽음의 길을 선택하였다.

1895년 3월 29일(음력) 마침내 사형판결이 내려졌다. 그의 죄목은 조선 말기에 만든 〈대전회통(大典會通)〉의 "군복차림을 하고 말을 타고 관아에 대항하여 변란을 만든 자는 때를 기다리지 않고 즉시 처형한다"는 조문이다. 사형판결과 함께 이날 형이 집행되었다. '때를 기다리지 않고 즉시 처형'한다는 조문도 조문이지만, 언제 잔류 동학군이 서울로 쳐들어와 전봉준을 구출할지 모른다는 초조감도 작용하였을 것이다.

1895년 3월 29일, 이날 전봉준과 같이 사형선고를 받은 손화중·김덕명·최경선·성두한 등 5명도 함께 교수형에 처해졌다. 사형판결의 주문을 듣고 전봉준은 벌떡 일어나 결연히 소리쳤다. "올바른 도를 위해 죽는 것은 조금도 원통하지 않으나 오직 역적의 누명을 쓰고 죽는 것이 원통하다"고 대갈일성하여 재판 관계자들을 놀라게 하였다. 여기서 '올바른 도'란 동학을 말한다. 전봉준은 그리고 죽기 직전에 마지막 소회를 묻자 즉흥시 〈운명(殞命)〉을 지어 읊었다.

> 때가 오매 천지가 모두 힘을 합하더니
> 운이 다하니 영웅도 어쩔 수 없구나
> 백성을 사랑하고 정의를 세운 것이 무슨 허물이랴
> 나라 위한 일편단심 그 누가 알리.

7. 맺음말 - 이필제와 전봉준의 끝나지 않은 혁명정신

이필제는 영해의 민란만을 주도한 인물은 아니었다. 그는 1871년 처형될 때까지 1869년의 진천작변, 1870년의 진주작변을 주도했던 인물이며 영해변란이 실패한 이후에도 문경에서 조령의 난을 일으키면서 봉건체제의 구조적인 모순에 대항하였던 인물이었다.

줄기찬 저항의 과정에 있어서 이필제는 다양한 용병술과 유격전술의 구사함으로써 관군을 농락해 그들의 간담을 서늘케 하였으며 나라를 걱정하는 마음으로 눈물을 흘릴 줄 아는, 그래서 주변을 감동시키는 지도자였다. 이필제가 활동하였던 당시 19세기는 민란이 빈번하게 일어났던 혼란의 시기이지만 그중에서도 이필제의 난은 기존의 제한적인 지역적 민란의 형태에서 벗어나 경상북도 거의 전 지역의 민중들이 함께 가담한 대규모의 민란이었다. 이러한 형태의 난은 그동안의 민란과는 다른 차원이었다. 그래서 영해 동학농민의 난은 23년 뒤에 전개된 동학농민혁명의 전초전적 성격을 띤 혁명이었다고 부르는 이유도 여기에 있다고 하겠다.

이필제의 의거 이후 23년 뒤에 전개된 동학혁명의 지도자 전봉준 역시 이필제 못지 않는 지략과 전략을 세우는 우수한 지도자였다. 이필제가 한 때 무과에 합격할 정도의 군사지식을 갖추고 있었다면 전봉준 역시 어려서부터 수많은 병서와 병법서를 읽고 익혔다. 그것 때문에 백산대회에서 최고의 지휘부를 차지하게 된 것이다. 특히 황토현 전투와 황룡촌 전투에서의 탁월한 지도력은 왠만한 군사 지식없이는 불가능한 전술이었다고 평가된다.

그러나 두 사람의 공통점은 군사 지식에 머물지 않는다. 무엇보다도 당시 동학이 추구하였던 민중 구제의 혁명성에 있다. 동학의 혁명사상을 거론할 때 흔히들 다음의 네 가지를 든다. 이들 두 사람은 모두 동학의 혁명사상을 실현한 인물들이었다.

첫째, 보국안민(輔國安民)사상이다. 이것은 그가 서세동점적 위협에 대처하려 제기한 사상이다. 보국안민은 나라를 보위하고 백성을 편안하게 한다는 국가 존립의 목적 그 자체이다. 그러나 조선 말기의 상황은 혼란에 처한 중국과 호심탐탐 조선을 노리는 일본 그리고 어떻게해서든 조선의 자원을 수탈해 가려는 서양 세력 등 그야말로 바람 앞의 등불. 그 자체였다. 이필제는 이런 기회에 차라리 중원을 치자는 원대한 구상을 했지만 실현 가능성은 별로 없는 구상인데 비하여 전봉준의 보국안민 정신은 그대로 지금 이 자리에서 하지 않으면 국가의 존망과 백성의 안위가 무너진다는 상황인식에서 출발했다. 두 사람 모두 조선의 썩을대로 썩은 봉건적 잔재를 일소하기 위해서는 혁명의 방법밖에 없다는 데이 일치했다고 볼 수 있다.

둘째, 외래사상에 대한 부정적 사상이다. 그는 유학과 불교에 대하여 「유도 불도 누천년에 운이 역시 다했던가」라고 지적하였다. 유학과 불교는 과시적이어서 다시는 치자지학적 기능을 다 할 수 없다는 것이다. 또한 조선에 전하여지고 있는 서학 천주교에 대하여도 부정적이었다. 그것은 우선 천주교는 그 도가 허무에 가까우며 학은 천주를 위하는 것이 아니였기 때문이며 또한 천주교는 전도의 탈을 쓰고 침략의 선구적 역할을 하기 때문이며 나아가서는 천주교도들이 조상을 숭배하지 않고 부모제사를 지내지 않으면서 윤리도덕을 무시하기 때문이다. 때문에 새로운 도가 나와야 하는데 그것이 그들에게는 우리 민족의 고유의 사상인 동학이었다. 두 사람 모두 동학이 시대의 도가 될 것이라는 데에는 일치한다. 다만 그 방법에 있어서 이필제는 교조신원이라는 방법론을 택한 것이고 전봉준은 교조신원운동이 불가능한 상황에서 보다 적극적인 혁명적 방법을 택한 것이다.

셋째, 후천개벽사상이다. 최제우는 동학의 창도를 새로운 시대적 발단이라 인정하고 역사를 크게 두단계로 나누어 그 이전을 하원갑의 선천이라 하고 그 이후를 상원갑 후천이라 일렀다. 즉 새로운 후천의 시대가 열린다는 개벽의 논리였다. 후천의 개벽은 인간의 개벽을 말하는데 선천시대가 개개인의 마음만을 위하는 각자위심의 시기라면 후천의 개벽은 개개인의 마음이 하나로 귀일하는 동귀일체의 시대를 말한다. 이필제나 전봉준이나 자신들의 혁명이 성공한 뒤의 세상은 사람이 비로소 사람답게 대접받는 시대일 것이므로 그런 세상이 바로 사람사는 세상이고 동귀일체의 세상이다. 두 사람의 혁명성은 여기에 있다고 할 수 있다.

네째, 인간의 인격적 평등을 고취하는 사상이다. 최제우는 인간은 본래 인격상 무차별적이라고 인정하면서 인격의 평등을 고취하였다. 그는 「천심이 곧 민심이니 무슨 선악의 분별이 있으며 귀천의 차별이 있겠는가」고 지적하였다. 이 뜻인즉 무릇 인간은 모두 한울님을 모실 수 있는 것이어서 천심이 곧 인심으로 되니 사람지간에 무슨 선악의 분별이 있으며 귀천의 차별이 있겠는가 하는 것이다. 이것은 인간의 인격적 평등사상을 실현하는 동학의 정신이었다. 그러나 당시까지의 사회는 가장 기초적인 인간 평등이 실현되지 않는 사회였다. 공고화된 신분제와 적서차별, 남녀차별 그리고 노약자에 대한 차별까지 도저히 인간 평등이라고는 찾을 수 없는 사회였다. 동학이 삽시간에 전국적으로 확산된 이유도 지도급 인사들의 포덕 노력못지않게 평등을 갈구하던 민중들의 마음때문이었다. 이필제와 전봉준 역시 당시의 봉건적 악습을 누구보다도 절감한 인물들이었기에 혁명의 최전선에 나갈 수 있었을 것이다.

이필제와 전봉준은 조선 말기에 약간의 시차를 두고 새로운 세상을 꿈꾸며 일어난 혁명가들이었다. 이필제에 비하여 전봉준의 규모가 훨씬 크다는 차이는 있지만 기본적으로 조선을 변화시켜야 한다는 점에서는 동일하다고 할 수 있다. 그들의 대안적 세상 역시 동학이라는 점도 공통점이다. 다만 전술적 측면에서는 이필제보다 전봉준의 훨씬 치밀하고 분석적이었다고 보여진다. 이는 개인적 능력의 차이와 함께 동학을 지지하는 세력의 범위 차이로 보여진다. 분명한 사실은 전봉준에 비해서 상대적으로 이필제에 대한 연구는 매우 부실하는 점이다.[51] 그 이유는 아직까지도 그에 대한 올바른 평가가 나오지 못한 데에 원인이 있겠지만 일차적으로는 무엇보다도 자료의 부족을 들 수 있다. 이는 조선 사회에 도전했던 대부분의 혁명적 기질을 가진 인물들에 대한 자료가 당시 관에 의하여 몰수되고 불살라 졌다는 데에 원인이 있다. 물론 학자들의 학문적 편식에도 일정 정도 영향은 있을 수 있다. 그러나 이필제가 추구했던 이상사회가 결코 단순히 개인적 야욕에 그치지 않았음은 이후 전개된 갑오년의 꺼지지 않는 들불같이 타오른 전봉준이 주도한 동학농민혁명으로 증명된다.

이필제라는 민중봉기의 지도자로부터 시작된 영해동학농민의 의거는 비록 실패하고 말았다. 그러나 그가 그렸던 이상마저 꺾인 것은 아니었다. 오히려 영해동학농민의 의거는 23년 뒤에 전개될 동학농민혁명의 전초전이었고 예행연습과도 같은 민중의 항쟁이었다. 이필제가 체포되어 마지막으로 쓴 이름이 진명숙(秦明叔)이었는데 동학농민혁명의 지도자인 전봉준이 자를 명숙(明叔)이라고 했다. 이 예사롭지 않은 두 사람의 이어짐은 그만큼 후대에 끼친 이필제의 영향이었을 것이다.

---

51 지금까지 나온 이필제 연구의 주요 저서는 尹大遠, 「李弼濟亂의 研究」, 『韓國史論』 16, 서울대 國史學科, 1987; 朴孟洙, 「海月 崔時亨의 初期行跡과 思想」, 『淸溪史學』 3, 한국정신문화연구원 1986; 張泳敏, 「1871年 寧海 東學亂」, 『韓國學報』 47, 一志社, 1987; 이이화, 「이필제 홍경래와 전봉준을 잇는 탁월한 혁명가」, 『이야기인물한국사』 4, 한길사 1993; 연갑수, 「이필제 연구」, 『동학학보』 제6호, 2003. 12; 임형진, 「혁명가 이필제의 생애와 영해」, 『동학학보』 제30호, 2014. 4 그리고 1차 자료로 동학교단 자료인 『道源記書』, 『天道教會史草稿』, 『天道教創建史』, 『侍天教歷史』, 『東學史』 등이 있다.

참고문헌

『慶尙監營啓錄』
『道源記書』
『東學道宗繹史』
『東學史』
『侍天敎歷史』
『右捕廳謄錄』
『天道敎創建史』
『天道敎會史草稿』
『推案及鞫案』
『忠淸道監營狀啓謄錄』

김혜승, 『한국의 민족주의-발생양식과 전개과정-』, 비봉출판사, 1997.
민중사상연구소 편, 『한국근대민중사』, 참한, 1988.
박맹수, 「海月 崔時亨의 初期行跡과 思想」, 『淸溪史學』 3, 한국정신문화연구원 1986.
신일철, "해월 최시형의 侍와 敬의 철학." 부산예술문화대 동학연구소 엮음, 『해월 최시형과 동학사상』, 예문서원, 1999.
안병태, 『한국근대경제와 일본제국주의』, 백산서당, 1982.
연갑수, 「이필제 연구」, 『동학학보』, 제6호, 2003.
오익제, "동학혁명운동의 현대적 재조명." 이현희 엮음, 『동학사상과 동학혁명』, 청아출판사, 1984.
윤대원, 「李弼濟亂의 硏究」, 『韓國史論』 16, 서울대 國史學科, 1987.
이이화, 「이필제 홍경래와 전봉준을 잇는 탁월한 혁명가」, 『이야기인물한국사』 4, 한길사 1993.
임형진, 「혁명가 이필제의 생애와 영해」, 『동학학보』, 제30호, 2014. 4.
장영민, 「1871年 寧海 東學亂」, 『韓國學ㅌ報』 47, 一志社, 1987.
조광한, 「전봉준의 생애 연구」, 『동학연구』 12, 한국동학학회, 2009.
표영삼, 『해월의 고난 역정 동학』 2, 통나무, 2005.
한국력사연구회 편, 『한국사강의』 제2판 색인 증보판, 한울아카데미, 1989.
한국사상연구회, 『한국사상』 제21집, 천도교중앙총부, 1989.
황현, 『매천야록』(국사편찬위원회, 1996).